Ulrich Oldehaver
Youri Keifens

DER PERSÖNLICHKEITS-CODE

Die 10 Programme, die jeden Menschen steuern

REDLINE | VERLAG

ULRICH OLDEHAVER
YOURI KEIFENS

DER PERSÖNLICHKEITS CODE

Besser überzeugen, motivieren und führen

Die 10 Programme, die jeden Menschen steuern

Bibliografische Information der Deutschen Nationalbibliothek
Die Deutsche Nationalbibliothek verzeichnet diese Publikation in der Deutschen Nationalbibliografie. Detaillierte bibliografische Daten sind im Internet über http://dnb.d-nb.de abrufbar.

Für Fragen und Anregungen
info@redline-verlag.de

1. Auflage 2023

Türkenstraße 89
D-80799 München
Tel.: 089 651285-0
Fax: 089 652096

Redaktion: Lars Zwickies
Umschlaggestaltung: Marc Fischer
Umschlagabbildung: Nedeljko Plavsic/ Shutterstock
Gestaltung Abbildungen Innenteil: Marion Röhlich
Satz: Tobias Prießner
Druck: GGP Media GmbH, Pößneck
Printed in Germany

ISBN Print 978-3-86881-944-1
ISBN E-Book (PDF) 978-3-96267-533-2
ISBN E-Book (EPUB, Mobi) 978-3-96267-534-9

Wir produzieren nachhaltig
www.m-vg.de

Weitere Informationen zum Verlag finden Sie unter
www.redline-verlag.de
Beachten Sie auch unsere weiteren Verlage unter www.m-vg.de

INHALT

Einleitung: Wir alle sind programmiert

Jeder Mensch kommt mit einer wunderbar formbaren Zellmasse zwischen seinen Ohren zur Welt. Bei der Geburt ähnelt unser Gehirn noch einer leeren Festplatte. Nur ein paar Grundfunktionen sind schon da, wie das Schreien, Strampeln und das Atmen. Kaum ein anderes Lebewesen ist in seinen ersten Jahren so verwundbar wie ein menschliches Baby. Während andere Säugetiere bereits wenige Stunden nach der Geburt auf eigenen Beinen stehen, sind wir erst einmal auf unser Umfeld angewiesen. Es übernimmt die gewaltige Aufgabe, uns zu einem selbstständigen Wesen heranzuziehen, damit wir in dieser Welt funktionieren können.

Unser Umfeld programmiert uns. Es beeinflusst, wie sich unsere grauen Zellen verknüpfen. Wir beobachten, imitieren und saugen alles auf, was man uns vorlebt. So entsteht in unseren ersten Lebensjahren ein Betriebssystem, das maßgeblich beeinflusst, wie wir in Zukunft denken, fühlen und handeln werden.

Um diese Programmierung, die im Kern unsere Persönlichkeit ausmacht, dreht sich dieses Buch. Auf den folgenden Seiten lernen Sie Ihr persönliches Betriebssystem kennen und können seine Funktion anhand faszinierender Alltagsbeispiele in Aktion erleben. Anschließend entdecken wir gemeinsam die zehn Programme, die jeden Menschen steuern. In der Fachsprache sind diese auch als Meta-Programme bekannt. *Meta* bedeutetet so viel wie *übergeordnet* – die Programme wirken sich also auf weite Bereiche unserer Wahrnehmung aus. Sie beeinflussen, wie wir Informationen verarbeiten, Motivation entfachen und die Welt erleben. Kurzum: Sie sind der Grund, warum wir ticken, wie wir ticken.

Für dieses Buch definieren wir die Programme als unbewusste Verhaltensmuster, nach denen Menschen ihre Welt organisieren, Motivation entfachen und Entscheidungen treffen. In unserem Betriebssystem laufen die Muster auf Autopilot, sodass wir davon nichts mitbekommen – bis heute! Vor wenigen Augenblicken haben Sie das Buch aufgeschlagen und damit die Motorhaube Ihrer großen Blackbox geöffnet. Aus der Erfahrung mit Tausenden von Seminarteilnehmern wissen wir, dass Sie sich selbst und die Menschen in Ihrem Umfeld schon bald mit völlig anderen Augen sehen werden. Das versetzt Sie in die Lage, das Denken, Fühlen und Handeln anderer Menschen besser zu verstehen und gezielter zu beeinflussen. Sind Sie bereit für dieses Abenteuer? Dann springen Sie jetzt in die nächste Zeile.

KONFLIKTE, REIBEREIEN UND BEGEGNUNGEN DER DRITTEN ART

Kennen Sie Menschen, die aus eigenem Antrieb wie eine Dampfwalze auf ihre Ziele zurennen? Sie denken nicht lange nach, sondern packen an und legen los. Andere hingegen wirken so, als hätten sie alle Zeit der Welt. Sie bevorzugen es, die Dinge erst einmal in aller Ruhe zu analysieren und zu durchdenken. Ohne einen Impuls von außen würden sie wahrscheinlich ewig weiterdenken. Bringen wir ein wenig Bewertung rein, dann haben wir auf der einen Seite die wilden Aktionisten, die mit der Kraft einer Dampfwalze losstürmen, ohne eine Sekunde nachzudenken. Und auf der anderen stehen die Grübler und Zauderzampanos, die mit ihrem ewigen Analysieren alles und jeden paralysieren. Hinter diesen Verhaltensweisen steckt bereits ein erstes Meta-Programm. Bereit für ein zweites?

Manche Menschen können sich stundenlang in Details vertiefen und spicken auch ihre Kommunikation mit zahlreichen Infos, nach denen niemand gefragt hat. Auf der anderen Seite stehen diejenigen, die sich mit einem groben Überblick, kurzen Beschreibungen und Ein-Wort-Antworten zufriedengeben. Je nachdem, wo Sie sich in diesem Beispiel platzieren, wirken andere auf Sie wie oberflächliche und ahnungslose Dampfplauderer oder wie Korinthenkacker, die nicht priorisieren können.

Und bestimmt kennen auch Sie Menschen, die vor Selbstbewusstsein nur so strotzen. Mit ihrer souveränen Art wirken sie beratungsresistent, wissen immer alles besser und haben auf jede Frage eine Antwort. Ganz zur Freude all jener, die eher Fähnchen im Wind sind, erst einmal Gott und die Welt um ihre Meinung bitten und gefühlt nichts allein entscheiden können.

Hinter jedem dieser Beispiele steht ein Meta-Programm. Und es ist ein Leichtes, zu erkennen, dass Konflikte, Reibereien und Begegnungen der dritten Art vorprogrammiert sind, wenn Menschen mit unterschiedlichen Persönlichkeiten im Alltag aufeinandertreffen. Oder stellen Sie sich vor, Sie sollen sogar mit ihnen zusammenarbeiten. Dann wirken die Menschen um uns herum irrational, kompliziert und unberechenbar. Doch sie sind es nicht! Sie sind einfach nur anders programmiert als wir – ähnlich wie ein Computer, ein Fernseher oder ein Radio. Und das werfen wir ja nicht gleich weg, wenn es mal rauscht. Sondern wir stellen die Frequenz um, auf der wir senden und empfangen.

Genauso ist es mit den 10 Programmen, die uns alle steuern – ja, auch Sie! Wie auch immer Sie die drei Beispiele von eben bewerten – Ihre Bewertung sagt genauso viel über Sie selbst aus wie über die anderen Menschen. Ihre Sprache und Ihr Verhalten offenbaren Ihre Programmierung und machen künftiges menschliches Verhalten vorhersehbar.

Verstehen Sie die zehn Programme, können Sie Menschen lesen wie offene Bücher und sie mit Ihrer Sprache gezielter überzeugen, motivieren und führen. Dazu gehört auch, dass Sie Ihre eigene Programmierung verstehen. Denn wie »anders« die anderen auf Sie wirken, hängt auch davon ab, wie *Sie* gerade ticken. Sind kleine Gruppen von Dampfplauderern oder Aktionisten unter sich, wirkt ihr Verhalten wie das Normalste der Welt. Und weil wir täglich in unserer kleinen Welt mit unseren Programmen leben, tendieren wir auch dazu, so mit anderen Menschen zu kommunizieren, wie wir gerne hätten, dass man mit uns spricht. Ganz nach der Logik: »Zieh dir einen Pullover an, denn mir ist kalt.« Oder: »Ich liebe scharfe Speisen, also hab ich dir doppelt Chili ins Essen gemixt.« Wenn wir andere Menschen jedoch mit unserer Kommunikation wirklich erreichen und bewegen wollen, müssen wir ihre Sprache sprechen.

Verstehen Sie also erst sich selbst, sonst verstehen Sie keinen. Anschließend können Sie Ihre Worte so wählen, dass Sie auf einer Wellenlänge mit anderen Menschen sind – Sie senden also so, dass die Person Sie optimal verstehen kann und Ihre Worte ihre volle Wirkung entfachen können.

Das Ergebnis: Menschen haben bei Ihnen das gute Gefühl, dass Sie sie auf eine besondere Art und Weise verstehen. Dadurch wirken Sie gleichzeitig sympathischer und vertrauenswürdiger als all jene, die aufgrund ihrer eigenen Weltsicht buchstäblich an uns vorbeireden und nur lautes Rauschen in unserem Kopf hinterlassen. Klingt das alles noch etwas abstrakt? Dann lehnen Sie sich entspannt zurück, denn schon mit dem ersten Programm wird es Ihnen wie Schuppen von den Augen fallen. Lassen Sie uns vorab noch kurz ein paar wichtige Fragen beantworten, damit Sie das Wissen aus diesem Buch besser für sich einordnen und den maximalen Mehrwert für alle Bereiche Ihres Lebens daraus gewinnen können.

MENSCHEN VERSTEHEN, STATT IN BOXEN STECKEN

Haben Sie schon mal einen Persönlichkeitstest gemacht? Also einen dieser Fragebögen ausgefüllt, bei dem am Ende herauskommt, dass Sie eine Art blau-rot gepunkteter

Dreieckstyp sind? Ohne Frage, solche Tests können uns wertvolle Einsichten in unser Verhalten geben, doch leider endet ihr Mehrwert meist mit der Auswertung. Viele dieser Systeme stecken Menschen in Boxen, verpassen ihnen ein Etikett und setzen einen Deckel drauf, der sie klein hält und ihnen nur wenig Entwicklung zugesteht. Doch unser Gehirn lernt nie aus. Moderne Ansätze der Persönlichkeitsentwicklung wie in dem Buch, das Sie in Ihren Händen halten, sind der beste Beweis dafür, dass wir uns ein Leben lang entwickeln können.

Außerdem sind Menschen weitaus komplexer als Boxen und Schubladen. Natürlich haben wir einen mehr oder weniger festen Kern, und doch sind wir in unterschiedlichen Kontexten andere Persönlichkeiten, bzw. zeigen andere Facetten von uns. Oder ticken Sie bei Kaffee und Kuchen mit Oma oder Schwiegermutter genauso wie samstagnachts im Club? Wir zeigen uns in unterschiedlichen Situationen von anderen Seiten. Das führt viele der gängigen Persönlichkeits-Tupperwarisierungen an ihre Grenzen.

Sie *sind* eben kein Verhalten, sondern Sie *haben* ein Verhalten. Genauso wie Sie niemals Ihre Gefühle oder Ihre Gedanken sind. Diese sind nur einige von vielen Facetten, die Ihre Persönlichkeit zu bieten hat und die sich je nach Situation und Umgebung ändern können.

Diesem Reichtum kann kein Modell gerecht werden. Denn Modelle sind nun mal nur Modelle. Typen-Modelle können uns mit bestechender Einfachheit locken, doch genauso können sie uns limitieren und zu Unrecht auf wenige Eigenschaften reduzieren. Modelle können ein Hilfsmittel sein, um sich und die Welt besser zu verstehen, doch sie können niemals Ihre Identität bestimmen. Die Meta-Programme sind da nicht anders. Auch hier gilt: Sie *sind* nicht Ihre Programme, sondern Sie *haben* Programme. Und auch die sind nur ein Modell – jedoch mit einem besonderen Vorteil: Sie erlauben es Ihnen, sich selbst und andere Menschen deutlich differenzierter und facettenreicher zu betrachten. Damit sind die Programme näher an der Realität unseres Lebens und an unserer Persönlichkeit.

Die Meta-Programme zeigen Ihnen einen Weg, wie Sie sich schnell und intuitiv in unterschiedlichen Kontexten auf andere Menschen einstellen können und so besser und wirkungsvoller kommunizieren. Ob im Club, bei Kaffee und Kuchen oder aber in Kontexten wie Beziehung, Hobby und Beruf. Sie bekommen ein System an die Hand, das es Ihnen erlaubt, sich selbst und andere mit mehr Tiefgang zu verstehen, ohne das übliche In-Schubladen-stecken. Wir beobachten also kontextspezifische Merkmale, statt Einzelheiten zu Typisierungen zu generalisieren.

Sie erkennen, wie Menschen Informationen verarbeiten, was sie motiviert und wie sie Entscheidungen treffen. Diese Erkenntnisse bilden die Basis, damit Sie Ihre Sprache besser an Ihr Gegenüber anpassen können und Ihre persönliche Wirkung verstärken. Sind Sie empathisch und können sich von Natur aus gut auf andere einstellen? Dann werden einige Geschichten dieses Buches Sie zum Schmunzeln bringen. Das Wissen um die zehn Programme wird Ihre Augen und Ohren schärfen, damit Sie gewisse Hinweise in der Sprache und im Verhalten Ihrer Mitmenschen schneller erkennen. Sie kultivieren also eine bewusste Kompetenz und verstehen besser, was Sie da tun, wenn Sie in Ihrer Bestform sind und die Kommunikation richtig gut läuft. Von dieser Basis aus können Sie mehr von dem machen, was gut funktioniert.

Bevor wir uns im nächsten Schritt ans Eingemachte begeben und die ersten Programme entdecken, lassen Sie uns noch einen Blick auf die Geschichte dieser Muster werfen, damit Sie sie noch besser für sich einordnen können.

HERKUNFT UND ENTWICKLUNG DER META-PROGRAMME

Grundsätzlich ist es gar nicht so einfach, die Meta-Programme bis zu ihrem Ursprung zurückzuverfolgen, denn es gibt nicht das eine große Genie, das sie uns über Nacht geschenkt hat. Vielmehr besteht eine längere Tradition rund um das Thema in unterschiedlichen Facetten und Herkunftsarten.

Erste Ansätze einiger Programme lassen sich zum Beispiel auf die Arbeit des Schweizer Psychiaters Carl Gustav Jung zurückführen. Als enger Vertrauter von Siegmund Freud und in seiner Rolle als Begründer der analytischen Psychologie gilt er bis heute als eine der wichtigsten Figuren in der Geschichte der Psychologie. Er zeigte auf, dass wir Menschen individuelle Vorlieben haben, wie wir Informationen wahrnehmen und verarbeiten. Jung ging es dabei weniger darum, zu beschreiben, wie ein Mensch *ist*, sondern welche Prozesse sich in ihm abspielen, während er sich mit der Außenwelt auseinandersetzt.

Die US-Amerikanerinnen Katharine Cook Briggs und ihre Tochter Isabel Myers entwickelten aus der Arbeit Jungs den Myers-Briggs-Typenindikator – einen Persönlichkeitstest, der heute zu Recht in der Kritik steht. Nicht nur weil dessen Ergebnisse empirisch nicht ausreichend belegt sind, sondern auch weil diese Art von Test Menschen wie eben beschrieben in Schubladen steckt.

Zur weiteren Entwicklung der Meta-Programme hat besonders die US-amerikanische Therapeutin Leslie Cameron-Bandler beigetragen, die den Programmen auch ihren heutigen Namen gab. Bei ihrer Arbeit in der Paartherapie identifizierte sie mehr als sechzig Meta-Programme, aus denen einer ihrer Schüler, Rodger Bailey, das LAB-Profil entwickelte. Die drei Buchstaben stehen für Language and Behavior (Sprache und Verhalten) und bezeichnen ein System, mit dem wir auf Basis der Sprache und des Verhaltens einer Person in einem definierten Kontext ein Profil ihrer Programme erstellen können. Bailey wählte von den 60 Programmen die vierzehn aus, die die größte Relevanz für den Kontext Arbeit haben. Während wir in unseren Seminaren auf eine größere Anzahl von Programmen eingehen, haben wir uns in diesem Buch bewusst auf die zehn Meta-Programme fokussiert, die den größten Einfluss auf das alltägliche Leben und eine erfolgreiche Kommunikation der meisten Menschen haben.

Die Fragen, die wir Ihnen im Rahmen dieses Buches vorstellen, um die Meta-Programme Ihres Gegenübers herauszufinden, gehen im Ursprung ebenfalls auf Rodger Bailey zurück. Wie der Name des LAB-Profils treffend beschreibt, erlauben es Ihnen einige einfache Fragen und Anhaltspunkte, die Meta-Programme einer Person schnell zu erkennen, indem Sie im Gespräch auf ihre Sprache und ihr nonverbales Verhalten achten.

Wir als Autoren haben die Meta-Programme also keineswegs erfunden. Mit unserem Buch führen wir die Entwicklung dieses wertvollen Themas fort, indem wir es aus seinem bisherigen Elfenbeinturm heraustragen und auf unterhaltsame Weise für ein breites Publikum verständlich und nutzbar machen. Dazu verbinden wir das theoretische Wissen mit unserer umfangreichen Praxiserfahrung – Ulrich Oldehaver in seiner Rolle als Vorstand eines früheren MDAX-Unternehmens sowie als Mentaltrainer für Olympioniken, Youri Keifens als Herr der Worte, Experte für psychologisch fundiertes Werbetexten und für Sprache, die Menschen bewegt.

Ob als Geheimrezept für Beziehungsgestaltung, im Verkauf, in der Führung, im Marketing, der Erziehung oder persönlichen Entwicklung – wir stellen immer wieder fest, wie schnell Menschen die Meta-Programme verstehen und welchen riesigen Mehrwert sie daraus für ihr Leben schöpfen können. Doch außerhalb des Kreises all derer, die unsere Seminare und Vorträge besucht haben, kennen und nutzen bisher nur relativ wenige Menschen die Kraft der zehn Programme. Wir möchten die Meta-Programme auf ihren Kern herunterbrechen und ihren Nutzen anhand von Geschichten aus dem Alltag und zahlreichen Praxisbeispielen erlebbar machen, damit möglichst viele Menschen ihren enormen Wert für die persönliche Lebensgestaltung erkennen.

Dazu laden wir auch Sie ein. Denn abseits jeder theoretischen oder historischen Grundlage gilt für uns: Was für Sie wirkt, entscheiden Sie am besten selbst anhand des konkreten Mehrwerts, den Sie damit erzielen. Lassen Sie uns im nächsten Schritt genauer ansehen, welche Türen Ihnen die Programme öffnen können.

VORTEILE UND MÖGLICHKEITEN DER META-PROGRAMME

»Ich sehe mich selbst und andere jetzt mit völlig neuen Augen.« Das ist das häufigste Feedback, das wir von den mittlerweile Tausenden Menschen erhalten, die wir in unseren Seminaren und Vorträgen die Meta-Programme kennengelernt haben. Die Programme verändern unseren Blick auf Menschen, ihr Verhalten und unsere Sprache. Dieses neue Verständnis kann zu ungeahnten Vorteilen in allen Lebensbereichen führen – ob im Verkauf, Marketing, Coaching oder Recruiting, bei der Beziehungsgestaltung, Erziehung oder Führung.

> **Sie verstehen sich selbst und andere mit mehr Tiefgang.** Sie entwickeln ein ausgeprägtes Bewusstsein dafür, warum Sie und andere Menschen ticken, wie sie ticken. Außerdem können Sie in vielen Situation noch klarer lesen, was zwischen den Zeilen steht. Dieses Wissen wiederum ermöglicht Ihnen, sich besser auf die Bedürfnisse anderer Menschen einzustellen, Beziehungen zu vertiefen, Missverständnissen vorzubeugen und Konflikten schnell den Wind aus den Segeln zu nehmen. Außerdem können Sie eigene Stärken und die der anderen leichter erkennen und gezielt fördern, was wiederum die optimale Basis für effektive Führung ist.

> **Sie können besser verhandeln, überzeugen und motivieren.** Wenn Sie die Meta-Programme anderer Menschen verstehen, können Sie gezielter auf ihre Bedürfnisse eingehen und schneller eine Win-win-Situation schaffen. Das Wissen um die Programme erlaubt es Ihnen außerdem, andere Menschen gezielter zu motivieren und zu führen. Sie trainieren Ihre Flexibilität und stärken die Wirkung Ihrer Sprache, indem Sie lernen, Ihre Worte so zu wählen, dass sich Ihr Gegenüber verstanden fühlt und eher

geneigt ist, das zu tun, was Sie sich von ihm wünschen. Natürlich wenn das auch in seinem Interesse ist (dazu mehr im nächsten Kapitel).

- **Sie wirken sympathischer und charismatischer.** Selbst wenn andere Menschen trotz Ihrer optimalen Wortwahl nicht gleich das tun, was Sie sich wünschen, so werden Sie in ihren Augen doch deutlich sympathischer und sogar charismatischer erscheinen, weil Sie die Sprache ihrer Programme sprechen. Dadurch fühlen sich andere auf besondere Art und Weise verstanden und wertgeschätzt.

- **Sie können zukünftiges Verhalten vorhersagen.** Es gelingt Ihnen deutlich leichter, Menschen einzuschätzen, ihre Stärken zu erkennen und ihr künftiges Verhalten in einem bestimmten Kontext mit ziemlich hoher Genauigkeit vorherzusagen.

- **Sie entwickeln sich persönlich schneller weiter.** Das Wissen um die Programme fördert Ihre Selbsterkenntnis. Sie identifizieren blinde Flecken und gestalten Ihre persönliche Entwicklung so, dass Sie Ihren Zielen und einem gelingenden Leben näherkommen.

Beim ersten Lesen empfehlen wir Ihnen, sich darauf zu fokussieren, Ihre eigenen Programme kennenzulernen. Situieren Sie sich selbst: Wo liegen meine Stärken? Wo habe ich blinde Flecken? Und was kann ich tun, um meine Stärken in Zukunft noch besser einzusetzen und meine Schwächen auszugleichen?

Dieses Bewusstsein für Ihre eigene Programmierung ist die Basis, um anschließend auch andere Menschen besser zu verstehen. Befremdet Sie das Verhalten oder die Sprache Ihrer Mitmenschen? Dann haben diese sehr wahrscheinlich andere Programme als Sie.

Nachdem Sie Ihr Gespür für die Programme geschärft haben, lachen diese Sie förmlich an jeder Ecke im Alltag an. Sie erkennen intuitiv, wenn jemand mit seiner Programmierung von Ihrer abweicht und können Ihre Kommunikation schnell auf die andere Person einstellen.

Vielleicht kennen Sie den Effekt, dass Sie sich beim zweiten Lesen eines Buchs denken: »Das ist ja interessant! Warum haben die das nicht gleich beim ersten Mal hineingeschrieben?!« Dieser Effekt hat mit Ihren Filtersystemen zu tun, die Sie in wenigen Augenblicken besser kennenlernen werden.

Unser Buch ist also so vielschichtig konzipiert, dass Sie sich auch bei mehrmaligen Lesen noch über Aha-Momente freuen dürfen. Sie werden feststellen, dass sich Ihr Wissen dadurch vertieft und Sie immer wieder neue Verbindungen knüpfen.

Je nachdem, welches Ziel Sie mit dem Buch verfolgen, können Sie es anschließend erneut aus einer der folgenden Perspektiven lesen.

Persönliche Entwicklung

Ein sehr großer Nutzen der Meta-Programme besteht darin, dass Sie sich selbst besser verstehen und ein stärkeres Bewusstsein dafür entwickeln, wie Sie ticken. Wie motivieren Sie sich? Warum fallen Ihnen manche Aufgaben leichter, während Sie sich zu anderen nur schwer überwinden können? Und wie können Sie Ihr Leben so gestalten, dass Sie in Zukunft noch mehr in Einklang mit Ihrer aktuellen Programmierung leben?

Die Antworten auf diese Fragen wirken wie ein Beschleuniger für Ihr persönliches Wachstum. Wenn wir unsere blockierenden Muster nicht erkennen, sind wir dazu verdammt, unzweckmäßiges Verhalten zu wiederholen. Wir stehen uns selbst im Weg und sabotieren unsere Entwicklung. Agieren wir gegen unsere Programme, kann es wirken, als würden wir gleichzeitig aufs Gaspedal und auf die Bremse treten. Es gibt viel Rauch und Hitze, doch am Ende kommen wir nicht vom Fleck.

Kommen Sie sich also selbst auf die Schliche, lenken Sie den Scheinwerfer auf Ihre blinden Flecken, um Chancen und Potenziale in Ihrer Entwicklung noch besser zu nutzen. Außerdem können Sie dieses Wissen im Coaching einsetzen, um andere Menschen dabei zu unterstützen, ihr Leben selbstbestimmt nach ihren Vorstellungen zu gestalten.

Beziehungen

Wir blühen am meisten dort auf, wo wir uns verstanden fühlen. Daher sind die Meta-Programme der Schlüssel für tiefere Verbindungen zu allen Menschen, die Ihnen am Herzen liegen. Haben Sie die Programme Ihrer Mitmenschen erkannt, können Sie Ihre Sprache und Ihr Verhalten so anpassen, dass andere bei Ihnen das gute Gefühl haben, in der Tiefe verstanden zu werden. Diese besondere Verbundenheit ist die Basis für Vertrauen in allen Bereichen Ihres Lebens.

Im Abgleich mit Ihren eigenen Programmen verstehen Sie außerdem besser, warum manche Menschen Sie in gewissen Momenten auf die Palme bringen. In diesen Situationen ist es Balsam für Ihre Seele, zu verstehen, dass die anderen Ihnen nicht bewusst das Leben schwer machen wollen, sondern einfach nur einer anderen Programmierung folgen.

Dank Ihres neuen Wissens gehen Sie in Zukunft verständnisvoller und gelassener durch solche Momente und können sich das Schmunzeln nicht verkneifen. Idealerweise schenken Sie anderen Menschen ein Exemplar dieses Buches, damit Sie schnell die Luft aus kleinen Konflikten lassen und gemeinsam über sonderbare Zwischenfälle lachen können.

Führung

Die Erwartungen an eine gute Führungskraft haben sich in den vergangenen Jahren stark gewandelt. Weg von einer autokratischen Figur, die den Ton angibt und hin zu einer Rolle, die ein Umfeld schafft und erhält, in dem jeder aus dem Team seine Stärken entfalten und sich weiterentwickeln kann.

Wie darf ich mit verschiedenen Menschen sprechen, damit sie sich wohlfühlen, ihre optimale Produktivität entfachen und gesetzte Ziele erreichen, ohne dabei auszubrennen? Die Meta-Programme geben Ihnen eine fast magische Antwort auf diese Frage. Dabei betonen wir besonders den letzten Teil: *ohne dabei auszubrennen.* Mit jedem Programm, das Sie kennenlernen, wächst Ihr Verständnis davon, wie bestimmte Umstände eine Person im Arbeitsumfeld systematisch motivieren oder demotivieren können.

Agieren wir täglich mehrere Stunden gegen unsere Programme, kostet uns das immense Kraft. Geschieht das ab und zu, können wir uns leicht davon erholen. Besteht dieser Zustand jedoch dauerhaft, kann das die Menschen so sehr frustrieren, dass sie ausbrennen. Sie arbeiten dann im Widerstand gegen sich selbst, als würden sie ständig mit starkem Gegenwind Fahrrad fahren. Mit dem Wissen um die Programme coachen Sie Ihr Team und führen mit Inspiration und Motivation. Stellen Sie sich vor, welche Potenziale Sie freilegen können, wenn jeder motiviert und mit Freude aus seinen vollen Stärken schöpft.

Übrigens werden Sie mithilfe der Meta-Programme auch besser vor anderen Menschen sprechen und präsentieren. Sie wissen, wie Sie den Einstieg einer Rede gestalten, um selbst in einer großen Masse vieler verschiedener Persönlichkeiten jeden zu erreichen, abzuholen und für sich zu gewinnen.

Teambuilding

Wie gestalte ich ein Team so, dass jeder darin sein volles Potenzial entfalten kann und sich Stärken und Schwächen der Einzelnen optimal ausgleichen und sogar aufheben? Um diese Frage herum lassen sich ganz wunderbar Team-Trainings organisieren, bei denen jeder seine eignen Programme und die der anderen kennenlernt. Mit diesem Bewusstsein nehmen Sie Reibereien und Konflikten den Wind aus den Segeln. Denn anschließend weiß jeder, warum die anderen sprechen und handeln, wie sie es tun, auch wenn ihre Art manchmal sonderbar auf andere wirken mag. Mit dem Wissen um die Programme können also auch Menschen mit unterschiedlichen Persönlichkeitsmerkmalen produktiver und mit mehr Verständnis füreinander zusammenarbeiten.

Die einzelnen Teammitglieder erkennen hinter den vermeintlichen Marotten nun auch die Vorteile, die die Person dank ihrer jeweiligen Programme mit sich bringt. Das Ergebnis ist eine bessere Arbeitsatmosphäre und eine Kultur der Annahme, Wertschätzung sowie des gegenseitigen Vertrauens. Ein solches Umfeld, in dem sich die Menschen bedingungslos wohlfühlen können, ist der fruchtbare Boden, auf dem außergewöhnliche Ergebnisse mit besonderer Dynamik entstehen. Teams können Aufgaben besser verteilen und Abstimmungsprozesse so gestalten, dass sich dabei jeder gut aufgehoben fühlt. Stellen Sie sich nur vor, was mit dieser Basis alles möglich wird.

Recruiting und Berufswahl

Der Fachkräftemangel und die neuen Wünsche und Ansprüche der Menschen auf dem Arbeitsmarkt stellen die Recruiting-Branche vor große Herausforderungen. Bis heute sind die Meta-Programme ein kaum bekannter Weg, ein aussagekräftiges Job-Profil anzulegen und geeignete Talente für eine Stelle zu finden. Sie sind eine Leitlinie für unseren eigenen beruflichen Werdegang. Immerhin macht unsere tägliche Arbeit einen Großteil unseres Lebens aus. Je besser die Stelle zu unseren Programmen passt, desto mehr gehen wir darin auf. Was für eine Bereicherung, wenn wir jeden Tag im vollen Einklang mit unserer Persönlichkeit wirken können! Und wenn wir uns persönlich weiterentwickeln wollen, finden wir in unseren Meta-Programmen wertvolle Einsichten.

Will zum Beispiel jemand den Schritt von einem Angestelltenverhältnis in die Selbstständigkeit gehen, können wir anhand der Programme im Kontext Arbeit vorab die Weichen stellen und der Person wertvolle Tipps geben, auf welche Aspekte ihrer Persönlichkeit sie ein besonderes Auge werfen sollte, um den Weg in die Selbstständigkeit zu meistern.

Kennen wir die Programme einer Person im Kontext ihrer Arbeit, dann können wir mit ziemlich hoher Genauigkeit vorhersagen, wie produktiv, motiviert und zufrieden sie auf einer bestimmten Stelle sein wird – und was sie demotivieren würde. Viele Entscheider tendieren immer noch dazu, gewisse Kandidaten einzustellen, weil sie ihnen besonders sympathisch sind. Das ist grundsätzlich keine schlechte Sache, doch es liegt ein großes Problem darin, weil die Menschen, die auf uns sympathisch wirken, häufig so ticken wie wir selbst. Wenn Sie jemanden suchen, der Sie ersetzen soll, sind ähnliche Meta-Programme eine hervorragende Basis. Soll das neue Teammitglied jedoch genau dort erfolgreich sein, wo es bisher hakt, dann entscheiden Sie sich besser für eine Person, die nicht nur sympathisch ist, sondern vor allem die richtigen Programme hat, um auf natürliche Weise dort zu glänzen, wo Sie sich schwertun.

Fragen Sie sich also vorab: Welche Meta-Programme sollte eine Person idealerweise mitbringen, damit sie perfekt zum Aufgabenbereich passt und das bestehende Team optimal ergänzt?

Aus dieser Klarheit heraus vermeiden Sie die abgedroschenen und generischen Phrasen, die Sie in jeder zweiten Stellenausschreibung lesen. Vom Verfassen der Werbemittel über den Auswahlprozess bis hin zum Vorstellungsgespräch – mit dem Wissen um die Programme wählen Sie die Sprache systematisch so, dass Sie damit genau die Menschen anziehen, die ins Profil passen. Dadurch steigern Sie ganz nebenbei Ihre Effizienz, weil Sie nur noch Gespräche mit qualifizierten Bewerberinnen und Bewerbern führen. Außerdem vermeiden Sie die kostspielige Gefahr, die Stelle mit einer Person zu besetzen, die zwar fachlich bestens für den Job geeignet ist, jedoch aufgrund ihrer Persönlichkeit so gar nicht ins Team passt.

Es lohnt sich also, sowohl in Ihrem eigenen Interesse als auch in dem der Bewerbenden, sich vorab Gedanken zu machen.

Verkauf und Marketing

Welche Meta-Programme hat die Zielgruppe in Bezug auf das, was ich verkaufe? Wie darf ich mit der Person sprechen, damit sie ein gutes Gefühl mit mir und meinem Angebot verbindet? Und wie motiviere ich sie mit meinen Worten, aus diesem Gefühl heraus eine für sie stimmige Kaufentscheidung zu treffen? Ob wir telefonisch, schriftlich oder persönlich verkaufen – diese drei Fragen stehen im Kern eines jeden Verkaufsprozesses. Verstehen Sie die relevanten Meta-Programme Ihres Gegenübers, können Sie Ihre Sprache so wählen, dass die Argumente auch ankommen. Trifft Ihre Sprache die falschen Programme, ist es so, als würden Sie Chinesisch sprechen. Die Person wird vielleicht (aus Respekt) aufmerksam nicken, doch Sie werden weder logisch noch emotional zu ihr durchdringen.

Nehmen Sie stattdessen die Perspektive der anderen Person ein: Wie sieht sie die Welt? Und wie können Sie Ihre Worte so wählen, dass Sie die Menschen erreichen, inspirieren und zum Handeln motivieren? Viele unserer Absolventen, die im Verkauf arbeiten, haben sich sogar angewöhnt, die relevanten Meta-Programme ihrer Kunden und Partner an zentraler Stelle festzuhalten, sodass sie sich vor Gesprächen optimal auf die jeweilige Person einstellen können.

Der Punkt *Verkauf und Marketing* betrifft jeden von uns, denn wir verkaufen nicht nur Produkte und Dienstleistungen, sondern im Alltag immer auch Ideen, Meinungen, Überzeugungen und noch so viel mehr.

Coaching und Erziehung

Im Coaching geht es im Grunde nur um Meta-Programme. Ziel eines Coachings ist es, einen anderen Menschen erfolgreich darin zu unterstützen, in einem bestimmten Kontext künftig ein neues Denken, Fühlen und Handeln zu zeigen. Das bedeutet übersetzt: Das Kernziel eines Coachings liegt darin, die persönlichen Meta-Programme in einem bestimmten Kontext zu verändern. Es dürfte klar sein, dass sich dieses Ziel umso schneller, leichter und nachhaltiger erreichen lässt, je besser der Coach Meta-Programme erkennen und zielgerichtet beeinflussen kann. In den folgenden Kapiteln erläutern wir zudem, wie der Coach allein an der Sprache einer Person erkennen kann, ob die gemeinsame Arbeit erfolgreich war oder welche Themen und Bereiche noch ein bisschen mehr Aufmerksamkeit erfordern.

Dasselbe gilt im Grunde auch für den Bereich der Erziehung. Der wesentliche Unterschied zwischen Coaching und Erziehung besteht häufig nur darin, dass der Veränderungswunsch nicht vom Kind, sondern von den Eltern oder der erziehenden Person ausgeht.

Klingen all diese Vorteile für Sie zu gut, um wahr zu sein? Und vielleicht riecht das auch ein bisschen nach Manipulation? Dann lassen Sie uns kurz über dieses wichtige Thema sprechen.

Ist das Manipulation?

Ja, und wie! Und das ist auch gut so. Denn im Kern bedeutet das Wort doch, dass wir mit unserer Kommunikation ein Ziel verfolgen und möglichst sicherstellen wollen, dass wir es auch erreichen. Diese Strategie beherrschen Sie schon seit Ihrer Kindheit. Oder wussten Sie nicht auch, welche Knöpfe Sie bei Mama oder Papa und bei anderen Menschen aus Ihrem engen Umfeld drücken mussten, damit Sie bekamen, was Sie wollten?

Wenn Ihnen dieses Wort *Manipulation* dennoch Bauchschmerzen bereitet, ist das gut und richtig. Es zeigt, dass Sie einen fein kalibrierten ethisch-moralischen Kompass haben. Wahrscheinlich steht das, was Sie als manipulativ empfinden, in Konflikt mit Ihren Werten und Überzeugungen.

Wie ist es, wenn wir andere Begriffe wählen, zum Beispiel *Ihre Überzeugungskraft erhöhen* oder *andere Menschen beeinflussen?* Das Wissen um die Meta-Programme ermöglicht es Ihnen, sich im Alltag besser auf Ihre Mitmenschen einzustellen und Sie mit Ihren Worten noch besser zu *erreichen.* Schon etwas besser?

Bei vielen Menschen intensiviert sich der Bauchschmerz, wenn wir verdeckt Einfluss ausüben, ohne dass die andere Person nachvollziehen kann, wie ihr geschieht. Wir dürfen also immer beide Seiten der Kommunikation betrachten. Diese kann grundsätzlich auf vier Wegen ablaufen.

1. DIE PERSON *TUT NICHT*, WAS SIE SAGEN, UND FÜHLT SICH *SCHLECHT* DABEI.

In diesem Fall vergeuden Sie Ihre Energie. Sie wenden viel Kraft und Zeit auf, um einen anderen Menschen mit gutem Rat zu unterstützen. Letztendlich entscheidet sich die Person jedoch für einen anderen Weg, der ihre Situation nicht verbessert. Ein solches Szenario wünscht sich niemand, denn es bringt keinen weiter.

2. DIE PERSON *TUT NICHT*, WAS SIE SAGEN, UND FÜHLT SICH *GUT* DABEI.

Diese Situation kennen Sie vielleicht aus Ihrem Umfeld: Sogenannte Gegenbeispielsortierer suchen wie auf Autopilot nach Beispielen, die widerlegen, was Sie sagen. Ähnlich ist es in der Pubertät. Erinnern Sie sich noch an Ihre rebellische Phase? Oder vielleicht haben Sie gerade selbst Sprösslinge im direkten Umfeld, die ihre Grenzen ausloten und sich vom Verbotenen magisch anziehen lassen. Sie fühlen sich so richtig kraftvoll und lebendig, wenn sie gegen etablierte Autoritäten rebellieren können.

Die Psychologie kennt in diesem Zusammenhang außerdem den Begriff der *Reaktanz*. Dahinter verbirgt sich die Motivation, die eigene Freiheit und Selbstbestimmung zu verteidigen, wenn andere uns bevormunden, unser Selbstbild angreifen oder unsere Freiheitsspielräume beschränken. Stellen Sie sich vor, jemand provoziert Sie gezielt mit Sätzen wie: »Ich glaube nicht, dass Sie ein guter Vater/eine gute Mutter sind«, oder »Ich zweifle gerade wirklich, ob Sie überhaupt verkaufen können«. Die Chance ist groß, dass Sie zumindest innerlich aus der Haut fahren und Freiheitsspielräume verteidigen wollen, indem Sie der Person genau das Gegenteil unter Beweis stellen.

Das zweite Szenario kennt der Volksmund auch als umgekehrte Psychologie. Und grundsätzlich kommt diese Art der dunklen Rhetorik dem sehr nahe, was uns Bauchschmerzen bereitet. Deswegen entspricht dieser zweite Weg auch nicht der Haltung, die wir in unserem Buch vertreten.

3. DIE PERSON *TUT*, WAS SIE SAGEN, UND FÜHLT SICH *SCHLECHT* DABEI.

Hiermit sind wir bei dem angelangt, was viele Menschen unmittelbar mit dem Wort *Manipulation* verbinden: Jemand überredet uns, etwas zu tun, was nicht in unserem Interesse ist. Kommt Ihnen gerade zum Beispiel ein schmieriger Verkäufer in den Sinn? Anfangs wirkte er auf Sie noch sympathisch. Doch an einer Stelle lieferte er Ihnen seltsame Argumente und drängte Sie zu einer Entscheidung. Vielleicht fühlten Sie sich überrumpelt, ohnmächtig oder wollten einfach nur höflich sein – letzten Endes gingen Sie das Geschäft ein und ignorierten für kurze Zeit das klare Nein-Gefühl in Ihrem Bauch. Als Sie dann wenig später wieder klar denken konnten, haben Sie Ihre Entscheidung bereut. Der Verkäufer hatte Sie nicht überzeugt, sondern überredet und dabei einen üblen Beigeschmack hinterlassen.

Auch von dieser Vorgehensweise distanzieren wir uns deutlich, denn diese Art der Kommunikation ist kurzsichtig und auf Dauer geschäftsschädigend. Die Methoden sprechen sich herum, die Zielgruppe nimmt ihr Widerrufsrecht in Anspruch und beide Seiten sind um eine negative Erfahrung reicher. Das geht auch ganz anders, wie uns der nächste Punkt zeigt.

4. DIE PERSON *TUT*, WAS SIE SAGEN, UND FÜHLT SICH *GUT* DABEI.

Ist das nicht das Ziel, das wir uns für jeden Bereich unserer Kommunikation wünschen? Wir reden mit anderen Menschen, unsere Worte dringen zu ihnen durch und sorgen dafür, dass sie zu einem guten Ergebnis gelangen. Wir haben sie mit unseren Worten beeinflusst – stets mit dem Ziel, dass sie sich nachhaltig gut dabei fühlen.

Würden Sie den Mund öffnen, ohne damit ein Ziel zu verfolgen? Sogar Gespräche mit einer Zimmerpflanze haben unter der Oberfläche das Ziel, unseren Gedanken Raum zu geben, größere innere Klarheit zu finden oder die Pflanze durch unsere Worte in ihrer Entwicklung zu unterstützen.

Kurzum: Jede Verwendung von Sprache ist im Kern manipulativ. Letzten Endes liegt es also in Ihrer Hand, wie Sie das Wissen aus diesem Buch einsetzen. Sie werden auf den folgenden Seiten erfahren, dass es bei den Meta-Programmen weniger darum geht, welche Inhalte Sie transportieren, sondern verstärkt darum, *wie* Sie etwas sagen. Es geht also nicht darum, die Gedanken der Menschen zu lesen und sie wie eine Marionette zu steuern, sondern die Verpackung, in die Sie Ihre Gedanken und Ideen kleiden, bedachter und bewusster zu wählen, damit Sie andere Menschen besser erreichen.

Unser Rat ist: Kommunizieren Sie stets in der guten Absicht, Ihr Leben und das der anderen Menschen zu bereichern. Der Wert, den Sie bei anderen erbringen, wird anschließend um ein Vielfaches zu Ihnen zurückkehren.

Filter über Filter – so funktioniert Ihr Betriebssystem

»Die Wirklichkeit ist ein Konstrukt des Gehirns«

– Gerhard Roth

Lassen Sie uns die Motorhaube öffnen und einen tiefen Blick in die Blackbox werfen, die ausmacht, wie Sie die Welt erleben und mit ihr interagieren. Denn unsere Persönlichkeit steht in enger Wechselwirkung mit der kleinen Welt, in der jeder von uns lebt. Die modernen Neurowissenschaften sind sich heute weitgehend einig, dass genetische Faktoren eine eher untergeordnete Rolle in der Entwicklung unserer Persönlichkeit spielen. Bestes Beispiel dafür sind eineiige Zwillinge, die exakt das gleiche Erbgut besitzen, sich jedoch schon als kleine Kinder zu unterschiedlichen Persönlichkeiten entwickeln. Viel bedeutsamer als die »guten Gene« sind Faktoren wie Erziehung, Bildung, Erfahrungen, Kultur und die vielfältigen weiteren Prägungen unseres Umfelds. Im Laufe der ersten fünf bis sieben Lebensjahre entwickelt sich unser Bewusstsein und damit auch ein ausgeklügeltes Betriebs- und Filtersystem, durch das wir die Welt betrachten. Unsere Meta-Programme sind Teil dieses Betriebssystems. Es prägt die Art, wie wir die Welt erleben und mit ihr interagieren. Lassen Sie uns genauer hinschauen, wie dieses System arbeitet.

UNSERE FÜNF SINNE – DAS NEUROLOGISCHE FILTERSYSTEM

Forscher gehen davon aus, dass täglich einige Hundert Millionen Informationseinheiten pro Sekunde auf uns einprasseln. Es wäre gewiss eine spannende Frage, wie genau sie das gemessen haben, doch uns interessieren hier in erster Linie weniger die konkreten Zahlen, sondern die Relationen. Denn von dieser gewaltigen Menge an Reizen können wir nur etwa elf Millionen überhaupt mit unseren menschlichen Sinnen wahrnehmen.

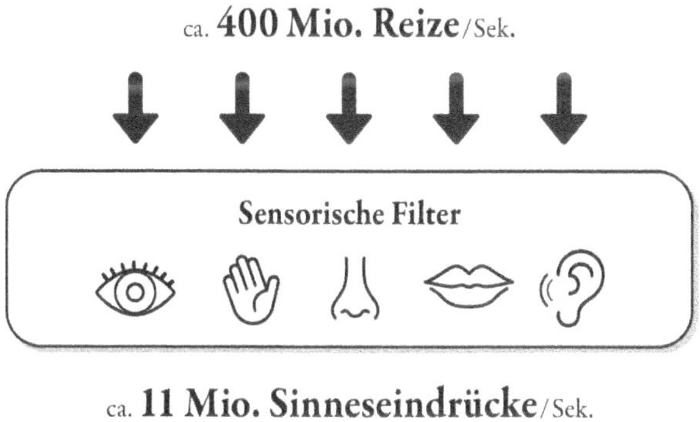

Mit den Zahlen unserer Grafik orientieren wir uns am aktuellen Stand von Neurowissenschaft und Wahrnehmungspsychologie. Da sich für die Gesamtheit unserer Umgebungsreize ein breiteres Spektrum an Schätzwerten finden lässt, haben wir uns für die Zahl der 400 Millionen Reize/Sek. entschieden – allein mit dem Ziel, die Relationen zu verdeutlichen.

Wir hören und sehen nur in einem bestimmten Frequenzspektrum. Unsere Sinnesorgane sind nicht gemacht für Infrarot- und UV-Licht oder die unglaublich feinen Frequenzen, die zum Beispiel Hunde und Fledermäuse wahrnehmen können. Genauso wenig nehmen wir die Schwerkraft noch bewusst wahr, weil wir von Geburt an daran gewöhnt sind. Kämen wir jedoch von einem zweiwöchigen Urlaub auf dem Mond nach Hause, würden wir das Leben auf der Erde sinnlich vollkommen anders erleben. Ähnlich ist es übrigens auch mit Ringen, Uhren oder Armbändern. Am Anfang können diese Gegenstände auf der Haut noch fremd wirken. Doch nachdem wir sie einige Zeit getragen haben, gewöhnen sich unsere Nervenzellen daran und wir nehmen den Schmuck genauso wenig wahr, wie das Parfum, das wir täglich benutzen.

Unsere Sinnesorgane sind also der erste Filter, der unsere Außenwelt sortiert. Dieser Filter kann von Mensch zu Mensch stark variieren. Jeder von uns hat einen oder zwei bevorzugte Sinneskanäle – auch Repräsentationssysteme genannt –, mit denen wir die Welt wahrnehmen. Während manche Musiker über ein absolutes Gehör verfügen, freuen sich einige Köche über einen herausragenden Geruchs- und Geschmackssinn. Fotografen und Maler nehmen Farben wiederum ganz anders wahr als Menschen mit einem ungeschulten Auge.

Außerdem können wir am Beispiel blinder oder tauber Menschen beobachten, dass sich unsere anderen Sinne schärfen, wenn wir einen Kanal weniger nutzen.

Probieren Sie es selbst aus: Setzen Sie sich an Ihren Lieblingsort in der Natur und nehmen Sie erst einmal wahr, welche Informationen Ihnen Ihre Sinne zuspielen. Das geht auch an dem Ort, an dem Sie sich gerade befinden. Schließen oder verbinden Sie Ihre Augen und fokussieren Sie Ihre gesamte Aufmerksamkeit auf Ihre Ohren. Scannen Sie Ihr Umfeld nun systematisch nach Geräuschquellen in Ihrer näheren Umgebung. Was können Sie im Umkreis von fünf Metern hören? Welche neuen Geräusche nehmen Sie wahr, wenn Sie Ihre Aufmerksamkeit nun immer weiter ausdehnen und schließlich in die weite Ferne lauschen? Plötzlich erfassen Sie auch Reize, die Sie vorher nicht auf dem Schirm hatten. Vieles blenden wir im Alltag aus, wie zum Beispiel die Geräusche der Straßenbahn vor unserem Haus. Was uns ständig umgibt, nehmen wir irgendwann nicht mehr bewusst wahr, es sei denn, das Gewohnte verfremdet sich plötzlich. Das wäre der Fall, wenn es draußen einen Unfall gäbe und die Straßenbahn unter lautem Gequietsche eine Vollbremsung machen würde.

Ein ähnlich gutes Beispiel für diese selektive Wahrnehmung ist der sogenannte Cocktail-Party-Effekt. Stellen Sie sich vor, Sie sind auf einer guten Party. Um Sie herum unterhalten sich die Menschen und im Hintergrund läuft Musik in moderater Lautstärke. Wenn Sie sich in diesem Setting mit anderen Personen unterhalten wollen, müssen Sie sich stark auf deren Stimmen konzentrieren. Ruft nun jedoch im allgemeinen Getümmel jemand Ihren Namen, ist die Wahrscheinlichkeit groß, dass diese Stimme sofort Ihre Aufmerksamkeit gewinnt.

Ähnlich spannende Erfahrungen können Sie bei einem Dinner im Dunkeln machen. Stellen Sie sich einen Restaurantbesuch in absoluter Finsternis vor. Sie können nichts sehen und abgesehen vom Klirren zwischen Besteck und Porzellan ist das ganze Ambiente gedämpft. Bühne frei für Ihren Geruchs- und Geschmackssinn! Die olfaktorischen und gustatorischen Kanäle, also das Riechen und Schmecken, empfinden wir als eng gekoppelt. Das besondere Setting eines solchen Dinner in the Dark kann selbst ein klassisches Pastagericht zu einem neuen kulinarischen Abenteuer machen, weil Sie plötzlich mehr wahrnehmen, als Ihr Filtersystem Ihnen sonst im Alltag zuspielt.

Lassen Sie uns in ein weiteres Experiment eintauchen: Fokussieren Sie bitte für einige Augenblicke Ihre gesamte Aufmerksamkeit auf das spezifische Gefühl in Ihrem linken Fuß. Sie dürfen dabei gerne die Augen offen halten und diesen Zeilen weiter folgen. Nehmen Sie nun einmal alles wahr, was es in Ihrem linken Fuß zu entdecken gibt. Ist er eher warm oder kalt? Fühlt er sich leicht an oder eher schwer?

Ist er angenehm trocken oder ist da ein Hauch von Feuchtigkeit? Wie fühlt sich die Umgebung an? Tragen Sie eine dicke, weiche Socke? Oder spüren Sie zum Beispiel die harte Schale eines Lederschuhs? Haben Sie genügend Bewegungsfreiraum, um mit Ihren Zehen zu wackeln? Oder liegt ihr Schuh eng an wie eine zweite Haut? Widmen Sie Ihrem Fuß Ihre volle Aufmerksamkeit. Vielleicht können Sie dabei sogar spüren, wie das Blut durch Ihre Adern pulsiert.

Wenn wir diese Wahrnehmungsübung im Seminar machen, bekommen wir häufiger Feedback wie: »Mit geschlossenen Augen hatte ich das Gefühl, mein Fuß würde immer weiter wachsen und gleich ein riesiger Klumpen sein, wenn ich meine Augen wieder öffne«, oder: »Ich hatte das extrem intensive Gefühl, nur noch aus Fuß zu bestehen«.

Diese kleinen Momente der Achtsamkeit machen uns bewusst, wie viele Reize und Informationen unser Filtersystem in jedem Moment ausblendet. Und das ist ein Segen! Denn stellen Sie sich nur mal vor, sämtliche Reize würden permanent ungefiltert in Ihr Bewusstsein dringen. Sie wären wahrscheinlich komplett überfordert und für jede andere Tätigkeit lahmgelegt.

Inselbegabte wie der US-Amerikaner Kim Peek geben uns einen guten Eindruck, wie anders unsere Wahrnehmung und unser ganzes Leben ohne diese Filtersysteme sein könnte. Peek litt unter dem Savant-Syndrom und war Vorbild für die Figur des autistischen Raymond Babbit in dem Film *Rain Man* mit Tom Cruise und Dustin Hoffman. Nach eigenen Aussagen kannte Peek den Inhalt von zwölftausend Büchern auswendig, nachdem er diese nur einmal gelesen bzw. deren Seiten in wenigen Sekunden überflogen hatte. Die Wissenschaft kennt andere Menschen mit ähnlichen Inselbegabungen oder solche, die nach einem Unfall eine völlig andere Hirnleistung abrufen konnten als vorher. So können einige aus dem Gedächtnis heraus nur einmal gehörte Musikstücke wiedergeben oder die Skyline einer Stadt in nahezu fotorealistischem Detailreichtum zeichnen.

Diese inspirierenden Fälle zeigen, wozu unser menschliches Gehirn fähig ist. Sie und wir haben anatomisch das gleiche Gehirn wie die Menschen aus den oben genannten Beispielen. Nur unser Zugang dazu ist ein anderer. Ist es nicht ein spannender Gedanke, dass die Eindrücke unseres gesamten Lebens wie ein hochauflösender Film in unserem Unterbewusstsein gespeichert sind? Doch so bemerkenswert diese Savant-Fähigkeiten sind, sie gehen auch mit einer Schattenseite einher. So können autistische Menschen große Schwierigkeiten haben, mit der Flut an Reizen umzugehen und fühlen sich im Alltag insbesondere in zwischenmenschlichen Situationen schnell überfordert.

Halten wir fest: Unsere Aufmerksamkeit ist begrenzt und unsere bewusste Wahrnehmung ist von Natur aus extrem selektiv. Die Psychologie bezeichnet dieses Phänomen auch treffend als Unaufmerksamkeitsblindheit. Wenn wir uns auf gewisse Aspekte fokussieren, verlieren wir andere aus dem Blick. In ihrem berühmten Experiment »Gorillas in unserer Mitte« führen uns die Psychologen Christopher Chabris und Daniel Simons von der University of Illinois dieses Phänomen auf sehr plakative Weise vor Augen. Die Teilnehmer des Experiments sollten sich ein Video anschauen, in dem sechs Personen in zwei Mannschaften Basketball spielten. Die eine Mannschaft trug schwarze und die andere weiße Trikots. Aufgabe der Probanden war es, die Pässe innerhalb des weiß gekleideten Teams zu zählen. Dabei konzentrierten sie sich so sehr auf Ballwechsel und Trikotfarben, dass knapp die Hälfte nicht bemerkte, wie mitten im Film eine Person im dunklen Gorilla-Kostüm durchs Bild lief, mittendrin kurz stehen blieb, sich auf die Brust trommelte und dann wieder verschwand. Bei allem, was wir tun, nehmen wir also immer nur einen kleinen Ausschnitt all dessen wahr, was sich uns gerade bietet.

Können Sie sich spontan, ohne sich umzuschauen, an fünf grüne Gegenstände in Ihrer Umgebung erinnern? Oder an fünf verschiedene Geräusche, die Sie umgeben haben, während Sie sich auf Ihren Fuß konzentrierten? Schwierig, oder? Unser Bewusstsein funktioniert wie der Kegel einer sehr kleinen Taschenlampe, den wir über die Welt lenken. Worauf wir unsere Aufmerksamkeit richten, entscheidet maßgeblich, wie wir unsere Umgebung wahrnehmen. Gerade in unserer modernen Welt voller ablenkender Reize und Verlockungen ist es wichtig, die eigene Aufmerksamkeit zu schützen und bewusst zu lenken.

Das, was wir als persönliche Realität erleben, ist nur ein winziger Ausschnitt einer extrem reichhaltigen Außenwelt, die uns jederzeit umgibt. Von den elf Millionen wahrnehmbaren Sinneseinheiten, die unser Unterbewusstsein theoretisch pro Sekunde aufnehmen kann, können wir nur vierzig bewusst verarbeiten. Nein, das ist kein Tippfehler! Sie haben richtig gelesen: Diese Zahl ist nur noch zweistellig. Daran können Sie leicht erkennen, warum unser Unterbewusstsein in vielen Fragen eine intelligentere Ratgeber-Instanz ist als unser bewusster Verstand. Denn Letzterer ähnelt einem sehr engen Lichtkegel, mit dem wir die Welt erforschen und erleben.

Nach dem ersten Filter, den unsere Sinne bilden, gibt es noch ein zweites Filtersystem, das Bewusstsein und Unterbewusstsein voneinander trennt.

KULTURELLE, SOZIALE UND PERSÖNLICHE FILTER

Im Alltag steuern wir unsere Filterprozesse selten so bewusst wie in den achtsamen Momenten, die wir eben beschrieben haben. Sie laufen vielmehr auf Autopilot und folgen einer festen Programmierung. Alles, was wir sinnlich wahrnehmen, gelangt im nächsten Schritt durch unser zweites Filtersystem, das sich von Geburt an in uns entwickelt hat.

Was ist mir wichtig? Worauf kommt es bei einem gelingenden Leben für mich an? Was macht »gutes« Verhalten aus? Und was sollte ich auf meinem persönlichen Erfolgskurs in jedem Fall unterlassen und vermeiden? Für all diese Fragen bilden wir unbewusst ein Regelsystem, das sich an unserer kulturellen Prägungen, an unseren Werten, Überzeugungen, Zielen, Erwartungen und Erfahrungen orientiert. Auch die Meta-Programme sind Teil dieses Betriebssystems.

Während wir heranwachsen, lernen wir automatisch und unbewusst, ob es für uns zum Beispiel besser ist, schnell ins Handeln zu kommen oder abzuwarten und zu analysieren. Ob wir unsere Bedürfnisse besser befriedigen, indem wir uns auf Ziele zu bewegen oder uns von Problemen möglichst fernhalten. Ob wir die Welt besser mit vielen detailreichen Informationen verstehen oder indem wir eine Vogelperspektive einnehmen und einen Überblick über ein Thema gewinnen.

Wie dieses Filtersystem Ihre Sicht auf die Welt verändert, können Sie jederzeit an sich selbst beobachten: Haben Sie erfahren, dass Sie sich schon bald über Nachwuchs freuen dürfen, dann sehen Sie innerhalb kurzer Zeit an jeder Ecke frischgebackene Eltern. Überall begegnen Ihnen Angebote für Windeln, Kinderwagen und Möbelstücke, weil diese ab sofort ganz oben auf Ihrer Wunschliste stehen. Ähnlich ist es beim Autokauf. Nachdem Sie Ihr Lieblingsmodell mit der richtigen Farbe und der passenden Ausstattung konfiguriert haben, springt es Ihnen plötzlich überall ins Auge. Hier sehen Sie genau Ihr Modell und dort auch noch exakt die Farbe Ihres Herstellers. Fast könnte man meinen, das Autohaus habe mit Absicht einige dieser Modelle in der Umgebung verteilt, während Sie vor sich hingeträumt haben.

Sowohl beim Beispiel des Autos als auch beim Baby hat sich Ihr Filtersystem neu kalibriert und an Ihre **Ziele** angepasst. Es lässt nun mehr von den Sinneseindrücken in Ihr Bewusstsein, die für Ihre aktuelle Situation relevant sein können. Diese Beispiele bringen hervorragend zu Geltung, warum es so wertvoll ist, Ziele klar zu definieren, sich regelmäßig vor Augen zu führen und sich eindringlich damit zu beschäftigen – zum Beispiel, indem Sie sie aufschreiben oder in Form eines Vision Boards illustrieren. Denn je besser Ihr Betriebssystem darüber Bescheid weiß, was Sie wollen und was Ihnen wichtig ist, desto leichter kann Ihr Filtersystem die Hinweise, Chancen und Möglichkeiten in Ihr Bewusstsein dringen lassen, für die Sie sonst wahrscheinlich blind wären. Hier gilt also das Motto: Wer will, findet Wege.

Auch Ihre **Erwartungen** haben eine filternde Funktion: Stellen Sie sich vor, Sie wandern an einem herrlich sonnigen Tag einen unbekannten Waldweg entlang. Sie hören das Vogelgezwitscher, die duftende Waldluft belebt Ihre Innenwelt und Sie können spüren, wie Stress und die Sorgen des Alltags mit jedem Ihrer Schritt bröckeln und hinter Ihnen auf dem Weg zurückbleiben. Doch dann ist da plötzlich dieses Schild neben einer verrosteten Schranke: *DANGER! Lebensgefahr!* Mehr können Sie leider nicht entziffern, denn die Witterung hat die übrigen Zeilen auf dem Schild ausradiert. Sie kennen sich in der Gegend nicht aus. Daher suchen Sie auf Ihrem Smartphone nach einem Umweg, doch weit und breit bietet sich keine Alternative. Jetzt umkehren? Das wären einige Kilometer zusätzlich. Also fassen Sie sich ein Herz und klettern mutig über die Schranke. Plötzlich verändert sich der Charakter Ihrer Wanderung. Hier und da knackst es tief im Wald, das Vogelgezwitscher scheint nachgelassen zu haben und alle zehn Schritte drehen Sie sich um, weil Sie das Gefühl haben, jemand würde sich von hinten an Sie heranschleichen.

Was auf Anhieb klingen mag wie der Auftakt eines Romans von Stephen King, ist in Wahrheit nur Ihre Erwartungshaltung, die Ihnen einen Streich spielt. Sie befürchten, dass Sie etwas Verbotenes tun oder sich einer Gefahr aussetzen. Ihre Sinne schärfen sich und Ihre Muskeln sind so stark durchblutet, dass Sie leicht schwitzen – bereit, jeden Moment einen Angriff abzuwehren oder die Beine in die Hand zu nehmen. Wüssten Sie jedoch, dass die unlesbare Zeile auf dem Schild *Baumarbeiten von September bis November 1998* lautete, dann wären Sie fröhlich und gelassen an der Schranke vorbeispaziert und hätten weiterhin Ihren Tag genossen.

Auf ähnliche Weise wirken auch unsere persönlichen **Werte**. Stellen Sie sich nur vor, wie verschieden zwei Menschen mit der Welt interagieren, wenn eine Person zum Beispiel zentrale Werte wie Freiheit, Abenteuer und Wachstum lebt und die andere Loyalität, Sicherheit und Großzügigkeit. Von diesen sechs Werten ist objektiv gesehen keiner besser oder schlechter als der andere. Alle können zu einem wundervollen Leben beitragen. Haben Sie gerade eine persönliche Präferenz? Dann gibt das Aufschluss über Ihr eigenes Wertesystem. Führen wir uns die Konstellation der Werte vor Augen, können wir uns leicht vorstellen, dass beide Personen in ein und derselben Situation unterschiedlich denken, fühlen und handeln würden.

Richten wir den Scheinwerfer noch auf einen weiteren Bereich: Ihre **Überzeugungen** und die sogenannten **Glaubenssätze**. Der amerikanische Autor Anthony Robbins bezeichnet Letztere treffend als Regieanweisungen für unser Leben. Sie sind Früchte unserer Erfahrungen und sozialen Prägungen. Viele Überzeugungen übernehmen wir unbewusst im Laufe unserer Entwicklung. Schickt Sie zum Beispiel ein Elternteil jeden Tag mit besorgtem Blick und den Worten »Pass auf dich auf!« in die Schule, dann kann in Ihnen die Überzeugung heranwachsen, die Welt sei ein gefährlicher Ort, wo an jeder Ecke Bedrohungen lauern, vor denen Sie sich in Acht nehmen müssen. Gerade bei Kindern können wenige Worte also tiefe Spuren hinterlassen. Und auch im weiteren Verlauf Ihres Lebens können sich neue Überzeugungen bilden und bestehende verändern.

Machen Sie zum Beispiel schlechte Erfahrungen mit Geld, können in Ihnen Glaubenssätze heranreifen wie *Geld verdirbt den Charakter* oder *Ich werde mein Leben lang arm bleiben.* Infolge dieser Überzeugungen werden Sie sich wahrscheinlich vom Geld fernhalten oder sich weniger zutrauen und sich mit Menschen umgeben, die ähnliche Überzeugungen teilen. Häufig erzählen wir uns selbst und anderen in unseren kleinen Welten dann auch Geschichten, die unsere Überzeugungen nähren, bestätigen und damit festigen. Oder vielleicht werden Sie in einer Beziehung betrogen und sagen sich daraufhin: *Alle Männer/Frauen sind Schweine – ich bleibe wahrscheinlich für immer alleine!* Die Chance ist nun sehr groß, dass Sie auf Distanz gehen, auf andere Menschen ablehnend wirken und dadurch vielleicht tatsächlich länger allein bleiben.

Ihre Überzeugungen gestalten Ihr Denken. Dieses wiederum wirkt sich auf Ihre Gefühle aus und die treiben letztendlich Ihr Handeln an. Nehmen wir dazu ein weiteres Beispiel: Mathilda ist zu einem Bewerbungsgespräch eingeladen, und obwohl allein das schon ein positives Zeichen ist, dass sie für die Stelle infrage kommt, schießen ihr allerlei wilde Gedanken durch den Kopf: *Ich bin nicht gut genug. Andere sind viel besser. Ich bin doch nur eine Hochstaplerin. Ich habe so viel Gehalt gar nicht verdient.* Diese Gedanken stressen und quälen sie. Sie bringen sie aus der Fassung und drohen sie von innen aufzufressen. Schließlich sorgen sie dafür, dass Mathilda bei dem Termin wild schwitzt, stottert und immer wieder den Faden verliert. Leider zeigt sie sich mit diesem Verhalten nicht von ihrer besten Seite und ihr Gegenüber gewinnt nun genau den Eindruck, den sie sich zu Beginn eingeredet hat. Auf diese Art und Weise können Überzeugungen und die Geschichten, die wir uns immer wieder erzählen, selbsterfüllende Prophezeiungen in Gang setzen. Doch lassen Sie uns den Blick wieder in eine positivere Richtung lenken.

Sind Sie zum Beispiel tief in Ihrem Inneren davon überzeugt, dass unsere Welt ein liebevoller Ort ist, in dem letzten Endes alles *für* Sie geschieht? Dann gelingt es Ihnen deutlich besser, auch das Schöne, Gute und Konstruktive zu erkennen, wo andere verzweifeln und resignieren. Einfach gesagt: Wir sehen nur das, was wir zu sehen erwarten, bzw. wir können nicht sehen, was zu sehen wir nicht glauben würden. So entstehen blinde Flecken in unserer Wahrnehmung und wir betrachten die Welt automatisch sehr einseitig.

Das Faszinierende an der Filterwirkung von Überzeugungen ist, dass sie sich stets selbst beweisen. So wie der amerikanische Unternehmer Henry Ford es einmal treffend formuliert hat: »Ob Sie glauben, dass Sie es schaffen oder ob Sie glauben, es nicht zu schaffen, Sie werden in jedem Fall recht behalten.«

Genau hier setzen Erfolgs- oder Dankbarkeitstagebücher an. Bei der ersten Variante nehmen Sie sich jeden Abend einige Minuten Zeit, drei bis fünf Dinge zu finden und zu notieren, für die Sie aus vollem Herzen dankbar sind. Bei der zweiten Variante richten Sie Ihren Blick auf all das, was Ihnen an diesem Tag besonders gelungen ist. Idealerweise suchen Sie in beiden Fällen jeden Tag nach neuen Impulsen.

Wenn Sie diese Dinge gedanklich wiederholen und noch dazu niederschreiben, können sie sich besser in Ihrer Erinnerung festigen. Momente der Dankbarkeit und des Erfolgs bekommen so automatisch einen präsenteren Platz in Ihrem Leben und verändern die Art und Weise, wie Sie die Welt erleben. Damit programmieren Sie Ihr Betriebssystem um. Sie werden überrascht sein, wie sich Ihr Blick auf sich selbst und die Welt schon nach wenigen Wochen verändert – und damit allmählich auch Ihre Überzeugungen.

Ein weiterer sehr prägender Filter liegt in unseren **Konditionierungen**. Bestimmt haben Sie schon mal vom Nobelpreisträger Iwan Pawlow und dem nach ihm benannten Reflex gehört. Im Rahmen seines bekannten Experiments läutete er jedes Mal, bevor er seine Hunde fütterte, eine kleine Glocke. Nach einigen Wiederholungen bemerkte er, dass seine Tiere schon beim bloßen Klingeln des Glöckchens zu sabbern begannen. Sie hatten unbewusst den Reiz (Glocke) mit der Reaktion (sabbern) verknüpft und diese Reaktion lief nun auf Autopilot. Diesen Vorgang bezeichnet die Psychologie auch als operante Konditionierung. Sie prägt unseren Alltag deutlich stärker, als wir uns bewusst sind, denn der steckt voller solcher A-B-Verknüpfungen.

Riechen Sie zum Beispiel das Parfum eines früheren Schwarms oder den Duft von frisch gemähtem Rasen, kann dieser äußere Reiz sofort Ihre Wahrnehmung lenken und Sie in einen bestimmten Zustand versetzen. Ähnliche Reaktionen erleben wir, wenn wir Sirenen hören, an unserem Lieblingsgetränk nippen oder einen fabelhaften Sonnenaufgang betrachten.

Diese Konditionierung kann im Fall einer Phobie sogar ganz extreme Auswirkungen haben. Denn zum Beispiel auch hinter einer Arachnophobie steckt eine Konditionierung: Was denken Sie, wie viel ein Mensch mit einer ausgeprägten Angst vor Spinnen sonst noch wahrnimmt, wenn er einem Achtbeiner begegnet? Mit großer Wahrscheinlich fokussieren sich seine 40 bewussten Sinneseindrücke pro Sekunde voll auf das Insekt und die gesamte restliche Wahrnehmung ist so gut wie lahmgelegt. So kann ein kleiner Reiz schlagartig unsere gesamte Wahrnehmung kontrollieren. Erst wenn der Reiz nachlässt oder wir die Konditionierung auflösen, weiten sich die Scheuklappen wieder.

Einer der größten Filter überhaupt ist die **Kultur**, in der wir aufwachsen und leben. Sie hat maßgeblich Einfluss darauf, was wir als richtig und falsch empfinden. In jedem von uns steckt der tief verwurzelte Wunsch dazuzugehören. Denn der Ausschluss aus der Gruppe bzw. unserem Stamm bedeutete in früheren Zeiten den sicheren Tod. Heute hängt vielleicht weniger unser tatsächliches Überleben davon ab, ob wir dazugehören oder nicht, doch schon im Kindergarten und in der Schule ist Anschluss für das emotionale Überleben essenziell.

Aus einem Bedürfnis von Sicherheit und Zugehörigkeit passen wir unser Verhalten dem unseres Umfelds an. Ein hervorragendes Beispiel für diese Prägung ist die Esskultur. Während Schmatzen und Rülpsen im deutschsprachigen Raum verpönt sind, gehören sie in der chinesischen Kultur zum guten Ton. Je mehr Sie reisen, sich mit anderen Kulturen beschäftigen und Ihren Horizont erweitern, desto stärker wird Ihnen Ihre besondere kulturelle Prägung bewusst.

Bestimmt fallen Ihnen noch weitere Einflüsse ein, die in diese Kategorie gehören. Denken wir nur an Begrüßungsrituale. Auf ähnliche Art und Weise prägen uns Menschen letztendlich auch Ideologien, Dogmen und viele andere Arten von strikten Denkschemata. Sie sperren unser Denken in einen Käfig, aus dem heraus wir auf eine ganz bestimmte Art und Weise fühlen und uns letzten Endes zu Taten hinreißen lassen, die für Außenstehende nicht mehr nachvollziehbar sind.

Ein wichtiger Schritt für eine selbstbestimmte Lebensgestaltung liegt darin, diese Filter als das zu erkennen, was sie sind. Führen Sie sich vor Augen, dass Ihre Art, die Welt zu erleben und zu bewerten, nur eine von vielen Möglichkeiten ist. Gefallen Ihnen die Resultate nicht, die daraus aktuell für Sie hervorgehen? Dann schlagen Sie einen neuen Kurs ein, verschieben Sie Ihren Fokus und richten Sie Ihre Filter neu aus. Ändern Sie Ihr Denken und Sie ändern Ihre ganze Welt.

Und das Filtersystem endet nicht beim Denken – auch Ihr Fühlen hat einen gewaltigen Einfluss auf Ihre Wahrnehmung und Ihr Handeln. Sind Sie frisch verliebt, betrachten Sie die Welt durch eine rosarote Brille und gehen mit mehr Vertrauen und vielleicht sogar einer Prise Naivität in bestimmte Situationen. Sind Sie hingegen gestresst oder deprimiert, kann auch die Welt um Sie herum kalt und düster wirken. Und kommen Sie gerade frisch vom Krafttraining, kann ein erhöhter Testosteronspiegel dazu führen, dass Sie sich mutiger und abenteuerlustiger fühlen als noch zwei Stunden zuvor. Mit dem Hormoncocktail in Ihrem Blut verändert sich auch die Art und Weise, wie Sie die Welt erleben. Deswegen ist auch Ihr körperlicher **Zustand** ein wesentlicher Filter im Alltag.

Wann immer Sie sich beklemmt, unmotiviert oder inspirationslos fühlen, verändern Sie Ihren körperlichen Zustand. Fragen Sie sich, in welchem Zustand Sie idealerweise sein sollten, um die Herausforderung zu meistern, die gerade vor Ihnen liegt. Manchmal kann schon ein kleiner Spaziergang an der frischen Luft oder eine Pause mit Ihrer Lieblingsmusik Ihren Geist öffnen und einen großen Unterschied machen.

Spüren Sie, wie gewaltig und faszinierend die Auswirkungen Ihrer Filter sind? Genau diesen Mechanismus beschreibt der Spruch *Wir sehen die Welt nicht, wie sie ist. Wir sehen die Welt so, wie wir sind.* Die Welt zeigt sich uns also so, wie unsere individuellen Filter sie uns erscheinen lassen. Pablo Picasso hat es einmal schön formuliert: »Wenn es nur eine einzige Wahrheit gäbe, könnte man nicht hundert Bilder über dasselbe Thema malen.«

Woran wir glauben, was wir erleben und was uns wichtig ist, formt maßgeblich unseren Blick auf die Welt. Ihr Gehirn zeigt Ihnen also ein Leben, das Ihrer Erwartungshaltung entspricht. Bestimmt haben Sie längst erkannt: Je bewusster Sie Ihre Filter gestalten und Ihre Aufmerksamkeit lenken, desto aktiver können Sie Ihr Leben nach Ihren Vorstellungen gestalten. Sie holen sich damit also ein Stück Kontrolle zurück. Greifen Sie nicht bewusst ein, funktioniert dieses System weiterhin so, wie es Ihr Umfeld früher einmal programmiert hat, mit dem Ziel, dass Sie im Alltag gut »funktionieren«. Ihr Betriebssystem hält Ihren Betrieb am Laufen und erweist Ihnen damit einen großen Dienst. Es sorgt dafür, dass Sie Informationen effizient verarbeiten können, handlungsfähig bleiben und Entscheidungen treffen können.

Das Problem ist nur, dass einige Ihrer heutigen Filter vermutlich über Ihre Eltern und Lehrer durch die Filter von deren Eltern und Lehrern entstanden sind. Leider ist die Wahrscheinlich groß, dass das, was vor 80 Jahren vielleicht noch sinnvoll und richtig war, heute eher unzweckmäßig und hinderlich ist.

Gibt es Reibungen oder gar Kollisionen zwischen den unterschiedlichen Filtersystem der Menschen, erkennen Sie das an Ausdrücken wie *Die leben nicht in der Realität. Das ist realitätsfern. Die belügen sich doch nur selbst* oder *Die sollten mal wieder zurück in die Wirklichkeit kommen.* Spätestens nach den vorigen Seiten wissen Sie, dass es *die* Realität oder *die* Wirklichkeit nicht gibt, sondern immer nur einen individuell gefilterten Ausschnitt eines großen Ganzen.

Dieses Buch unterstützt Sie dabei, sich auf die Realität Ihres Gegenübers einzulassen und die Welt durch die Augen anderer Menschen zu betrachten. Dadurch können Sie

Missverständnissen aus dem Weg gehen, lösungsorientiert kommunizieren und Ihre Worte so wählen, dass Sie auf andere charismatisch und sympathisch wirken.

Für ein selbstbestimmtes und gelingendes Leben lohnt es sich also in vielerlei Hinsicht, sich genauer mit Ihrem Filtersystem zu beschäftigen. Und mit diesem Buch sind Sie bereits mittendrin. Unsere Filter sind so individuell wie unser Fingerabdruck und dafür verantwortlich, dass jeder Mensch anders tickt. Für unser Buch ist vor allem ein Aspekt besonders wichtig: Wie wir die Welt erleben, drückt sich in unserer Sprache und in unserem Verhalten aus. Sie sind weit stärker geprägt von unserer gefilterten Wahrnehmung, als von der Realität. Die Art und Weise, wie Menschen sprechen, welche Worte sie wählen und wie sie sich in bestimmten Situationen verhalten, verrät, welche Filter in ihrem System aktiv sind und welche Meta-Programme ihr Denken lenken.

Das ist stark vereinfacht etwa so, als würden Sie auf einer Wiese mehrere Äpfel entdecken. Daraus können Sie ohne hochzuschauen folgern, dass sich über Ihrem Kopf vermutlich ein Apfelbaum befindet. Achten Sie im Alltag auf Sprache und Verhalten Ihrer Mitmenschen, denn darin offenbaren sich ihre Programme.

SPRACHE – DER FILTER ZUR AUSSENWELT

Nachdem unsere Filter erst die elf Millionen Einheiten pro Sekunde auf 40 reduziert haben, gehen noch einmal große Mengen an Informationen verloren, wenn Sprache ins Spiel kommt. Nehmen wir an, Sie erzählen uns in fünf Sätzen von Ihrem letzten Strandurlaub. Auf welche Informationen würden Sie sich fokussieren? Auf die Unterkunft, das Wetter und die Menschen vor Ort? Was wäre dann mit der Anreise, dem Essen, den Getränken, der Wassertemperatur, den Einheimischen, Ihrem Abendprogramm, der Qualität der Betten und Kopfkissen, Ihrer Stimmung, Ihren Outfits und, und, und. Kurzum: Sprechen bedeutet selektieren und priorisieren. Auch wenn Sie sämtliche Aspekte bewusst durch Ihre Filter wahrgenommen haben, können Sie dennoch nicht alles auf einmal vermitteln.

Wenn wir sprechen, können wir nach dem Millerschen Gesetz (im Deutschen auch bekannt als die Millersche Zahl) nur sieben plus/minus zwei (7 ± 2) Informationseinheiten gleichzeitig in unserem Arbeitsgedächtnis verarbeiten. Wenn wir in Form sind, schaffen wir vielleicht neun. Wenn wir einen schlechten Tag haben, sind wir dankbar für fünf. Seit der US-amerikanische Psychologe George A. Miller diese Entdeckung 1956 in seinem Artikel »The Magical Number Seven, Plus or Minus Two« beschrieben hat, ist sie immer wieder in der Psychologie bestätigt worden. Dieses Gesetz illustriert, warum es uns leichter fällt, uns kürzere Zahlenkombinationen zu merken als Schachtelsätze, die sich über eine halbe Seite erstrecken. Halten Sie sich diesen Hinweis überall vor Augen, wo Sie Erfahrungen gestalten, um die Menschen nicht zu überfordern.

Häufig ist es jedoch so, dass wir diese fünf bis neun Elemente nicht bewusst auswählen müssen. Wir tun es in unserer Sprache automatisch über die folgenden drei Wege.

TILGEN, GENERALISIEREN UND VERZERREN – SO FILTERT IHRE SPRACHE

Wir selbst haben beim Sprechen in der Regel eine vollständige Vorstellung dessen, was wir sagen wollen. Wenn Sie von Ihrem Strandurlaub erzählen, haben Sie vielleicht wildes Kopfkino, hören das Rauschen des Meeres und schmecken die Highlights wieder auf Ihrer Zunge. Doch Sie können nicht jede Einzelheit beschreiben. Denn dann würde Ihre Erzählung sogar länger dauern als Ihr gesamter Urlaub. Wir können also nur effizient kommunizieren, wenn wir einen Großteil der Facetten ausblenden und nur eine Auswahl in Worte kleiden. Unser Filtersystem benutzt abhängig von unseren Zielen, Werten, Überzeugungen und Meta-Programmen drei Mechanismen dafür.

1. Wir **tilgen**. Während wir unser inneres Erleben in Worte übersetzen, blenden wir gewisse Informationen einfach aus, weil sie uns nicht als relevant erscheinen oder weil wir sie als bekannt voraussetzen. Nehmen wir eine Aussage wie: »Die anderen sind einfach besser.« Hier sind einige Informationen gelöscht: Wer sind denn überhaupt diese *anderen*? Was genau bedeutet *besser*? Und woran könnten wir das festmachen? Ein anderes Beispiel wäre: »Man hört mir einfach nicht zu!« Auch hier fragen wir uns: Wer ist eigentlich *man*? Und woran erkennt die Person, ob ihr jemand zuhört oder nicht? Während wir diese Lücken in einigen Fällen durch Hinweise aus dem Kontext ergänzen können, müssen wir in anderen Fällen mutmaßen. Dann kann es uns zum Verhängnis werden, wenn wesentliche Informationen fehlen.

2. Wir **generalisieren**. Indem wir verallgemeinern, machen wir die Welt ein Stück weit leichter und berechenbarer. Wir leiten aus einer oder mehreren Erfahrungen Regeln ab, die wir auf zukünftige Kontexte übertragen. Das ist die Basis, die Lernen überhaupt erst möglich macht. Ein Kind muss (im Idealfall) nur einmal an eine heiße Herdplatte fassen, um daraus abzuleiten, dass das bei weiteren Wärmequellen keine so gute Idee ist. Es muss dazu nicht erst an einem anderen Herd erneut zupacken. Was in vielen Fällen ein hilfreiches und dienliches Muster ist, kann in anderen Fällen hinderlich und sogar gefährlich sein. Folgern Sie aus einer missglückten Beziehung zum Beispiel, dass alle Männer oder Frauen Ihnen schaden, kann das Ihr zukünftiges Beziehungsglück erschweren. Betrachten Sie

Hunde grundsätzlich als liebevolle und zahme Haustiere, können Sie sich dazu verleiten lassen, zu blauäugig auf einen Wachhund zuzugehen. »Du hörst mir nie zu!«, ist ebenfalls eine Generalisierung, denn ist das wirklich nie der Fall? Dann würden wir ja auch diesen Vorwurf nicht hören. Ähnlich ist es mit Aussagen wie »Ich muss dauernd Überstunden machen« oder »Niemand mag mich«. Gerade weil wir dazu neigen, Dinge sehr schnell zu generalisieren, ist übrigens auch der erste Eindruck so wichtig. Wenn wir beim ersten Treffen zu spät kommen oder ungepflegt wirken, können andere aus dem einmaligen Vorfall schnell eine Regel machen und uns in eine Schublade stecken.

3. Wir **verzerren**. Wir geben eine vereinfachte bzw. veränderte Version dessen wieder, was wir erlebt haben. Wir verdrehen zum Beispiel Erfahrungen, färben sie durch eigene Bewertungen ein oder vermischen unsere Beobachtungen und Erlebnisse mit eigenen Fantasien. Wir haben also aus Information von außen in unserer Innenwelt etwas anderes gemacht. Wir haben Teile hinzugedichtet, halluziniert oder, um es mit Pipi Langstrumpf zu sagen: Wir machen uns die Welt, wie sie uns gefällt. Verzerrungen erleben Sie zum Beispiel, wenn zwei Menschen von ein und demselben Unfall berichten. Oder wenn jemand sagt: »Ich weiß, dass mein Chef mich hasst. Wenn ich in sein Büro komme, wendet er seinen Blick gar nicht vom Bildschirm ab.«

FASSEN WIR ZUSAMMEN

Spätestens jetzt dürften Sie erkannt haben, dass Kommunikation eine hohe Kunst ist. Mit all diesen Filtern und Einschränkungen grenzt es in vielen Situationen an ein Wunder, dass wir uns überhaupt erfolgreich verständigen können.

Bevor wir im nächsten Schritt in die Programme eintauchen, lassen Sie uns kurz rekapitulieren: Wir alle leben in unserer eigenen kleinen Realität. Wir erfassen und interpretieren nur einen winzigen Ausschnitt dieser Welt und das tut jeder von uns auf ganz eigene Art und Weise.

Das Filtersystem, das dabei am Werk ist, hinterlässt seine Spuren in unserer Sprache und offenbart sich in unserem Verhalten. **Unsere gesamte Kommunikation trägt einen einzigartigen Filterabdruck.**

Achten Sie auf die Worte eines Menschen, dann erkennen Sie nicht nur seine unbewussten Denk- und Handlungsmuster, die wir Meta-Programme nennen, sondern Sie bekommen unter anderem auch Hinweise auf seine Ziele, Werte und Überzeugungen. Diese Informationen sind die Basis, um andere Menschen zu verstehen, zu motivieren, zu führen und zu coachen – natürlich nur, wenn Sie das auch wünschen. Dann können Sie allein auf Basis der Sprache blinde Flecken in der Wahrnehmung aufspüren, Blockaden lösen und Menschen bei ihrer persönlichen Entwicklung unterstützen. Diese Strategien stehen im Zentrum unserer NLP-Practitioner- und Master-Seminare. Dieses Buch fokussiert sich wie versprochen ganz auf die Meta-Programme. Allein dadurch tut sich Ihnen eine vollkommen neue Welt auf.

Wenn wir andere Menschen überzeugen, motivieren und führen wollen, gelingt uns das am besten, indem wir die Welt aus ihrer Perspektive betrachten und sie mit einem konkurrenzlosen Tiefgang verstehen. Die Meta-Programme sind der ultimative Schlüssel zu diesem Verständnis. Lassen Sie uns also eintauchen in das erste Programm.

Wie ist dieses Buch aufgebaut?

Auf den folgenden Seiten führen wir Sie systematisch und unterhaltsam durch die zehn Programme, die jeden Menschen steuern. Wir stellen Ihnen die fünf zentralen Spielregeln im Umgang mit den Programmen aber bewusst erst vor, nachdem Sie das erste kennengelernt haben. So können Sie besser nachvollziehen, wovon die Rede ist.

Jede Programmvorstellung beginnt mit einer kurzen **Geschichte aus dem Alltag**, die Ihnen anschaulich, konkret und mit hohem Schmunzelfaktor den Kern des Programms vor Augen führt. Durch die Geschichten können Sie sich selbst situieren und bekommen sehr leicht ein Gefühl für Ihre eigene Programmierung. Außerdem erlauben Ihnen die Storys aus dem Alltag, das Wissen mit Ihren persönlichen Erfahrungen in Verbindung zu bringen und so besonders nachhaltig zu verankern.

Anschließend erläutern wir das Wesen des jeweiligen Programms mit seinen **Stärken und Schwächen** – denn wo Licht ist, fallen auch Schatten. Mit diesem neuen Bewusstsein können Sie Menschen besser verstehen, die vielleicht bis heute ein Mysterium für Sie waren. Außerdem erkennen Sie eigene blinde Flecken und entwickeln ein Gefühl dafür, welches Programm in einer bestimmten Situation oder in einem bestimmten Job besonders hilfreich und zielführend sein kann.

Die Beschreibungen haben bereits den Effekt, dass die Programme Sie in Zukunft förmlich anspringen. Um Sie darüber hinaus noch sattelfester und fit für den Alltag zu machen, erhalten Sie konkrete Indizien, wie Sie die **Programme am Verhalten und der Sprache eines Menschen erkennen**. Bei etwa der Hälfte der Programme können Sie Ihrem Gegenüber auch eine konkrete **Frage** stellen. Die Antwort gibt sofort und treffsicher Aufschluss über die Programmierung der Person.

Nachdem Sie besser verstanden haben, wie Ihr Gegenüber tickt, erfahren Sie abschließend, mit welcher **Wortwahl bzw. beeinflussender Sprache** Sie der Person so begegnen, dass sie sich optimal verstanden fühlt und Ihnen motiviert und mit Wohlwollen begegnet. Wie Sie mit diesen Sprachmustern konkret in der Praxis umgehen, zeigen wir Ihnen anhand einleuchtender Beispiele im Anschluss an die zehn Programme.

In welcher Reihenfolge Sie die einzelnen Meta-Programme entdecken, hat keinerlei Auswirkung auf Ihren Lernerfolg. Es steht Ihnen also frei, auf die durchdachte Struktur des Buches zu vertrauen oder es erst einmal entspannt durchzublättern und mit dem Programm zu beginnen, das Sie am meisten anlacht.

PROGRAMM 1

REAKTIV VS. PROAKTIV

Zaudern, zögern und zerdenken? Oder blinder Aktionismus?

Lydia und Marko sitzen am Freitagabend im Restaurant und übertrumpfen sich gegenseitig mit Geschichten darüber, wie ätzend ihre letzten Wochen waren. Schon länger dämmerte ihnen, dass sie längst aus ihren Jobs herausgewachsen sind und nun verkümmern wie zwei Pflanzen, deren kleine Töpfe ihr Wachstum hemmen. Nach dem zweiten Glas Wein klopft Lydia auf den Tisch: »Das war's! Marko, ich mache mich selbstständig. Montag kündige ich! Und ich starte jetzt die Planung für mein neues Yoga-Imperium.«

Seit mehr als zehn Jahren engagiert sich Lydia nebenberuflich als Yoga-Lehrerin und in diesem Moment ist ihr klar: Sie macht ihre Leidenschaft zum Beruf. In der entspannten Stimmung des Abends kann Marko nicht anders, als sich von Lydias Klarheit und Aufbruchstimmung anstecken zu lassen. Texte sind sein Ding – schon immer. Und im Laufe der Jahre hat er seine Fähigkeiten weiter perfektioniert. Heute braucht er deutlich weniger Zeit, um zum Kern eines Themas vorzudringen und es mit viel Feingefühl in starken Worten auf den Punkt zu bringen. Ein Teil von ihm spürt: Er ist bereit und die Zeit ist reif, seine sichere Festanstellung hinter sich zu lassen, um neue Wege einzuschlagen.

Bis spät in den Abend erlauben sich Lydia und Marko, wild zu träumen und zu planen. Am nächsten Morgen klingelt Lydia ihren alten Freund aus dem Bett. Offensichtlich war sie die halbe Nacht wach und hatte alle Hebel in Bewegung gesetzt: Nicht nur ihr Kündigungsschreiben liegt ausgedruckt und unterschrieben auf ihrem Tisch, sie hat auch schon eine erste Skizze für ihr neues Logo und ihre Website entwickelt. Außerdem ist gleich um die Ecke ein feines Studio frei, das genau ihren Vorstellungen entspricht.

Montagabend trifft sie den Vermieter zur Besichtigung und am Dienstag hat sie einen Termin bei ihrer Bank, um ein Gründungsdarlehen zu beantragen.

Marco fühlt sich überrollt und plattgewalzt von so viel Initiative. »Was habe ich mir gestern nur dabei gedacht«, ächzt seine innere Stimme. So eine Entscheidung sollte man nicht voreilig treffen, denkt er sich. Das will ordentlich durchdacht sein. Am besten würde er nun erst einmal einen Businessplan aufsetzen, seine Gedanken sammeln und das Vorgehen in Ruhe analysieren, um den einen optimalen Weg in die Selbstständigkeit zu finden.

Gut einen Monat später treffen sich beide wieder zu einem besonderen Anlass: Lydia hat in einem weiteren Moment großer Euphorie Yoga-Equipment für ihr neues Studio bestellt. Matten, Handtücher, Trinkflaschen – alles hat sie online mit ihrem Logo versehen und beim Lieferanten mit der kürzesten Lieferzeit in Auftrag gegeben. Derweil steckt Marko noch in seinem alten Job. Im Kopf reift sein Businessplan heran, doch er will sich erst noch genauer über Kundengewinnung und Businessaufbau informieren. Er betrachtet Lydia mit einem Mix aus Staunen und Sorge, als sie die Kartons nach dieser Nacht-und-Nebel-Aktion aufschneidet – und sein Bauchgefühl soll recht behalten. Das Entsetzen springt Lydia ins Gesicht, als sie eine der Matten ausrollt: Ihr schönes Logo ist schief und halbherzig aufgedruckt. Schon beim ersten Aufrollen blättert es teilweise ab. Marko beobachtet die Szene mit einem Mix aus Entsetzen und Hätte-ich-dir-doch-direkt-sagen-können-Gefühl. »Warum hast du dir nicht vorher ein paar Muster zukommen lassen? Nimm dir doch beim nächsten Mal die Zeit, verschiedene Anbieter in Ruhe zu vergleichen ...«

Mit jedem Wort aus Markos Mund weiten sich Lydias Augen. Ihr Gesicht verzerrt sich und die sonst so ausgeglichene junge Frau schnaubt: »Ach! Und wohin hat dich dein Zögern, Zaudern und Zerdenken bisher geführt? Paralyse durch Analyse sag ich nur! Immerhin bewegt sich bei mir was. Wie sieht es bei dir aus? Wirst du jemals den ersten Schritt machen?«

»Aber versteh mich doch, Lydia. Ich will vorher die wichtigsten Fragen klären, damit mir so etwas wie dir gerade nicht passiert. Es fühlt sich für mich einfach noch zu früh an. Ich will den richtigen Moment abwarten. Wenn die Zeit reif ist ...«

»Und wie soll dieser Moment aussehen? Wartest du darauf, dass dein Chef dich feuert, dir noch eine riesige Abfindung mitgibt und eine Lohnfortzahlung für sechs Monate, damit du dich in aller Ruhe selbstständig machen kannst? Das ist eine schöne Vorlage für ein Märchenbuch! So funktioniert die Welt nicht, Marko. Wenn du Ergebnisse willst, dann musst du die Dinge anpacken und loslegen!«

Das Programm auf den Punkt gebracht

Leitfrage: Wie bereitwillig und eigeninitiativ kommt eine Person ins Handeln? Hat sie das dringende Bedürfnis, direkt loszulegen und anzupacken, oder möchte sie lieber analysieren, abwarten und planen?

In welcher der beiden Figuren haben Sie sich stärker wiedererkannt? Wer entspricht eher Ihrem Modell davon, wie die Welt funktioniert? Lydia, die beherzte Macherin, oder Marko, der besonnene Denker? Der Volksmund kennt viele Weisheiten und Redensarten für beide Muster: *Abwarten und Tee trinken. In der Ruhe liegt die Kraft. Schlaf lieber noch mal eine Nacht drüber. Vorsicht ist die Mutter der Porzellankiste. Geduld ist eine Tugend.* Oder: *Gut Ding will Weile haben.* All das sind Ausdrücke, die das *reaktive* Muster zum Maß aller Dinge machen. Erinnern Sie sich auf der anderen Seite an Sprüche wie *Probieren geht über Studieren, Versuch macht klug* oder *Paralyse durch Analyse.* Hier steht das *proaktive* Programm über allem anderen. Unsere Sprache zeigt uns damit sehr schön, wie alt das Spannungsfeld zwischen beiden Mustern ist.

Die einen lassen Taten und die anderen Gedanken sprechen – genau dieser Unterschied kam wunderbar zur Geltung bei einem zweitägigen Meta-Programm-Seminar, das wir bei einem mittelständischen deutschen Unternehmen gaben. Man hatte für beide Tage eine Location in der Nähe des Firmensitzes gebucht, und obwohl das Restaurant vor Ort normalerweise an einem der Tage geschlossen war, machten sie für unsere Gruppe eine Ausnahme. Das führte leider dazu, dass sich mittags eine Köchin und ein Kellner um vierzig Personen kümmern mussten. In der Mittagspause bewegten sich davon jedoch einige erst einmal in Richtung Toilette oder Außenbereich, während andere Platz nahmen und sich auf die vorbestellten Gerichte freuten. In all dem Chaos stand der Kellner plötzlich mit drei Schnitzeln im Raum und erkundigte sich lautstark nach den dazugehörigen Mündern. Bei der ersten Runde fand er noch ausreichend Abnehmer, doch mit jedem Teller und jedem seiner Rufe verschlechterte sich seine Laune. Es dauerte nicht lange, bis alle das Problem erkannt hatten und sich das Meta-Programm *Reaktiv/Proaktiv* in vollem Maße zeigte: Während einige die Situation analysierten und diskutierten, wie sich so ein Schlamassel in Zukunft vermeiden ließe, waren andere längst aufgesprungen und dem Kellner in die Küche gefolgt. Wenig später kamen vier Teammitglieder beladen mit duftenden und dampfenden Speisen an der Seite des Kellners aus der Küche und baten das übrige Team um einen Moment der Ruhe und Konzentration, bis jeder mit der passenden Bestellung versorgt war.

Diese kleine Anekdote verdeutlicht: Die Meta-Programme begegnen uns ständig im Alltag. Mit jeder Seite, die Sie lesen, programmieren Sie Ihr Betriebssystem darauf, sie zu erkennen und bewusst darauf regieren zu können. Lassen Sie uns beide Programm-Pole nun jeweils für sich betrachten.

REAKTIV

Eine Person mit dem Programm *Reaktiv* bevorzugt es, abzuwarten, zu analysieren und zu planen. Kurz: Die Aktivität des *Reaktiven* ist das Denken. Tendenziell glaubt eine Person mit diesem Muster an Vorbestimmung, Glück und Schicksal – also daran, dass es den einen perfekten Moment gibt, etwas zu tun, in dem sich schlagartig alles gut und richtig anfühlt. Und manchmal erledigen sich die Dinge für sie auch ganz von selbst.

Sie will sich in aller Ruhe ein Bild von der Situation machen und lässt sich dabei so viel Zeit, bis ein Anstoß von außen sie zum Handeln zwingt. Ein solcher Impuls kann zum Beispiel eine nahende Deadline sein oder die klare Anweisung eines Vorgesetzten. Sie können außerdem zwischen den Zeilen lesen, dass die Person die Kontrolle über die Situation an äußere Umstände abgibt, indem sie ihr Handeln an ihnen ausrichtet.

Dieses Meta-Programm ist zum Beispiel in Berufen wie Controlling und Risikomanagement wertvoll sowie in allen Bereichen, in denen es um Qualitätskontrolle geht.

Stärken und Schwächen

Das Meta-Programm *Reaktiv* ist Gold wert, wenn es darauf ankommt, eine Situation zu analysieren. Umsichtig, reflektiert und besonnen machen sich Menschen mit diesem Muster erst ein Bild und leiten die optimalen Handlungsempfehlungen ab. Sie durchleuchten ein Thema, wägen einzelne Aspekte ab und spüren dabei mit feiner Nase Hindernisse, Gefahren und Fallstricke auf, bevor sie zum Verhängnis werden können. Sie schlafen auch gerne mal eine oder mehrere Nächte über einer Entscheidung und nehmen sich die Zeit, alle wichtigen Faktoren sorgfältig abzuwägen. Dieses Programm birgt also Stärken, die für nahezu alle Bereiche unseres Lebens wertvoll sein können. Leider kommt auch diese Stärke mit einer Kehrseite der Medaille.

Bremser, Grübler und Bedenkenträger – unsere Sprache kennt viele Bezeichnungen für Personen, die lieber mit Gedanken spielen, als Taten sprechen zu lassen. Auf Außenstehende kann dieses Meta-Programm zögerlich, zaghaft, zurückhaltend und unsicher wirken. Die Person scheint nicht in die Gänge zu kommen, verzettelt sich in Bedenken und findet immer wieder Ausreden, um einen wichtigen Schritt nicht zu machen. Stattdessen liest sie in der Glaskugel und spielt im Kopf ein hypothetisches Szenario nach dem anderen durch, um bloß keine Eventualitäten zu übersehen. Mit ihrer zuweilen übervorsichtigen Art kann sie andere Menschen, Projekte oder Entscheidungen ausbremsen, verzögern oder sogar ganz verhindern.

Ist die Person auf sich allein gestellt, droht dieses Programm zur Gefahr zu werden, weil sie sich ohne treibende Impulse von außen in Gedankenschleifen verstricken kann. Sie neigt dazu, die Dinge so lange wie möglich aufzuschieben, bis der Druck so hoch ist, dass ihr keine andere Wahl bleibt, als buchstäblich auf den letzten Drücker zu handeln. Damit bringt sie sich immer wieder in stressige und unangenehme Lagen. Auf Dauer kann sie sich auch fremdbestimmt und gar ohnmächtig fühlen – als Opfer und Spielball der äußeren Umstände.

PROAKTIV

Eine Person mit dem Programm *Proaktiv* ist nur schwer zu bremsen. Lydia aus unserer Geschichte ist ein hervorragendes Beispiel: Sie handelt aus einem starken eigenen Antrieb, will die Dinge anpacken und umsetzen. Bei Hindernissen sitzt sie wie auf glühenden Kohlen. Sie ist der Inbegriff des Pragmatismus und möchte am liebsten gleich die Ärmel hochkrempeln und Ergebnisse schaffen. Im Extremfall neigt sie dazu, wenig bis gar keine Zeit mit Überlegungen und Analysen zu verbringen. Von möglichen Risiken lässt sie sich nicht lähmen, sondern übernimmt die volle Kontrolle über die Situation.

Stärken und Schwächen

Willkommen in der Welt der Macher und Umsetzerinnen! Entscheidungsfreudig und eigenverantwortlich preschen sie auf ihr Ziel los und fahren wie eine Dampfwalze über alle Hindernisse hinweg, die sich ihnen in den Weg stellen. Dabei brauchen sie keinen Impuls von außen und sind als Mitarbeiter leicht zu führen – unter der Voraussetzung, dass sie in Richtung des vereinbarten Ziels arbeiten.

Die hohe Umsetzungsgeschwindigkeit, die *proaktive* Menschen mitbringen, ist besonders überall da von Vorteil, wo es klare Abläufe und bewährte Strukturen gibt. Und wenn es darum geht, Neuland zu erforschen, punktet das Programm mit Unerschrockenheit und Pioniergeist, der jedoch auch Nachteile mit sich bringen kann.

Insbesondere auf Menschen mit *reaktivem* Muster können *Proaktive* aktionistisch wirken. Wenn Letztere Taten sprechen lassen, nehmen sie nicht immer Rücksicht auf Gefühle und Befindlichkeiten anderer. Die können sich durch so viel Initiative und den Mangel an Taktgefühl leicht übergangen, überfordert oder plattgewalzt fühlen.

Dieses Vorgehen kann den *Proaktiven* zum Verhängnis werden, weil sie die Situation vorab nicht ausreichend analysieren und Probleme in ihrem Vorwärtsdrang nicht rechtzeitig erkennen oder ganz übersehen. Dadurch rennen sie häufiger gegen die Wand und holen sich eine blutige Nase. Ein dickes Fell und eine ausgeprägte Resilienz sind in Kombination mit diesem Muster besonders wertvoll, um sich schnell von Rückschlägen zu erholen und von Neuem ans Werk zu gehen.

So erkennen Sie das Programm

Achten Sie in erster Linie auf die Sprache und das Verhalten. Eine spannende Beobachtung für Ihren Alltag: Wie verhalten Sie sich, wenn Sie auf andere Menschen treffen? Begrüßen Sie sie aus eigenem Impuls mit einem »Guten Morgen!«, oder warten Sie erst ab, ob die Person Sie anschaut, und grüßen Sie erst dann, wenn die andere Person zuerst grüßt?

Gehen Sie achtsam durch den Alltag und lassen Sie sich überraschen, in wie vielen Situationen das Programm Sie förmlich anspringt. Sie erkennen es häufig am Verhalten: Während *reaktive* Menschen lange stillsitzen können, spüren Sie bei den *proaktiven* schnell eine Form der Ungeduld. Häufig erleben Sie unbewusste Bewegungen von Händen oder Füßen, oder der innere Impuls zur Aktivität drückt sich auf andere Art im Verhalten aus. So kann es sein, dass die Person nach vorne gelehnt auf der Stuhlkante sitzt und Ihnen regelmäßig ins Wort fällt, weil sie es nicht abwarten kann, sich endlich mitzuteilen.

Neben den nonverbalen Signalen erkennen Sie das Programm auch in der Sprache. Beschließt eine Person mit *proaktivem* Muster, mit dem Rauchen aufzuhören, würde Sie das letzte Paket Zigaretten zum Beispiel auf den Boden werfen, zerstampfen und dabei sagen: »Schluss! Aus! Ende! Ich höre hier und jetzt mit dem Rauchen auf!« In einem Hotel der Oberklasse bestätigt der Zimmerservice eine Bestellung am Telefon mit: »Erledigt! Ihre Bestellung ist in 15 Minuten bei Ihnen. Haben Sie sonst noch einen Wunsch?«

Sie spüren die Proaktivität in der sehr aktiven und direkten Sprache, die zuweilen forsch ist und Aufbruchstimmung, Entschlossenheit sowie Ungeduld spüren lässt. Die Sätze sind kurz, klar und handlungsbezogen. Außerdem ist die Sprache tendenziell assoziiert – das heißt, die Person spricht unvermittelt aus ihrer eigenen Perspektive und nutzt dabei eher das Wort *ich* statt *man* oder *jemand.*

Aktivierende Verben springen Sie regelrecht an – häufig in Kombination mit Signalworten wie: *jetzt, sofort, direkt, noch heute, augenblicklich, los, machen, umsetzen, erledigen, loslegen, handeln.*

Beschließt hingegen eine *reaktive* Person, mit dem Rauchen aufzuhören, könnte das leicht überspitzt etwa so klingen: »Man könnte mal darüber nachdenken, ob es unter gewissen Umständen nicht eine gute Idee sein würde, zu versuchen, das Rauchen zumindest teilweise oder vielleicht sogar irgendwann ganz einzuschränken.«

Vielleicht kennen Sie ähnliche Formulierungen aus der einen oder anderen frustrierenden Besprechung, denn diese Sprache ist alles andere als aktivierend. Trotz vieler Worte passiert zum Schluss meist gar nichts, weil sich niemand verantwortlich fühlt oder die Initiative ergreift. Das Thema landet bei der nächsten Besprechung also wieder auf der Agenda.

Ein Hinweis auf das Programm *Reaktiv* sind lange, verschachtelte Sätze, die zum Teil sogar unvollständig sein können, weil die Person zögert, während sie ihre Gedanken formuliert. Die Sprache ist häufig passiv mit zahlreichen Konjunktiven. Achten Sie zudem auf Signalwörter wie: *man, könnte, müsste, sollte, vielleicht, eventuell, versuchen, überlegen, abwägen, analysieren, durchdenken, planen, strukturieren.*

Die Vorsicht, die Sie auf inhaltlicher Ebene spüren können, kann sich auch in einem zögerlichen, zurückhaltenden Ton und einer zurückgezogenen Haltung äußern.

BEEINFLUSSENDE SPRACHE

Wenn Menschen sich in der Skala dieses Programms mehr in der Mitte befinden oder zum Pol *Proaktiv* tendieren, ist ihr normaler Impuls, *reaktive* Menschen unter Druck zu setzen und sie so zum Handeln zu drängen. Doch diese Strategie kann stark nach hinten losgehen, weil die Menschen sich dadurch nur immer weiter zurückziehen. Sie gehen damit in Widerstand zum Programm des Gegenübers, was Druck erzeugen kann und die *proaktive* Person unsympathisch wirken lässt. Wenn wir in diesem Fall Druck erzeugen, schieben wir eine Person mit dem Programm *Reaktiv* nur immer weiter von uns und einem möglichen Handlungsimpuls weg. Die *reaktive* Person bekommt ein schlechtes Gefühl und wird dieses mit dem *proaktiven* »Pusher« in Verbindung bringen. So verspielen wir Sympathie und Vertrauen. Genauso verhält es sich auch in die andere Richtung: Wenn jemand sehr *proaktiv* ist, haben eher *reaktive* Menschen den Impuls, die Person zu bremsen. Damit kann man *proaktive* Menschen gehörig auf die Palme bringen. Das Ausbremsen verursacht Frust, der sich unmittelbar gegen die bremsende Person richtet, was die weitere Kommunikation wiederum extrem erschwert.

Wie die Story von Lydia und Marko zeigt, entsteht in beiden Fällen ein Konflikt, der sich weiter erhitzen kann, wenn wir unsere Sprache und unser Verhalten nicht auf die Meta-Programme unseres Gegenübers einstimmen. In beiden Fällen liegt der Schlüssel darin, unsere Worte so zu wählen, dass wir erst einmal durch die Filter der anderen Menschen gelangen und mit unseren Worten den Impuls zu handeln in ihnen wachsen lassen.

Reaktiv: Verwenden Sie Verben wie *verstehen, abwägen, nachdenken, bedenken, beurteilen, überdenken, überlegen, sondieren, untersuchen, vertiefen, abwarten, (gründlich) analysieren, planen, prüfen, betrachten, dürfte, könnte, würde.* Weitere Worte und Ausdrücke: *in aller Ruhe, alles zu seiner Zeit, eins nach dem anderen, nach reiflicher Überlegung, eine Nacht drüber schlafen, nur nichts überstürzen, behutsam, gewissenhaft, reflektiert, durchdacht, fundiert, mal sehen.*

Lassen Sie der Person ausreichend Freiraum, um sich ein Urteil zu bilden, und vereinbaren Sie den einen nächsten, wichtigen Schritt in dem Maße, wie es sich für die Person gut und richtig anfühlt. Setzen Sie eine Deadline und geben Sie klare Anweisungen für das weitere Vorgehen.

Proaktiv: Nutzen Sie aktive Verben und Worte wie *jetzt, schnell, sofort, handeln, zupacken, starten, anpacken, antreiben, ankurbeln, beschleunigen, durchstarten, loslegen, machen, mitmachen, rasch, sichern, spontan, unternehmen, umsetzen* und Ausdrücke wie *hol es dir, leg los, warte nicht, übernimm die Kontrolle, nimm das Ruder in die Hand, ergreife die Initiative, im Handumdrehen, auf die Schnelle, starten statt warten.*

SPEZIELLES SPRACHMUSTER – *REAKTIVE* MENSCHEN INS HANDELN BRINGEN

Häufig gibt es Situationen im Leben, in denen eine *proaktive* Person eine *reaktive* zum Handeln bewegen möchte. Der größtmögliche Fehler dabei wäre, wie eben schon erwähnt, die Person direkt zu pushen und zum schnelleren Handeln aufzufordern. Dieses Verhalten würde die *reaktive* Person unmittelbar in den Widerstand bringen und es der *proaktiven* Person deutlich erschweren, das Ziel der Kommunikation zu erreichen.

Stellen Sie sich folgende Situation vor: Ein *proaktiver* Verkäufer ist am Ende seines Verkaufsgesprächs mit einem *reaktiven* Interessenten angekommen. Was wird die natürliche Reaktion des *reaktiven* Interessenten sein? Richtig, sie wird sagen, dass sie gerne noch eine Nacht über die Entscheidung schlafen möchte. Auch wenn es im ersten Moment etwas seltsam klingen mag, lautet die bestmögliche Aussage, die der Verkäufer in diesem Fall am Ende mit emphatischem Ton treffen kann: »Sie werden sicher noch einmal in Ruhe überlegen und vielleicht sogar eine Nacht über die Entscheidung schlafen wollen. Das ist vollkommen in Ordnung. Stellen Sie sich bitte einmal kurz vor, Sie haben das gemacht und noch einmal alle Argumente gründlich abgewogen … Zu welcher Entscheidung sind Sie dann gekommen, jetzt?«

So geht der Verkäufer auf das *reaktive* Programm des Interessenten optimal ein und gewinnt Sympathie und Vertrauen. Außerdem nutzt er die Kontrolle über den Zeitrahmen der Kommunikation, indem er die Vorstellungskraft des Kunden anspricht und ihn bittet, sich vorzustellen, was am Ende eines gründlichen Abwägens als Entscheidung herausgekommen sein wird – jetzt.

Dieses Sprachmuster ermöglicht dem Interessenten, seine bevorzugten Denk- und Handlungsmuster zumindest gedanklich zu durchlaufen und ein deutlich besseres Gefühl für das Handeln zu entwickeln. Die Formulierung bedient sein *reaktives* Programm und selbst wenn er die Kaufentscheidung nicht direkt im Anschluss treffen sollte, so wird er den Verkäufer mit dessen Art und Sprache doch als sehr sympathisch in Erinnerung behalten, was wiederum den weiteren Verlauf der Kommunikation stark begünstigt.

Wir sind ja schon zu Beginn darauf eingegangen, dass *manipulativ* sehr wohl positiv verstanden werden kann; mit einer solchen Aussage hilft der Verkäufer dem Interessenten, sich bietende Chancen wahrzunehmen und seine gelegentlich bremsenden Muster schneller als üblich zu überwinden.

Praxistipps

Würden Lydia und Marko aus unserer Geschichte nicht ein absolutes Dream-Team ergeben? Sie gibt Gas und sorgt für Ergebnisse, während er vor einer wichtigen Entscheidung alles analysiert und sie davor bewahrt, gegen die Wand zu fahren. Beide Pole dieses Programms ergänzen sich in der Tat hervorragend. Sie finden dieses sehr kraftvolle Tandem in vielen erfolgreichen Unternehmen. Häufig verfügt die Gründerpersönlichkeit im Arbeitskontext über ein sehr *proaktives* Muster und holt sich insbesondere für den Bereich Finanzen und Controlling ein möglichst *reaktives* Pendant ins Boot.

Man kann sich vorstellen, dass sich beide Personen ohne das Wissen um die Programme gehörig auf die Nerven gehen würden, weil sie die Welt mit verschiedenen Augen sehen und in derselben Situation unterschiedlich denken, fühlen und handeln würden. Hier sind Konflikte und Reibereien vorprogrammiert! Mit dem Bewusstsein, das dieses Buch schafft, sieht die Welt glücklicherweise anders aus. Beide verstehen einander auf einer völlig neuen (Meta-)Ebene und wissen, dass die Kombination ihrer Programme es ihnen erlaubt, ihre Stärken schneller und mit einer völlig neuen Qualität zu entfalten.

Doch auch, wenn Sie im Alltag mehr auf sich allein gestellt sind, können Sie die Schattenseite Ihrer Programmierung mit smarten Strategien aufheben.

Bringen Sie sich ins Handeln – *reaktive* Schwächen ausgleichen

Verhalten Sie sich in einem bestimmten Kontext extrem *reaktiv*? Denken Sie gerne lange und ausgiebig nach? Vielleicht brüten Sie seit Wochen, Monaten oder gar Jahren über einer Idee, ohne dass daraus bisher nennenswerte Ergebnisse entstanden sind. Wenn Sie auf den einen perfekten Moment warten, der vielleicht niemals kommen wird, legen Sie Ihr Glück und Ihr Schicksal in fremde Hände. Packen Sie es stattdessen lieber selbst an und übernehmen Sie die volle Kontrolle.

Bauen Sie sich ein System, das Sie dabei unterstützt, den Schritt vom Denken zum Handeln zu meistern. Erinnern Sie sich: Ein Impuls von außen bringt den Ball ins Rollen. Wenn dieser nicht rechtzeitig oder überhaupt nicht kommt, dann führen Sie ihn selbst herbei.

Ja, Sie bewegen sich damit außerhalb Ihrer Komfortzone, doch Sie tun das in Ihrem eigenen Tempo und vor allem in Ihrem eigenen Interesse. Führen Sie sich erst einmal Ihr Ziel vor Augen und setzen Sie sich eine klare Deadline: Bis wann möchten oder sollten Sie dieses Ziel erreichen? Anschließend brechen Sie das große Vorhaben auf kleine Meilensteine herunter. In welche Zwischenschritte können Sie den Weg untergliedern und wann möchten Sie diese einzelnen Etappen jeweils erreichen? Sie tun also vorab das, was Sie besonders gut können: Sie analysieren, planen und durchdenken.

Vertrauen Sie Ihrem ersten Impuls – ein unbewusster, weiser Teil von Ihnen weiß genau, was wann möglich sein kann. Steht Ihr Plan, verpflichten Sie sich selbst dazu, diesen nicht mehr zu hinterfragen, sondern von nun an Punkt für Punkt abzuarbeiten. Berichten Sie gerne auch anderen von Ihrem Vorhaben. Dadurch gehen Sie ein Commitment ein und die Menschen aus Ihrem Umfeld unterstützen Sie dabei, sich selbst gegenüber Wort zu halten.

Allein dieser erste Planungsschritt kann befreiend sein, weil Ihr Vorhaben plötzlich greifbar und berechenbar wird. Wenn wir nach großen Ergebnissen streben und neues Terrain erforschen, fühlt sich das an, als würden wir durch Nebel waten. Es ist also ganz natürlich, dass wir manchmal einen Schritt nach dem anderen machen müssen, ohne den gesamten Weg zu sehen. Doch genau dafür haben Sie ja Ihren Plan geschaffen, der Ihnen als Landkarte Orientierung auf Ihrer Reise gibt.

Wo andere zögern oder gelähmt stehen bleiben, setzen Sie nun beherzt einen Fuß vor den anderen, wie es ein Baby tut, das laufen lernt. Der Weg entsteht vor Ihnen, während Sie ihn gehen. So verlassen Sie Ihre Komfortzone kontrolliert und bedacht. An jedem Meilenstein halten Sie inne und werten Ihre Situation neu aus. Fehlen Ihnen Infos? Dann schließen Sie die Lücken. Wissen Sie mal nicht weiter? Finden Sie eine Person, die schon dort ist, wo Sie hinwollen, und bitten Sie sie um Rat.

Wichtig ist, dass Sie sich nicht verzetteln, indem Sie in der Glaskugel lesen und Eventualitäten durchdenken, die mit großer Wahrscheinlichkeit sowieso niemals eintreten werden. Der Autor Marc Twain bringt es schön auf den Punkt, wenn er sagt: »Ich bin ein alter Mann und habe viel Schreckliches erlebt, aber zum Glück ist das meiste davon nie eingetroffen.« Befassen Sie sich mit den Problemen, wenn sie tatsächlich eintreten. Dank der ausgeprägten Analysefähigkeiten, die der *reaktive* Pol des Programms mit sich bringt, dürfen Sie darauf vertrauen, dass Sie aus jeder Lage einen Weg herausfinden, wenn es so weit ist. Bündeln Sie Ihre mentalen Energien dort, wo es am meisten Sinn ergibt: auf dem nächsten Schritt in Ihrem Plan.

Machen Sie es sich zur obersten Priorität, jeden Tag einen wesentlichen Schritt in Richtung Ihres Ziels zu unternehmen. Fragen Sie sich am Vorabend oder zu Beginn jedes neuen Tages: Was ist die eine Sache, die ich jetzt tun sollte, die den größten Unterschied macht? Belassen Sie es bei diesem einen Punkt, um sich nicht zu überfordern, und setzen Sie ihn um.

Dieser Schritt kann ein wenig Willens- und Überwindungskraft erfordern, doch es lohnt sich! Sie erwartet ein Gefühlscocktail aus Glück, Erleichterung und Stolz – gepaart mit dem sehr gesunden Empfinden der Selbstwirksamkeit. Sie beweisen sich jeden Tag aufs Neue, dass Sie mit Ihrem Handeln etwas bewirken und erhöhen so allmählich auch Ihr Selbstvertrauen. Gewöhnen Sie sich an, diese eine Sache niemals aufzuschieben, sondern zu Ihrer persönlichen Tagespriorität zu machen und sie umzusetzen – komme, was da wolle. Notieren Sie sich diesen einen Punkt gerne auch schriftlich, damit Sie ihn demonstrativ abhaken können, sobald Sie ihn erledigt haben.

Das gilt außerdem auch für Sorgen und Ängste. Bringen Sie diese aus Ihrem Kopf heraus, damit Sie sie klarer sehen und nüchtern bewerten können. Selbst die Worst-Case-Szenarien sind nur halb so wild, wenn Sie die Gelegenheit haben, sich zumindest gedanklich darauf vorzubereiten. Fragen Sie sich: Wie realistisch ist es, dass dieser Fall überhaupt eintritt? Und was werden Sie tun, wenn dem tatsächlich so sein sollte? Haben Sie Hypothesen oder Befürchtungen? Dann bauen Sie einen Prototypen oder starten Sie ein Experiment im kleinen Rahmen, um zu prüfen, ob sie sich bewahrheiten. So schaffen Sie Tatsachen und brechen aus gedanklichen Endlosschleifen aus. Mit diesem systematischen Vorgehen nehmen Sie Sorgen und Ängsten die Macht über Sie und übernehmen das Steuerrad.

Auch wenn Sie mit dieser Strategie jeden Tag nur einen kleinen Schritt gehen, so legen Sie dank Ihrer Beharrlichkeit auf Dauer einen riesigen Weg zurück. Außerdem fällt es Ihnen mit jedem Schritt immer leichter, sich zu überwinden.

Sie bei diesem Prozess zu begleiten, ist übrigens eine zentrale Aufgabe eines Coaches. Er nimmt dabei für Sie die Rolle eines Accountability-Partners ein, also jemand, dem gegenüber Sie regelmäßig Rechenschaft darüber ablegen, welche Ziele Sie bereits erreicht haben. Tun sich hingegen Schwierigkeiten auf, unterstützt Sie ein Coach auch dabei, Ihren Kurs zu korrigieren und Hindernisse aus dem Weg zu räumen. Zögern Sie also nicht, sich die Hilfsmittel zu nehmen, die Sie Ihrem persönlichen Erfolg näherbringen.

Gönnen Sie sich Pausen zum Reflektieren – *proaktive* Schwächen ausgleichen

Albert Einstein definierte Wahnsinn treffend damit, immer wieder das Gleiche zu tun und andere Ergebnisse zu erwarten. In diesen Worten steckt viel Wert und Wahrheit für unseren Alltag. Ist Geduld nicht Ihre Stärke? Neigen Sie dazu, das Ruder in die eigenen Hände zu nehmen und Ergebnisse zu schaffen? Dann betrachten Sie alles, was Sie tun, in Zukunft als ein Experiment. Ihr Vorhaben, das Sie umsetzen wollen, ist dabei wie ein Versuchsaufbau. Es ist wichtig, dass Sie loslegen und Dinge ausprobieren. Doch genauso wichtig ist es, regelmäßig innezuhalten und Ihre Ergebnisse auszuwerten. Schaffen Sie dafür kurze Reflexionsphasen – idealerweise am Ende des Tages sowie am Ende der Woche für eine Gesamtübersicht. Dabei fragen Sie sich: Was ist besonders gut gelaufen? Was mache ich beim nächsten Mal besser? Und wo lauern Gefahren, die ich bisher vielleicht übersehen habe?

In diesen Terminen mit sich selbst entschleunigen Sie ganz bewusst und schärfen Ihre Sicht auf die Dinge. Dauerhaft gewinnen Sie Erkenntnisse über sich selbst und agieren in Zukunft noch souveräner, weil Sie ein geschärftes Bewusstsein für Ihre größten Fallstricke und blinden Flecken haben.

Proaktive Sprache als Zeichen für ein erfolgreiches Coaching

Arbeiten Sie im Coaching-Bereich oder stehen Sie anderen Menschen regelmäßig mit Rat und Tat zur Seite, wenn diese mal nicht weiter wissen? Insbesondere wenn jemand in einem solchen Kontext eher *reaktiv* ist, können Sie den Erfolg Ihrer Intervention daran festmachen, ob die Person anschließend zumindest ansatzweise in eine *proaktive* Sprache wechselt.

Stellen Sie zum Beispiel nach einem Gespräch die Frage: »Wie sehen nun Ihre nächsten Schritte aus?« War Ihre Intervention erfolgreich, spricht die Person aktiv und direkt davon, was sie als Erstes anpacken wird. Zeigen sich hingegen in der Antwort (weiterhin) *reaktive* Sprachmuster, kann das ein Hinweis darauf sein, dass offene Bedenken die Person noch zurückhalten. In diesem Fall können Sie aktiv nachfragen, was Ihrem Gegenüber gerade durch den Kopf geht, und herausfinden, wo der Schuh noch drückt.

Achten Sie im Coaching also stets auf den Filterabdruck in der Sprache, denn der gibt Ihnen ein gutes Gefühl für die Innenwelt der Menschen.

Zusammenfassung: Reaktiv vs. Proaktiv

Leitfrage: Wie bereitwillig und eigeninitiativ kommt eine Person ins Handeln? Hat sie das dringende Bedürfnis, direkt loszulegen und anzupacken, oder möchte sie lieber analysieren, abwarten und planen?

Reaktiv

Eine Person mit dem Programm *Reaktiv* bevorzugt es, zu warten, zu analysieren und zu planen. Sie kommt erst ins Handeln, wenn es einen entsprechenden Anstoß von außen gibt. Ihr Handeln ist das Denken. Tendenziell glaubt sie auch an Bestimmung und Schicksal.

> **Stärken:** agiert umsichtig, reflektiert und besonnen

> **Schwächen:** ist zögerlich, wenig entscheidungsfreudig, kommt nur schwer ins Handeln

> **Hinweise auf das Programm:** lange, unvollständige Sätze – passive Sprache – Konjunktive wie könnte, müsste, sollte. Das Verhalten ist abwartend, vorsichtig, analysierend.

> **Passende Sprache:** verstehen, nachdenken, abwarten, analysieren, planen, betrachten, dürfte, könnte, würde

Proaktiv

Eine Person mit dem Programm *Proaktiv* will die Dinge anpacken und umsetzen. Sie geht Aufgaben aus eigenem Impuls an.

> **Stärken:** entscheidungsfreudig, initiativ, eigenverantwortlich, umsetzungsstark

> **Schwächen:** kann aktionistisch wirken, rennt auch mal gegen die Wand

- **Hinweise auf das Programm:** kurze Sätze, klare, handlungsbetonte, auffordernde und zuweilen forsche Sprache, direkt, viele Verben. Unruhiges Verhalten

- **Passende Sprache:** tu es, hol es dir, leg los, starte, jetzt, mach es fertig, warte nicht, übernimm die Kontrolle, nimm das Ruder in die Hand

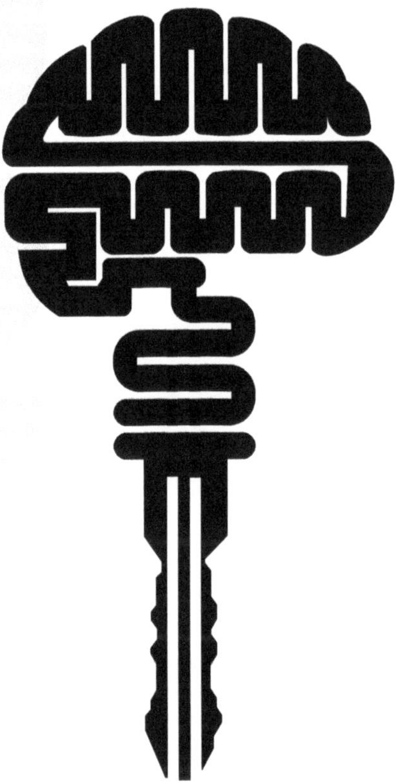

FÜNF SPIELREGELN IM UMGANG MIT DEN PROGRAMMEN

Sie haben nun das erste Programm kennengelernt und können ein Gefühl dafür entwickeln, wovon wir im weiteren Verlauf sprechen. Bevor wir jedoch in die nächsten Programme eintauchen, werfen wir einen Blick auf ein paar wertvolle Hinweise und Spielregeln dieser faszinierenden Welt. Sie dienen Ihnen als Orientierung, damit Sie das erworbene Wissen im Alltag erfolgreich einsetzen können.

1. Jedes Programm hat Pole und eine Skala dazwischen

Konnten Sie sich beim ersten Programm auf Anhieb wiederfinden? Wenn nicht, dann liegen Sie wahrscheinlich irgendwo zwischen den Polen. Ja, Sie können sich die Programme wie zwei äußere vorstellen, mit einer breiten Skala dazwischen. Bei einigen Programmen finden Sie in der Mitte sogar eine konkrete Zwischenstufe. Grundsätzlich gilt: Es geht nicht zwangsläufig um »entweder oder«. In vielen Fällen finden Sie eine mal leichtere, mal stärkere Tendenz hin zu einem der beiden Pole. Die meisten Konflikte und Missverständnisse entstehen dadurch, dass sich jemand in Relation zu Ihnen an einer ganz anderen Stelle der Skala befindet.

Machen Sie aus dieser Skala bitte keine Wissenschaft, sondern vertrauen Sie auf Ihr Bauchgefühl. Gewiss werden Sie in einigen Fällen die Freude haben, dass Sie das Programm Ihres Gegenübers regelrecht anspringt, weil sich eine Person am äußeren Rand der Skala befindet. Fällt Ihnen das Einordnen hingegen mal nicht so leicht, hat Ihr Gegenüber wahrscheinlich ein ähnliches Programm wie Sie. In diesem Fall spielt es eine weniger wichtige Rolle, denn Sie werden sich in der Kommunikation automatisch auf die andere Person einstellen.

Erinnern Sie sich: Unser Ziel ist nicht unbedingt, jedes mögliche Persönlichkeitsprofil zu skizzieren, sondern die Programme zu identifizieren, die die Kommunikation ins Stocken bringen. Das ist überall da von großem Nutzen, wo die Gefahr droht, dass Missverständnisse eskalieren und wir Sympathie und Vertrauen verspielen könnten. Mit dem Bewusstsein um die Programme können wir uns besser auf die Person einstellen und wirkungsvoller kommunizieren.

2. Die Programme sind keine Typisierung, sondern kontextspezifisch

Unser Gehirn liebt Orientierung und klare Muster – das macht die Programme zu einem bestechend wertvollen Alltagstool. Auch wenn es verlockend sein kann, Ihre Mitmenschen schnell einzuordnen, stecken Sie sie und vor allem sich selbst bitte nicht in Schubladen. Denn die Programme sind kein allgemeingültiger Persönlichkeitstest, sondern eine kontextspezifische Momentaufnahme.

Sie kennen das aus Ihrem eigenen Alltag: Menschen verhalten sich sonntagmorgens in der Kirche oder beim Brunch mit der Oma anders als samstagnachts im Club. Daher kann es durchaus vorkommen, dass Menschen im Kontext Hobby oder Sport andere Programme haben als zum Beispiel in der Beziehung oder bei der Arbeit. Vielleicht fallen Ihnen gerade Menschen ein, die im Job vorpreschen, während sie in ihrer Beziehung in erster Linie geduldig und feinfühlig auf die Wünsche der anderen Person reagieren. Erforschen sie ihre Vergangenheit nur tief genug in Bezug auf verschiedene Kontexte, dann erkennen die meisten Menschen, dass sie Anteile von allen Programmen in sich tragen.

Ein anderer Kontext kann dazu führen, dass bei uns unterschiedliche Programme ablaufen. Natürlich können Sie auch beobachten, dass prägende Kontexte auch auf andere Bereiche unseres Lebens abfärben. Denn alles, woran wir arbeiten, arbeitet immer auch an uns. Sind wir bestimmten Mustern immer wieder ausgesetzt, können Muster, die wir in dominierenden Kontexten nutzen, dauerhaft abfärben. Was Sie immer wieder denken und tun, verfestigt sich in Ihrem Gehirn zu starken synaptischen Verknüpfungen. Was eben noch neu war, ist in Ihrem Gehirn erst eine lose Verbindung, ähnlich wie ein paar Fußstapfen im hohen Gras. Gehen Sie diese Wege jedoch wieder und wieder, verwandeln sie sich in Trampelpfade und schließlich zu ausgebauten Autobahnen, auf denen Ihr Denken und Handeln vollkommen unreflektiert und automatisch abläuft.

Ein Pilot, der sich zum Beispiel den ganzen Tag mit Details auseinandersetzt, wird nach einer arbeitsreichen Woche wahrscheinlich auch zu Hause einen Blick dafür behalten. Ja, die Chancen sind hoch, dass er grundsätzlich sehr gut mit Details umgehen kann und sich aus dieser Stärke heraus überhaupt erst für diesen Beruf entschieden hat.

Einige Programme können also den Kern Ihrer Persönlichkeit prägen. Um einen möglichst großen Mehrwert aus diesem Buch zu ziehen, halten Sie Ihren Blick jedoch stets offen für Veränderungen im Kontext. Lassen Sie sich nicht zu vorschnellen Typisierungen hinreißen, sondern betrachten Sie Menschen als vielseitige Mosaikbilder. Wir setzen uns aus vielen kleinen Steinen mit unterschiedlichen Farben zusammen. Sind wir nah an einem Kontext, erleben wir nur einen Teil des großen Ganzen. Suchen wir die passende Besetzung für eine bestimmte Stelle, kann der Fokus auf den Arbeitskontext sinnvoll sein. Wollen Sie sich selbst jedoch mit Ihrem gesamten Potenzial erfassen, lohnt es sich, ein wenig rauszukommen, um das Gesamtbild besser wahrnehmen zu können. Wir laden Sie dazu ein, mit dem neuen Blick auf Basis der Programme auf unterschiedliche Bereiche Ihres Lebens zu schauen.

Wenn wir im weiteren Verlauf des Buches zu allgemeineren Typen-Bezeichnungen (wie *der Proaktive*) greifen, dann ist damit immer auch ein bestimmter Kontext gemeint.

Die Tatsache, dass Menschen in unterschiedlichen Kontexten unterschiedliche Programme haben können, ändert übrigens nichts am Wert dieses Ansatzes. Ganz im Gegenteil, denn in wie vielen Kontexten führen Sie im Alltag gleichzeitig eine Kommunikation? Meist nur in einem einzigen. Und wenn der Kontext im Lauf der Kommunikation wechseln sollte, wird Ihnen sofort auffallen, ob sich dabei plötzlich auch die Programme Ihres Gegenübers verändern. Genau darin liegt der erhebliche Mehrwert der Meta-Programme gegenüber klassischen Persönlichkeitstests und Typisierungen: Ohne zusätzliche Werkzeuge und Materialien können Sie situativ und schnell erkennen, wie eine Person gerade tickt und sie dann dort abholen, wo sie steht.

3. Kein Programm ist gut oder schlecht

Haben Sie bis hierher auch das Gefühl gehabt, dass das eine oder andere Programm besser oder schlechter ist? Mit diesem Eindruck sind Sie nicht allein. Wir alle haben die Tendenz, unsere eigenen Programme als die »besten« zu betrachten, und geraten wie von selbst in eine Art Verteidigungshaltung, wenn es um deren Vor- und Nachteile geht.

Kein Wunder, immerhin sind die Programme im jeweiligen Kontext eng mit unserer Identität verwoben, und so falsch wird unser Leben bisher wohl nicht gewesen sein.

Grundsätzlich gilt: Keines der Programme ist weder gut noch schlecht, richtig oder falsch – sie führen lediglich in ein und demselben Kontext zu unterschiedlichen Ergebnissen. Ihre Programme können in bestimmten Konstellationen und Situationen ein gewaltiger Antrieb und Vorteil sein, oder sie können Sie bremsen und Ihnen viel Energie abverlangen. Lassen Sie uns daher lieber davon sprechen, ob ein Programm in einer bestimmten Situation hilfreich und dienlich ist, oder ob es Gefahren, Risiken und Hindernisse birgt, die sich mit einem anderen Programm vermeiden ließen.

In unseren Seminaren starten wir gerne mit einer kleinen Übung, um gleich zu Beginn ein Programm so sichtbar zu machen, dass es den Teilnehmenden im wahrsten Sinn des Wortes auf der Stirn steht. Das Ergebnis ist immer wieder faszinierend, wenn wir im nächsten Schritt alle bitten, sich im Raum umzuschauen und uns mitzuteilen, was ihnen auffällt. Meistens fällt dabei als Erstes die Aussage: »Manche haben das falsch gemacht.« Diese Folgerung ist so spannend, weil niemand zuvor definiert hat, was richtig und was falsch ist. Menschen haben jedoch eine starke Tendenz dazu, *anders* automatisch mit *falsch* gleichzusetzen, denn schließlich empfinden sie ihr eigenes Denken, Fühlen und Handeln als gut und richtig.

Wenn wir noch keine Ahnung von den Programmen haben, tendieren wir schnell dazu, uns selbst als Maßstab zu nehmen, an dem wir andere bewerten. Nachdem wir jedoch verstanden haben, wie unser Filtersystem funktioniert und wie die Meta-Programme unsere Realität verzerren, begegnen wir anderen Menschen automatisch mit mehr Offenheit. Wir verstehen intuitiv den Wert darin, sich auf jeden Menschen so einstellen zu können, dass wir das Beste aus ihm herausholen.

4. Das flexibelste Element steuert die Kommunikation

Mit dem Wissen über die Programme kommt Ihnen auch eine Verantwortung für den Alltag zu. Wenn die Kommunikation nicht funktioniert, erwarten viele Menschen, dass sich die anderen doch bitte verändern und ihr Verhalten umstellen mögen. Doch das gilt nicht für uns. Die Programme lassen uns schnell erkennen, wie unser Gegenüber tickt. Wir wissen, wie wir kommunizieren dürfen, damit sich die Person optimal verstanden fühlt und ins Handeln kommt. Diese Flexibilität erlaubt es uns, unser Verhalten und unsere Sprache auf die Programme der anderen einzustellen.

Nehmen Sie also Ihre Verantwortung an und seien Sie die Veränderung, die Sie in Ihrem Leben sehen möchten.

5. Stress verstärkt die Muster, Entspannung weicht sie auf

Wenn wir unter großem Stress stehen und angespannt sind, verengt sich unser Blick. Je mehr Druck auf dem Kessel ist, desto mehr pfeift es. Wenn wir zum Beispiel einen schlechten Tag haben, sind wir leichter reizbar und schneller genervt. Gedanken und Gefühle schaukeln sich hoch, wir steigern uns in die Dinge hinein und landen schließlich in einem Teufelskreis. In diesem Zustand haben wir Scheuklappen vor den Augen und sind weitgehend blind für alles, was abseits unseres Kurses liegt. Unser Autopilot übernimmt die Kontrolle und mit ihm auch unsere Programme. Sind Sie gestresst, schlagen diese umso stärker an – meist ohne dass Sie sich dessen bewusst sind. Möchten Sie sich darin üben, flexibler zu werden und sich besser auf andere Menschen einzustellen? Dann trainieren Sie Ihre Fähigkeit, sich schnell und leicht in unterschiedlichsten Situationen zu entspannen.

Entspannung und Gelassenheit sind wahre Wundermittel, um die Kette aus Reiz und Reaktion zu unterbrechen und bewusstere Entscheidungen zu treffen. Ob Ihnen jemand die Vorfahrt nimmt, ein Kunde Sie anpöbelt oder Ihre bessere Hälfte aus der Haut fährt – Sie haben jederzeit die Wahl, wie Sie reagieren möchten. Reagieren Sie auf solche Reize automatisch mit Wut, Unverständnis und Lautstärke, kann sich die Situation weiter verschärfen und zu gegenseitigen Verletzungen führen. Damit ist niemandem geholfen. Besser ist, Sie nehmen erst einmal Abstand von der Situation, um sie in Ruhe bewerten zu können. Den Unterschied haben Sie gewiss schon einmal erlebt: Wenn Sie heiter, fröhlich und gelassen sind, können Sie leichter über kleine Patzer und Probleme des Alltags hinwegsehen. Nicht umsonst empfehlen viele Ratgeber, langsam zu gehen, wenn wir es eilig haben. Entspannung verschafft Ihnen den Freiraum, bewusst und willentlich über Ihre Reaktion zu entscheiden. Sie verlassen Ihre Denk-Autobahn und können so entspannt das optimale Denken und Handeln bewusst wählen.

Dazu bieten wir in unserem Shop unseres Trainings-Unternehmens MindVisory unterschiedliche Audioprogramme an, die Sie bei Ihrer persönlichen Veränderung begleiten können. Der einfachste Weg zu mehr Entspannung im Alltag führt zum Beispiel über Ihren Atem. Sie brauchen kein Hilfsmittel von außen – in einem stressigen Moment reicht es schon, wenn Sie drei bewusste Atemzüge hintereinander nehmen.

Zählen Sie beim Einatmen bis vier und atmen Sie doppelt so lang aus, während Sie dabei bis acht zählen. Stellen Sie sich gleichzeitig vor, wie Sie Ruhe und Entspannung einatmen und beim Ausatmen alles loslassen, was Ihnen in diesem Moment nicht weiterhilft. Um den Effekt noch zu verstärken, geben Sie der Entspannung die Farbe, die Sie spontan mit diesem Gefühl verbinden, und stellen Sie sich beim Einatmen vor, wie sich diese Farbe sanft und angenehm in Ihrem gesamten Körper ausbreitet. Ein solches Ritual erdet Sie im Alltag, weitet Ihren Blick und gibt Ihnen die Kontrolle zurück, geduldiger auf Ihr Umfeld reagieren zu können.

In dieser fünften und letzten Regel steckt eine Magie für alle Bereiche Ihres Lebens: Bringen Sie sich in einen Zustand der Gelassenheit, bevor Sie wichtige Gespräche führen, damit Sie vollen Zugriff auf Ihre Fähigkeiten und Ihr Know-how haben. Immerhin dient Ihnen das Wissen um diese Programme herzlich wenig, wenn Sie es in den entscheidenden Momenten vergessen.

OH, UND DA WÄRE NOCH DIE EINE FRAGE …

Wenn es Ihnen geht wie den vielen anderen Menschen, die die Magie der Meta-Programme vor Ihnen entdeckt haben, dann brennt Ihnen wahrscheinlich schon seit mehreren Seiten die Frage unter den Fingern: Kann ich meine Meta-Programme verändern? Und kann ich andere Menschen, die noch nicht »richtig« ticken, einfach umprogrammieren?

Eine gute Frage mit vier Antworten. Doch bevor wir uns diese anschauen, lassen Sie uns über den Wert Ihrer Persönlichkeit sprechen. Jede Programmierung ist einzigartig wie ein Fingerabdruck. Und wie Sie auf den kommenden Seiten entdecken werden, bringt jede Programmkonstellation einzigartige Stärken und Vorteile mit sich. Wenn wir in Einklang mit unseren Programmen wirken, offenbaren sich uns die schönsten Flow-Momente, und unsere Persönlichkeit kommt voll zum Ausdruck. Sie ist also ein Geschenk. Bevor Sie darüber nachdenken, sie zu verändern, halten Sie bitte einen Moment inne und fragen Sie sich, ob Sie das wirklich aus vollem Herzenswunsch tun wollen oder ob andere Sie mit Zielen und Wünschen locken, die im Grunde gar nicht Ihre sind. Führen Sie sich vor Augen, dass es mit hoher Wahrscheinlichkeit Menschen gibt, die Sie sogar um Ihre Programmierung beneiden!

Diese Denkschritte lohnen sich auch dann, wenn es darum geht, andere Menschen zu verändern. Wenn jemand mit seiner Programmierung nicht optimal auf eine Aufgabe passt, dürfen Sie sich fragen, ob die Person nicht an anderer Stelle besser aufblühen würde. Und für die Aufgabe findet sich gewiss jemand anderes, der besser passt.

Hinter dieser Denkweise steht die Tatsache, dass es grundsätzlich leichter und effizienter ist, die richtigen Menschen mit der passenden Aufgabe zusammenzubringen, als Einzelne »umzuprogrammieren«.

Den meisten Führungskräften fehlen nicht nur das Verständnis und Rüstzeug, sondern vor allem die Zeit, um sich der persönlichen Veränderung einzelner Mitarbeiter so intensiv zu widmen. In vielen Fällen, insbesondere im Mittelmanagement, steht es den Führungskräften nicht immer frei, Teams ganz neu zusammenzustellen. So bleibt oft nur die Option, die Menschen im Team mit der entsprechenden Kenntnis der Programme bestmöglich zu führen, sodass sie ihre Arbeit so gut wie möglich erledigen können und sich dabei wohlfühlen.

Natürlich ist es grundsätzlich möglich, sein Denken, Fühlen und Handeln in bestimmten Situationen zu ändern, sonst würden Therapie, Coaching oder Seminare zur Persönlichkeitsentwicklung keinen Sinn ergeben. Das bringt uns zu den vier versprochenen Antworten von vorhin.

1. **Ja, Ihre Programmierung kann sich verändern** – auf eine angenehme Weise und einem eher weniger entspannten Weg. Letzteres kann nach einschneidenden Ereignissen und Erlebnissen passieren. Wenn Sie zum Beispiel sehr *proaktiv* an ein Projekt herangehen und sich dabei mal einen Fehler erlauben, der tiefe Spuren in Ihnen hinterlässt, kann es durchaus sein, dass Sie in Zukunft deutlich vorsichtiger sein werden und vielleicht in gewissen Situationen sogar ein *reaktives* Muster zeigen. Der andere Weg zur Veränderung Ihrer Programme ist der tiefe innige Wunsch nach einem großen Ziel. Das kann zum Beispiel das Abenteuer sein, sich selbstständig zu machen. Dieser Weg kann Ihnen abverlangen, dass Sie sich in Teilen Ihrer Programmierung verändern und sich dafür neue Denk- und Verhaltensmuster antrainieren. Er kann Sie durchaus fordern, doch wenn Sie dabei einem Herzenswunsch folgen, werden Sie die Energie in sich mobilisieren, um jedes Hindernis erfolgreich zu meistern.

2. **Ändern Sie Ihr Umfeld statt Ihre Programmierung.** Dieser Weg ist wesentlich leichter als der erste. Wenn Sie in einer Situation nicht glücklich sind oder gegen einige Ihrer Programme arbeiten, ist es ratsam, sich ein Umfeld zu suchen, in dem Ihre Stärken und Talente mehr gefragt sind.

Erinnern Sie sich: Die einzigartige Konstellation Ihrer Meta-Programme hat einen besonderen Wert, und es gibt garantiert Menschen und Gelegenheiten, die auf jemanden genau wie Sie gewartet haben. Sie brauchen sie nur noch zu finden.

3. **Manchmal leben wir bereits andere Programme in anderen Kontexten.** Denken Sie stets daran: Unsere eigenen Programme können von Kontext zu Kontext variieren. Ein Weg zur Änderung der eigenen Programme besteht darin, sich erst einmal bewusst zu machen, welches Programm in einem bestimmten Kontext den größtmöglichen Nutzen bringt. Sollte dieses aktuell leider nicht Ihrem Programm in diesem Kontext entsprechen, können Sie sich fragen: »In welchem Kontext zeige ich bereits das hier benötigte Programm?« Sollten Sie das gewünschte Programm schon in einem anderen Kontext leben, fällt Ihnen die Übertragung in den neuen Kontext meist deutlich leichter. Das gilt umso mehr, wenn Sie ein starkes *Warum* haben und ausreichende Bewusstheit über den Prozess der angestrebten Veränderung. Wie schon im ersten Punkt beschrieben, gibt Ihnen das Warum die nötige Handlungsenergie, die Veränderung umzusetzen, auch wenn es sich anfangs schwer und ungewohnt anfühlt.

4. **Bauen Sie sich Systeme, die Ihre Schwächen auflösen.** Wenn einzelne Ihrer Meta-Programme Sie ab und an einschränken oder Ihnen in bestimmten Situationen im Weg stehen, brauchen Sie weder das Programm noch Ihre Arbeit über den Haufen zu werfen. Oft reicht es schon, wenn Sie sich kleine Krücken zur Hand nehmen – also Routinen aneignen und Systeme entwickeln, die die Schwäche des Programms im Alltag ausgleichen. Wie solche Unterstützungen aussehen können, zeigen wir Ihnen in den Praxistipps am Ende des jeweiligen Kapitels.

Nun lassen Sie uns in die nächsten Programme eintauchen. Es gibt noch jede Menge zu entdecken!

PROGRAMM 2

DETAIL VS. GLOBAL

Oberflächlicher Dampfplauderer oder Korinthenkacker?

Es ist kurz nach 18 Uhr. Wolfgang kommt von einem langen Arbeitstag nach Hause, geht in die Küche und macht sich eine Tasse Tee. In diesem Moment kommt auch seine Frau Sofia heim, die als Buchhalterin in einem mittelständischen Unternehmen um die Ecke arbeitet.

»Hallo, Schatz! Wie war dein Tag?«, fragt Wolfgang in der Erinnerung, dass seine Frau heute an der Schulung für eine neue Software teilgenommen hat. Doch noch während ihm die Worte über die Zunge gleiten, bereut er schon, seine Frage überhaupt gestellt zu haben.

»Also, nachdem du heute Morgen aus dem Haus bist, habe ich mir erst mal einen Kaffee gemacht. Klar, ich sollte davon nicht zu viel trinken, weil ich ohnehin schon nervös war, doch ich bin dann vor der Arbeit noch mal zum Supermarkt, weil uns der Kaffee ausgegangen ist. Und jetzt stell dir vor: Die haben die Regale komplett umgeräumt und ich musste erst mal das Personal fragen, wo ich unseren Kaffee finde. Der junge Mann mit dem Schnurrbart – ich glaube, der heißt Schneider – war supernett und hat mich perfekt beraten. Du weißt schon, das ist der, der letztes Mal an seiner Kasse so viele gute Witze gemacht hat – eine gute Strategie, denn dadurch ist das Warten nur halb so wild. Jedenfalls hat er mich gut beraten und mir eine neue Sorte in einer schwarzen Verpackung empfohlen. Unser gewohnter goldener war leider ausverkauft. Doch ich finde, die schwarze Farbe passt sowieso viel besser zu der dunklen Röstung ...«

Wolfgang verdreht die Augen. Hätte er doch bloß nicht gefragt! Dafür hat er jetzt keine Nerven. Sein Magen verkrampft sich, und er versucht, die Gefühle von Wut und Ärger zu verarbeiten, indem er auch den letzten Tropfen aus seinem Teebeutel herausquetscht.

»Wolf? Bist du noch bei mir? Oder spreche ich mit der Wand? Erst fragst du, und dann hörst du nicht zu? Ich kann's auch lassen!«

Wolfgang atmet einmal tief durch und nippt an seinem Tee. »Nein, Schatz, bitte erzähl weiter. Mich interessiert vor allem, wie es mit der Schulung gelaufen ist. Denkst du, die neue Software macht dir den Alltag in Zukunft leichter? Oder wird dadurch alles nur noch umständlicher?«

»Genau das wollte ich dir doch gerade erzählen. Also, die Schulungsleiterin Christiane Vogelsang war richtig gut vorbereitet. Sie hatte ihre Hausaufgaben gemacht und man merkte in jedem ihrer Worte, dass sie selbst viel Erfahrung in Sachen Buchhaltung hat. Beim Mittagessen habe ich sie dann noch besser kennengelernt und sie erinnerte mich stark an meine alte Schulfreundin Sabine – weißt du, das ist die mit den rötlichen Locken und dem verschmitzten Grinsen. Die steckt sofort alle mit ihrem Frohsinn an. Vielleicht sollte ich mich wirklich noch mal bei ihr melden. Schade, wie sich manche Beziehungen verlieren, wenn wir sie nicht regelmäßig pflegen. Erinnerst du dich noch an Sabine? Sabine Kreutzfeld? Die hatte auch zwei Kaninchen, Lilly und Peter, zwei richtig süße Schlappohren.«

»Ja, Schatz, ich erinnere mich. Könntest du für mich ein bisschen in deinem Tag vorspulen und mir in zehn Worten dein Urteil geben, ob das Programm deinen Alltag nun erleichtert oder nicht?«

Stille. Sofia schnaubt, atmet einmal tief durch und blickt dabei suchend auf die Tischplatte, während Wolfgang sie neugierig beobachtet. Nach einigen Sekunden hebt Sofia den Kopf: »Ja, weil die Abläufe dadurch sehr viel klarer und strukturierter sind und ich die gesamten Prozesse besser im Blick habe.«

»Danke! Das sind doch wunderbare Nachrichten.«

»Ja, das war ein rundum guter Tag. Wie war denn deiner?«

»Wunderbar!«

»Und wie läuft es mit deinem neuen Kollegen Willfried? Hat er sich gut eingefunden? Passt die Chemie?«

»Alles tipptopp!«

»Und dein Projekt? Mensch, erzähl doch mal! Muss ich dir denn immer alles aus der Nase ziehen?«

»Alles im Rahmen. Wir machen super Fortschritte!«

»Wow, danke für das gute Gespräch! Am besten spreche ich beim nächsten Mal einfach mit Bello. Der wechselt über den Tag mehr Worte mit mir als du!«

Das Programm auf den Punkt gebracht

Leitfrage: Welche Menge an Informationen braucht eine Person, um zu verstehen? Und wie viele Informationen muss sie geben, um das gute Gefühl zu haben, verstanden zu werden?

Bei diesem Meta-Programm geht es also zum einen darum, mit welcher Detailtiefe eine Person Informationen verarbeitet und mit welcher Informationstiefe sie sich wohlfühlt. Auf welcher Seite erkennen Sie sich in Ihrem Alltag eher wieder? Tauchen Sie gerne tief in die Details ein, nennen Namen, Daten und Fakten, nach denen keiner explizit gefragt hat? Fühlen Sie sich wohl damit, sich ausgiebig und ausführlich mit Feinheiten zu befassen? Dann wirken Sie auf Menschen mit dem Programm *Global* schnell wie ein Korinthenkacker, der nicht priorisieren kann. Andersherum, wenn Sie Dinge sehr *global* betrachten und bei Antworten auf offene Fragen häufig mit ein bis fünf Worten auskommen, wirken Sie aus Sicht des Programms *Detail* wie ein oberflächlicher Dampfplauderer, dem man alles aus der Nase ziehen muss, wenn man sich eine tiefergehende Antwort wünscht.

DETAIL

Eine Person mit dem Programm *Detail* fühlt sich mit einer großen Informationstiefe und -menge wohl. Ihr intuitiver Ansatz bei Aufgaben oder Erzählungen ist Bottom-up – sie arbeitet sich also von den Details zu einer etwas höheren Perspektive.

Dieses Programm ist damit unter anderem die ideale Voraussetzung für Berufe, in denen ein Gespür für die Details zum Jobprofil gehört, wie etwa bei Piloten, Buchhaltern, Wirtschaftsprüfern, Lektoren oder Notaren. Kurzum: alle Tätigkeiten, die voraussetzen, dass sich eine Person täglich über mehrere Stunden in Details vertiefen kann. Ihre Art, Informationen zu verarbeiten, zeigt sich auch im Gespräch: Wie Sofia in unserem Beispiel berichtet die Person reichhaltig und facettenreich.

Sie neigt dazu, Namen, Daten und Fakten zu nennen, die aus *globalerer* Perspektive weder notwendig noch hilfreich für das Verständnis sind. Nicht selten kann es passieren, dass ein »Detailsortierer« sich in sehr expliziten Ausführungen vertieft, mit denen der Zuhörer gar nichts anfangen kann, da er die involvierten Personen überhaupt nicht kennt oder einordnen kann.

Stärken und Schwächen

Konzentriert und geduldig in ein Thema eintauchen, um ihm in all seinen Facetten und Nuancen auf den Zahn zu fühlen – das ist die zentrale Stärke hinter diesem Meta-Programm. Legen Sie das Buch gerne für einen Augenblick zur Seite und entdecken Sie Situationen in Ihrem Alltag, in denen es aus Ihrer Sicht gerade auf die Details ankommt.

Ganz oben steht zum Beispiel jede Art von größerem Zahlenwerk wie die Steuererklärung oder die Buchhaltung bei Selbstständigen. Menschen mit *Detail*-Programm haben auch kein Problem damit, tief in ein Vertragswerk einzutauchen und jeden Satz auf die Waagschale zu legen. Wer schon mal einen Vertrag unterschrieben hat, ohne auf das Kleingedruckte zu achten, weiß ein *Detail*-Muster anschließend besser zu schätzen. Und natürlich sind da auch noch all die Situationen, in denen es darum geht, einem bereits guten Ergebnis noch das I-Tüpfelchen aufzusetzen. Denken Sie nur an Architekten, Innenausstatter oder Designer in unterschiedlichsten Bereichen: In einer Welt, in der der Wettbewerbsdruck immer weiter zunimmt, können Sie aus der Masse hervorstechen, indem Sie Ihren Ergebnissen einen besonderen Feinschliff verpassen und auf Details achten, die anderen entgehen. Außerdem erkennen Sie mit der *Detail*-Brille auch schneller und leichter Probleme oder Fehler in komplexen Systemen.

Im Rahmen unserer Seminare kam einmal eine Dame auf uns zu, die eine starke Detailausprägung in diesem Meta-Programm hatte. Kurze Gespräche kosteten sie viel Kraft, und es fiel ihr schwer, klare Prioritäten zu setzen. Ihr Hauptanliegen mit dem Seminar war es, ihr *Detail*-Programm »in den Griff« zu bekommen, weil sie davon ausging, es sei ihre größte Schwäche. Bei einer späteren Übung konnte sie jedoch der gesamten Gruppe eindrucksvoll eine weitere Stärke des *Detail*-Musters vor Augen führen: Sie sollte von einer beruflichen Erfahrung berichten, die für sie besonders erfüllend und bewegend gewesen war. Nachdem sie sich einige Minuten lang gesammelt hatte, erlebten wir ein Paradebeispiel für herausragendes Storytelling. Sie brachte großes Kino in unsere Köpfe, indem sie Details ausschmückte, Dialoge mit individueller Färbung wiedergab und das Ganze mit einer fabelhaften Spannungskurve versah. Wohldosiert und richtig eingesetzt kann dieser Reichtum an Facetten und Nuancen ein großer Segen sein.

Ich sehe den Wald vor lauter Bäumen nicht – dieses Sprichwort können wir noch intensivieren: Ich sehe die Bäume vor lauter Nadeln und Blättern nicht. Bestimmt haben Sie bei der Darstellung der Stärken auch schon die eine oder andere Schattenseite des Programms erahnen können. Das Beispiel von Sofia zeigt, dass ein ausgeprägtes *Detail*-Muster die Geduld von eher *global* orientierten Gesprächspartnern sehr stark auf die Probe stellen kann. Insbesondere wenn wir wenig Zeit haben und uns eine schnelle Antwort wünschen, die das Thema klar auf den Punkt bringt. Doch Personen mit einem *Detail*-Programm drücken sich zuweilen sehr umständlich aus, was zum großen Teil daran liegt, dass es ihnen schwerfällt, sich einen Überblick zu verschaffen und Prioritäten zu setzen. Ihnen erscheint einfach alles gleichermaßen wichtig. Es fällt der Person leicht, Ihnen zu sagen, wie viele Läuse sich auf einem Blatt tummeln. Fragen Sie sie jedoch nach der Form und Größe des Waldgebiets, dürfen Sie sich auf eine längere Antwort vorbereiten. Denn Sie erinnern sich: Durch den Bottom-up-Prozess arbeitet sie sich von den Läusen zum Blatt, dann zum Baum und schließlich zum Wald vor.

Stellen Sie eine sehr offene Frage, dann wirken auf die Person alle Einzelheiten wichtig. Aus ihrer Perspektive gehören jede Menge Details dazu, um Ihnen eine gute Antwort zu geben. Erinnern Sie sich an den genauen Wortlaut aus der Leitfrage dieses Programms: Wie viele Informationen muss eine Person geben, damit sie das gute Gefühl hat, verstanden zu werden? Aus dieser Perspektive können Sie Menschen mit einem ausgeprägten *Detail*-Programm mit mehr Geduld und Verständnis begegnen. Denn sie geben Ihnen die vergleichsweise ausschweifende Antwort nicht, um Ihnen auf die Nerven zu gehen, sondern weil ihr Gefühl ihnen sagt, dass diese Details wichtig und wertvoll für eine möglichst stimmige Antwort sind.

Ein Seminarteilnehmer gab mit einem Satz einmal einen sehr schönen Einblick in seine Innenwelt: Jemand hatte ihm eine Frage gestellt und als er mit einer kleinen Vorgeschichte ausholte, bat ihn eine dritte Person, doch schneller zum Punkt zu kommen. Darauf entgegnete er: »Aber ich muss doch erst einmal erklären, wie es dazu kam. Sonst kann ja keiner verstehen, warum ich mich letzten Endes so entschieden habe.« Besondere Aufmerksamkeit verdient hier sein Gebrauch des Wörtchens *muss*. Es zeigt uns, dass er einen starken inneren Drang empfindet, diese Details mit einzubeziehen. Er selbst hätte andersherum möglicherweise Schwierigkeiten, eine andere Person zu verstehen, wenn die Ausführungen aus seiner Sicht die notwendigen Details vermissen ließen.

Auch wenn es manchmal etwas anstrengend sein kann, steckt eine fast liebevolle Absicht in einer langen Antwort, die letztlich ein Zeichen von Respekt und Wertschätzung ist. Die andere Person möchte, dass Sie sie verstehen. Wie immer liegt die Gefahr in der Vorannahme, dass die anderen Menschen genauso ticken wie wir selbst. Wir wiederholen uns an dieser Stelle gern. Solange Menschen kein Verständnis von den unterschiedlichen Programmen haben, behandeln sie andere Menschen stets so, wie sie selbst gern behandelt werden wollen. Nur führt das häufig zu den größten Kommunikationsproblemen. Der Köder muss eben dem Fisch schmecken und nicht dem Angler. Weshalb der wirkungsvollere Weg im Umgang mit anderen Menschen darin besteht, sie so zu behandeln, dass sie uns verstehen, uns vertrauen und uns gerne zuhören und folgen.

GLOBAL

Eine Person mit dem Programm *Global* betrachtet Themen eher aus der Vogelperspektive. Sie bewegt sich auf einer übergeordneten, mehr konzeptionellen Ebene und kann mit Details nur für kurze Zeit umgehen. Ihr genereller Ansatz ist Top-down, also vom Groben zum etwas Feineren.

Stärken und Schwächen

Die Vorzüge des *Global*-Programms liegen darin, sich schnell einen Überblick zu verschaffen. Menschen mit diesem Muster können sich leicht in neue Themengebiete einarbeiten, größere Zusammenhänge erkennen und dabei klare Prioritäten setzen. Ihr Blick liegt also auf dem ganzen Wald. Sie erkennen darin die Lichtungen, Anhöhen und Flussläufe. Fragen Sie jedoch nach einem bestimmten Baum, bekommen Sie nur eine kurze Antwort, bevor es dann wieder in den Überblick geht. Sie können dieses Vorgehen auch mit dem Flug eines Adlers vergleichen, der oben am Himmel kreist, das ganze Gelände betrachtet und sich bei Bedarf im Sturzflug auf ein Detail fokussiert.

Gewiss fallen Ihnen viele Jobs und Fachgebiete ein, in denen dieses Vorgehen wertvoll ist. Jede Art von Projektmanagement verlangt zum Beispiel nach einer übergeordneten Perspektive. Einzelne Details können für kurze Zeit im Zentrum stehen, sind jedoch danach Zuständigkeit der jeweiligen Fachkraft. Auch Führung und Management verlangen eher nach einem *globalen* Programm. Wer schon mal eine sehr detailorientierte Führungskraft hatte, weiß, wie frustrierend das sogenannte Mikromanagement sein kann, das aus dieser Kombination hervorgeht.

Während kurze und knackige Antworten in manchen Situationen ein Segen sein können, wirken sie in anderen Kontexten platt und oberflächlich. Denken Sie nur an Wolfgang in unserer Geschichte. Mit ihm ein harmonisches, ausgiebiges Gespräch zu führen, kann vor allem für jemanden, der mehr Details zu schätzen weiß, sehr frustrierend sein. Auch in diesem Fall steckt hinter den kurzen Antworten keine böse Absicht; er gibt lediglich so viele Infos, wie es sich für ihn gut und richtig anfühlt.

Da es sie viel Kraft kostet, sich längere Zeit auf Details zu fokussieren, verliert eine Person mit *Global*-Muster schnell das Interesse und widmet sich anderen Schwerpunkten, wenn sie mit zu vielen aus ihrer Sicht uninteressanten Details konfrontiert wird. Dadurch läuft sie Gefahr, wichtige Einzelheiten zu übersehen.

So erkennen Sie das Programm

Dieses Programm ist leicht zu erkennen. Beschreibt eine Person ausschweifend mit vielen Details, Feinheiten und Nuancen, wissen Sie sehr schnell, dass Sie es in diesem Kontext mit einem *Detail*-Muster zu tun haben. Hierzu gehören auf inhaltlicher Ebene auch Eigennamen für Personen und die Beschreibung von Orten und Gegenständen sowie anderer Daten und spezifischer Fakten, die aus Ihrer Perspektive für eine hilfreiche Antwort nicht unbedingt erforderlich sind.

Ein *globales* Programm erkennen Sie daran, dass sich die Person mit wenigen Worten und einem zusammenfassenden Überblick zufriedengibt. Häufig nutzt sie dabei auch Nominalisierungen.

Sollte es Ihnen einmal nicht so leichtfallen, Ihr Gegenüber einzuschätzen, kann das daran liegen, dass die andere Person auf der Detail-Global-Skala einen ähnlichen Platz wie Sie einnimmt. In diesem Fall können Sie das Programm für den relevanten Kontext getrost abhaken, weil Sie sich durch Ihre eigene Programmierung ohnehin schon auf einer Wellenlänge mit der Person befinden.

BEEINFLUSSENDE SPRACHE

Wenn Sie nur eine Sache aus diesem Buch mitnehmen, dann achten Sie in Zukunft bei jedem Gespräch darauf, die Detailtiefe Ihrer Sprache an die Ihres Gegenübers anzupassen. Begegnet Ihnen eine Person mit kurzen, knackigen Sätzen, dann antworten Sie ihr im ähnlichen Stil. Taucht sie in Details ein, dann folgen Sie ihr im Gespräch auf diese Ebene. Sie werden spüren, wie die Kommunikation sehr schnell ins Fließen kommt und Ihr Gegenüber Sympathie für Sie entwickelt.

Achten Sie im Alltag auf die Sprach- und Textnachrichten, die Sie versenden. Ist Ihnen schon einmal aufgefallen, dass wir bei Menschen, die uns wichtig und sympathisch sind, intuitiv dazu tendieren, die Länge unserer Nachrichten an die der anderen anzupassen? Viele Menschen empfinden es zum Beispiel als unhöflich, mit nur wenigen Worten auf eine lange Nachricht zu reagieren. Wir passen uns in vielen Situationen also automatisch an unser Gegenüber an.

Haben Sie sich in diesem ersten Punkt trainiert, lohnt es sehr, sich im zweiten Schritt auch auf die Sprechgeschwindigkeit des Gegenübers einzustellen. Während manche Menschen ein hohes Sprechtempo haben, nehmen sich andere deutlich mehr Zeit, die richtigen Worte zu finden. Das hängt eng damit zusammen, mit welchem Repräsentationssystem die Person Informationen bevorzugt verarbeitet:

> Menschen, die Informationen am liebsten **visuell** verarbeiten, sprechen tendenziell **schnell**. Das liegt daran, dass sie beim Sprechen unbewusst Bilder vor ihrem inneren Auge sehen und dem Inhalt dieser Bilder folgend erzählen. Getreu dem Sprichwort »Ein Bild sagt mehr als tausend Worte« sind die Inhalte schnell und reichlich verfügbar. Hinzu kommt, dass diese Menschen schneller Gedankensprünge machen können, denen Zuhörer häufig nicht so schnell folgen können, da sie logischerweise nicht das gleiche Bild vor ihrem inneren Auge sehen wie die erzählende Person.

> Wer den **auditiven** Sinneskanal bevorzugt, spricht in der Regel in **gemäßigterem** Tempo und mit einer ausgeprägteren Harmonie in der Stimme.

> Personen, die einen starken **kinästhetischen** Zugang haben, sprechen meist **langsam** und bedächtig. Sie fühlen beim Reden in sich hinein. Und da Gefühle im Körper langsamer entstehen als die Bilder vor unserem inneren Auge, brauchen Menschen mit diesem Kanal etwas mehr Zeit, ihre Gefühle wahrzunehmen und sie dann in passende Worte zu kleiden.

Spricht die Person im Vergleich zu Ihnen eher langsam, als würde sie innerlich erst jedes Wort genau abwägen? Dann drosseln Sie Ihr Sprechtempo. Atmen Sie tief durch und setzen Sie häufiger mal einen Punkt. Im umgekehrten Fall dürfen Sie das Tempo ein wenig anziehen. Die Person wird es Ihnen danken, weil sie Sie wesentlicher besser verstehen und Ihnen besser folgen kann. Andersherum ausgedrückt: Wenn Sie in einem anderen Tempo *sprechen* als Ihr Gegenüber, dann sprechen Sie auch in einem anderen Tempo als diese Person *denkt*. Das macht es für die Person unangenehm und bisweilen sogar unmöglich, Ihren Ausführungen zu folgen.

Reden Sie vor einer Gruppe, dann finden Sie einen gesunden Durchschnitt in Ihrem Sprechtempo. Sind Sie zu langsam, können Sie die Geduld mancher Menschen strapazieren und sie langweilen. Sprechen Sie hingegen zu schnell, können andere Schwierigkeiten haben, Ihnen zu folgen. Viele professionelle Redner haben zum Beispiel ein Ritual, bei dem sie sich auf der Bühne erst einmal erden. Sie treten hinaus ins Scheinwerferlicht und lassen ihren Blick in aller Ruhe ein paar Sekunden lang über das Publikum gleiten, während sie einige Male tief ein und ausatmen. In diesem entspannten Zustand fällt es ihnen leichter, den richtigen Ton und das richtige Tempo zu treffen.

Ergänzend zu diesen Strategien können Sie folgende Worte und Formulierungen einsetzen, um durch das Filtersystem Ihres Gegenübers zu dringen.

Detail: *exakt, genau, spezifisch, präzise, detailliert, konkret, näher, tiefer, tiefergehend, eingehend, ausführlich, umfassend, gründlich, sorgfältig, akkurat, ins Detail gehend, im Einzelnen, en Detail, differenziert betrachtet*

Global: *im Allgemeinen, grundsätzlich, im Großen und Ganzen, aus dem Überblick, im Kern, das Wichtige daran ist, aus der Vogelperspektive, elementar, generell, maßgeblich, prinzipiell, vorwiegend, universell, größtenteils, wesentlich, weitgehend, fundamental, weithin, letzten Endes, im Grunde genommen, grob gesagt*

Praxistipps

Wolfgang verrät uns in der Geschichte zu Beginn dieses Kapitels die zwei zentralen Tipps zum gekonnten Umgang mit diesem Meta-Programm. Gibt eine Person in ihrer Beschreibung aus Ihrer Sicht zu viele irrelevante Details, können Sie sie respektvoll darum bitten, in ihrer Erzählung ein wenig vorzuspulen: »Vielen Dank für die detaillierte Umschreibung, doch könntest du mir den Gefallen tun und mit mir gleich an den Punkt springen, der für mich gerade besonders wichtig ist?« Finden Sie die optimale Mischung aus Bestimmtheit und Wertschätzung. Dieser Tipp lässt sich übrigens noch leichter umsetzen, wenn Ihr Gegenüber die eigenen Programme ebenfalls kennt. Sie können sich den Alltag also erheblich erleichtern, indem Sie dieses Buch möglichst vielen Menschen in Ihrem Umfeld empfehlen oder schenken. Tauschen Sie sich mit anderen auf der Meta-Ebene über Ihre Sprache aus und nehmen Sie Konflikten sowie Missverständnissen mit einem Augenzwinkern den Wind aus den Segeln.

Der zweite Tipp wirkt in beide Richtungen: Ob *Detail* oder *Global* – stellen Sie bessere Fragen. Wer fragt, der führt, in unserem Fall das bessere Gespräch. Wenn Sie die Menschen genauer wissen lassen, welche Antwort Sie sich von ihnen wünschen, können diese ihre Worte gezielter wählen. Scheuen Sie sich auch nicht, genaue Angaben über die Länge der Antwort zu machen. So könnten Sie Wolfang aus unserem Beispiel bitten: »Würdest du mir bitte mal fünf Minuten von deinem aktuellen Projekt erzählen? Mich interessiert vor allem, wie es sich entwickelt, wo Probleme sind, und wie es dir dabei persönlich geht.« Je offener Ihre Fragen sind, desto mehr können sie Vorlagen für eine ausschweifende Antwort sein.

Haben Sie es mit einer detailorientierten Person wie Sofia zu tun, sollten Sie um offene Fragen wie »Wie war dein Tag?« lieber einen Bogen machen – es sei denn, Sie haben die notwendige Zeit, sich die Antwort auch anzuhören. Ein klassischer Fehler, der gerade im Büroalltag zu Problemen zwischen der *globalen* Führungskraft und den *detaillierteren* Fachkräften führen kann, ist die im Vorbeirauschen eingeworfene Frage: »Na, wie geht es Ihnen heute?« Hat die Führungskraft nicht die Zeit, sich die Antwort geduldig und interessiert anzuhören, ist es mit Blick auf Vertrauen und Sympathie wesentlich sinnvoller, gar nicht erst zu fragen, sondern einfach freundlich zu grüßen.

Stecken Sie zur Not den Umfang und Inhalt der gewünschten Antwort lieber von vornherein möglichst präzise mit Ihrer Frage ab. So machen Sie es Ihrem Gegenüber leichter, ein besseres Gefühl dafür zu entwickeln, wie eine gute Antwort aussieht: »Sofia, ich bin neugierig – würdest du mir in drei bis fünf Sätzen sagen, ob eure neue Software in Zukunft eher Fluch oder Segen für dich sein wird?« Zugegeben, diese Vorgabe geht schon sehr weit, und es kann durchaus sein, dass Sofia einen Augenblick lang gar nichts sagt und ihre Gedanken sortiert. Auf diese konkrete Art gestellt, unterstützt die Frage sie jedoch dabei, Prioritäten zu setzen und die Informationen so zu gliedern, dass sie eine optimale Antwort geben kann. In der Praxis sind viele Menschen mit ausgeprägtem *Detail*-Programm sogar dankbar für eine derart detaillierte Vorgabe.

Zoomen Sie regelmäßig rein und raus

Für Ihre persönliche Entwicklung kann es sehr bereichernd sein, regelmäßig beide Denkrichtungen zu üben und so im Wechsel das große Ganze und die Dinge im Kleinen zu betrachten. Denn häufig bewirken viele kleine Entscheidungen und Gewohnheiten im Alltag, dass wir unseren großen Zielen nicht näherkommen. Wir sabotieren uns also, ohne es zu merken. Auf der anderen Seite verzetteln wir uns manchmal so sehr im Kleinklein, dass wir unseren Kurs und das große Ziel aus den Augen verlieren.

Bewusstheit schult

Eine gute Übung für Ihren Alltag besteht darin, in Gesprächen darauf zu achten, auf welcher Detailebene die Kommunikation gerade stattfindet und diese Ebene mit Ihrer Sprache aufzugreifen. Ein Beispiel: Das Gesprächsthema lautet Autos. Auf der gleichen Gesprächsebene befinden sich Fahrräder, Motorräder, Flugzeuge etc. Eine detailliertere Ebene sind unterschiedliche Automarken. Noch detaillierter sind einzelne Modelle und weiter im Detail kommen einzelne Farben, unterschiedliche Motorisierungen etc. Eine globalere Ebene zu Autos sind Fortbewegungsmittel. Noch globaler ist das Thema Mobilität allgemein.

Manchmal hilft es auch, sich eine vertikale Achse vorzustellen, auf der Sie die Sprache anordnen können von global (weiter oben) bis ins kleinste Detail (weiter unten).

Achten Sie darauf, auf welcher Detailebene Ihr Gegenüber gerade spricht. Geht es um Bewegung, Sport, Fußball, ein bestimmtes Spiel, einen konkreten Spielzug oder sogar einen einzelnen Spieler? Der erste Schritt liegt also darin, die Aufmerksamkeit auf die Detailebene zu richten und die eigene Wahrnehmung so zu schulen, dass Sie diese schnell erkennen. Der zweite Schritt ist dann, die eigene Kommunikation gezielt auf die wahrgenommene Ebene auszurichten. Damit wecken Sie nicht nur Sympathie, Verständnis und Vertrauen, sondern schulen auch Ihre eigene Flexibilität im Denken und Kommunizieren auf unterschiedlichen Detailebenen.

Zusammenfassung: Detail vs. Global

Leitfrage: Welche Menge an Informationen braucht eine Person, um zu verstehen? Und wie viele Informationen muss sie geben, um das gute Gefühl zu haben, verstanden zu werden?

Detail

Eine Person mit dem Programm *Detail* fühlt sich mit einer großen Informationstiefe und -menge wohl. Sie berichtet reichhaltig und facettenreich.

- **Stärken:** Tiefgang, Detailreichtum, spezifisch, gekonnter Umgang mit Feinheiten und Nuancen
- **Schwächen:** Drückt sich zuweilen umständlich aus, hat Schwierigkeiten, sich einen Überblick zu verschaffen und zu priorisieren.
- **Hinweise auf das Programm:** Nennt viele Eigennamen für Personen, Orte und Gegenstände. Umschreibt ausschweifend und detailliert.
- **Passende Sprache:** exakt, genau, spezifisch

Global

Eine Person mit dem Programm *Global* nimmt einen übergeordneten Blick ein. Sie bewegt sich auf einer eher konzeptionellen Ebene und kann mit Details nur für kurze Zeit umgehen.

- **Stärken:** Verschafft sich schnell einen Überblick, denkt in größeren Zusammenhängen, setzt klare Prioritäten.
- **Schwächen:** Kann oberflächlich wirken und wichtige Einzelheiten übersehen.
- **Hinweise auf das Programm:** Gibt Zusammenfassungen, einen Überblick, spricht in einfachen Sätzen mit wenigen Details, viele Nominalisierungen.
- **Passende Sprache:** im Allgemeinen, das große Ganze, das Wichtige daran ist, grundsätzlich

PROGRAMM 3

INTERNAL VS. EXTERNAL

Selbstsicherer Besserwisser oder gut informiertes Fähnchen im Wind?

Don und Martina sitzen nach dem Abendessen beisammen und planen ihren nächsten Urlaub. Die Rollenverteilung ist dabei mal wieder alles andere als das, was Don sich vorstellt. Während er zwischen Laptop, Broschüren und Notizen jongliert, schreibt Martina konzentriert an ihrem nächsten Vortrag. Als angesehene Expertin in ihrer Branche ist sie seit drei Jahren verstärkt als Rednerin aktiv. Bei ihrem letzten Vortrag vor knapp tausend Menschen erntete sie Standing Ovations, und doch war sie sichtlich deprimiert nach Hause gekommen. Ja, sie hatte abgeliefert und das Publikum hatte sie gefeiert, doch Martina war mit ihrer Leistung nicht zufrieden. Sie wusste, wie sich eine exzellente Keynote anfühlen musste, deswegen würde sie beim nächsten Mal eine ganze Palette von Dingen anders machen. So arbeitet sie jetzt an ihrer Rede und wirft Don nur ab und an einen kritischen Blick über den oberen Rand ihrer Lesebrille zu.

»Also, Martina, das ist der aktuelle Stand: Ich war diese Woche im Reisebüro und habe jede Menge Tipps und Angebote mitgebracht. Auch wenn heute so viel online geht, schätze ich immer noch das Know-how und vor allem die Erfahrung der Experten, die einen noch persönlich beraten. Deswegen ist mir wichtig, dass wir unbedingt offline vor Ort buchen. Fünf Hotels habe ich in die nähere Auswahl genommen und im Internet recherchiert. Zu einigen habe ich sogar Testberichte aus den Vorjahren gefunden. Die waren sehr aufschlussreich und stimmen auch mit den Bewertungen und Rezensionen überein, die ich auf den Buchungsplattformen gefunden habe. Da waren übrigens auch jede Menge Fotos, die ein gutes Bild vermittelt haben. Ich bin gerade ganz schön hin- und hergerissen. Und heute Morgen bin ich auch noch auf diese sehr faszinierende Studie gestoßen.

Wusstest du eigentlich, dass ... Martina? Bist du noch wach? Oder spreche ich mit der Deckenleuchte?«

»Das klingt alles ganz wunderbar, Schatz!«

»Du bist so still ... Du kannst mir ruhig sagen, wenn ich mit meiner Arbeit total daneben liege.«

»Nein, nein. Es ist nur gerade etwas stressig mit der Rede ...«

»Ach, Martina, ich bitte dich! Ich war doch vor zwei Wochen dabei. Dein Auftritt war ganz großes Kino. Wenn du nicht mal das Feedback deines Ehemanns annimmst, weiß ich auch nicht weiter!«

»Das ist ja lieb, dass du sowas sagst, doch würde ich mich damit zufriedengeben, dann wäre ich heute nicht da, wo ich stehe. Meine Messlatte liegt halt deutlich höher und ich weiß schließlich, was gut und richtig ist. Was versteht denn schon das Publikum wirklich vom Thema – und vor allem von einem guten Vortrag?! Den meisten kannst du alles erzählen, und wenn du dabei noch einen halbwegs kompetenten Eindruck hinterlässt, sind gleich alle begeistert ...«

»Du und dein Perfektionismus!«

»Das sagt der Richtige! Wer recherchiert denn hier seit Tagen nach der perfekten Reise?«, lacht Martina, steht auf und blickt über die Schulter ihres Manns auf den Laptop. »Lass mich mal sehen ... «

Don schiebt Martina den Laptop rüber und zeigt ihr die drei Treffer, die er in seine engere Wahl genommen hat. Auf ihre typische unverbesserliche Art klickt sich Martina durch ein paar der Bilder und verkündet dann in stolzem Ton: »Das ist es! Das ist doch perfekt für uns!«

»Aber, aber ... Woher willst denn du das wissen? Ich hab dir dazu doch noch gar nichts erzählt. Und du hast dir doch noch nicht mal die Prospekte durchgelesen ...«

»Die brauche ich nicht. Das erkennt man doch, wenn ein Hotel Potenzial hat.«

»Nun denn ... die meisten Reiseprospekte loben dieses Hotel auch in den Himmel. Modern, sehr sauber und gutes Essen – das sind die Pro-Kriterien, die ich dazu gesammelt habe.

Doch schau mal, hier bei diesem Portal hat es von manchen Gästen nur drei Sterne in der Bewertung bekommen.«

»Ach, zeig mal her, was die so schreiben ...«

Mit kritischer Mine scrollt Martina durch die Kommentare und beginnt dabei plötzlich zu lachen: »Was sind denn das für verrückte Vögel?! Die haben doch alle keine Ahnung!«

»Na ja, das sind immerhin mehr als dreißig Leute, die nicht so begeistert waren.«

»Genau! Keine Ahnung, was mit denen los ist, die haben einfach nicht kapiert, wie gut das Hotel ist!«

»Ach. Aber du hast den vollen Durchblick, nachdem du nur ein paar Minuten drübergeschaut hast?«

»Genau!«

Das Programm auf den Punkt gebracht

Leitfrage: Woher weiß eine Person, was gut, wahr und richtig ist? Findet sie die Antwort darauf in sich selbst (internal) oder im Außen (external)?

Im Kern geht es hierbei um die Frage, wie eine Person bewertet und woran sie sich orientiert, wenn sie eine Entscheidung trifft. Während Menschen mit *internalem* Bezug wie Martina aus sich heraus wissen, was gut, richtig und sogar wahr ist, ziehen Menschen mit *externalem* Bezug wie Don Quellen von außen zu Rate.

Dieses Programm ist der goldene Schlüssel, wenn Sie einen guten ersten Eindruck hinterlassen und Menschen zu einer Handlung bewegen wollen. Je schneller Sie ein Gefühl für dieses Programm haben, desto größer sind Ihre Chancen, die Kommunikation erfolgreich zu beginnen. Sprechen Sie eine *internale* Person auf die falsche Art und Weise an – zum Beispiel, indem Sie sie belehren, ihr ungefragt Feedback geben oder ihr sagen, was sie tun soll – können Sie schnell den Zugang zu ihr verlieren und weitere Gespräche deutlich erschweren.

INTERNAL

Eine Person mit dem Programm *Internal* beurteilt ihre Arbeit selbst. Sie sammelt zwar auch Informationen im Außen, doch wenn sie bewertet oder Entscheidungen trifft, horcht sie in sich hinein. Dabei orientiert sie sich an eigenen Maßstäben, Erfahrungen, Normen, Prinzipien, Werten, Gefühlen und Überzeugungen. Erhält sie von außen Anweisungen oder Informationen, die ihrer Sicht der Dinge widersprechen, reagiert sie erst einmal skeptisch und ablehnend. Sie mag es nicht, wenn andere ihr sagen, was sie zu tun oder zu denken hat, denn erinnern Sie sich: Sie weiß am besten selbst, was gut und richtig für sie ist.

Gibt man ihr ungebetenes Feedback, bewertet sie nicht den Inhalt der Botschaft, sondern den Absender – ähnlich wie es Martina in unserem Beispiel tut. Liest sie Rezensionen, die nicht ihrer Meinung entsprechen, wertet sie einfach die Quelle ab. Dabei kann dann schnell eine Aussage fallen wie: »Die haben doch keine Ahnung!« Oder: »Die haben's einfach nicht kapiert.«

Vielleicht erinnern Sie sich gerade an den alten Witz des Autofahrers, der im Radio die Warnung hört: »Auf der A7 ist ein Geisterfahrer in verkehrter Fahrtrichtung unterwegs.« Dabei denkt er sich: »Wieso einer? Das sind ja Hunderte!« Ein klassisches Beispiel für das Denken einer sehr *internalen* Person.

Ein weiteres gutes Beispiel für einen *internalen* Bezug ist das Rauchen. Wer raucht, muss in diesem Kontext ganz klar das Programm *Internal* haben. Mediziner und Suchtberater raten davon ab; selbst der Hersteller der Tabakwaren lässt seine Zielgruppe mit Bildern und Texten auf der Verpackung wissen, dass Rauchen keine gute Idee ist. Und doch tun es manche Menschen und entscheiden sich damit, ihren persönlichen Plan gegen jeden Rat und jede Art von äußerer Referenz durchzuziehen. Einige denken sich dabei vielleicht sogar: »Ja, Rauchen kann ein Problem sein – für andere! Mir macht das nichts als Freude!« Das ist ein typisch *internales* Verhalten.

Stärken und Schwächen

Menschen wie Martina wirken nach außen selbstsicher, entschlossen und souverän. Sie brauchen weder Feedback noch Abstimmungen mit anderen, um Entscheidungen zu treffen oder sich eine Meinung zu bilden. Für Führungskräfte können *internale* Menschen unter Umständen sehr pflegeleicht sein. Oder der pure Albtraum (dazu gleich mehr). Sind Sie selbst Führungskraft, ist es hilfreich, eine gute Portion *Internalität* mitzubringen. Denn wie das Wort *Führung* bereits verrät, liegt Ihre Aufgabe darin, anderen Menschen Sicherheit und Orientierung zu geben. Zweifeln Sie dabei selbst zu sehr an sich, an Ihrem eigenen Standpunkt und an Ihrer Urteilskraft oder lassen Sie sich immer wieder von anderen Meinungen verunsichern, wirken Sie auf Ihr Team schnell wie ein Fähnchen im Wind. In solchen Fällen können Sie übrigens häufig beobachten, dass einzelne eher *internale* Team-Mitglieder indirekt die Führung übernehmen, indem sie sehr *externale* Vorgesetzte mit ihren Meinungen beeinflussen.

Ein *internales* Programm bedeutet übrigens nicht, dass die Person sich nicht weiterbildet oder ihren Horizont nicht erweitert. Sie tut dies nur nicht auf Rat oder Anweisung von außen, sondern aus einem eigenen Impuls heraus. Ist die Person selbstreflektiert und weiß, wovon sie redet, kann sie eine extreme Bereicherung sein. Denken Sie nur an Situationen, in denen Gruppendenken die Überhand gewinnt und die Menschen das Wesentliche aus den Augen verlieren. In diesen Situationen kann eine Person mit klarer Meinung und unverrückbarem Standpunkt eine ganze Gruppe von Menschen zurück auf Kurs bringen. Sie sagt, was sie denkt, und mit einer extremen *internalen* Ausprägung lässt sie sich auch von heftigem Gegenwind nicht unterkriegen.

Menschen mit diesem Meta-Programm macht es also nichts aus, mit ihren Ansichten allein auf weiter Flur zu stehen und ihrer Vision zu folgen. Sie machen sich frei von den Bewertungen anderer, und weil sie auch Zustände heftiger Gegenwehr und Ablehnung aushalten können, sind sie wie geschaffen, um neue Ideen zu schützen, für sie einzustehen und in die Welt zu bringen. Innovatoren, Disruptoren und all jene, die abseits der Norm denken und neue Wege beschreiten, tendieren bei diesem Programm zum *internalen* Pol. Sie fragen nicht lange, ob sie etwas dürfen. Auch von Führungskräften und anderen Autoritäten lassen sie sich nicht beeinflussen, sondern hinterfragen ganz offen deren Anweisungen und nicht selten auch deren Qualifikationen und Kompetenzen.

Vielleicht fällt Ihnen zu diesem Programm der ein oder andere Prominente oder Politiker ein, der sich vollkommen überzeugt von sich selbst vor Kameras und Mikros stellt und seine Wahrheiten und Weisheiten verbreitet, auch wenn diese auf andere äußerst fragwürdig wirken. Solchen Menschen fällt es leicht, ihren Standpunkt zu behaupten, weil er sich innerlich wie eine tiefe Wahrheit anfühlt. Bestimmt haben Sie aber auch die Schattenseiten dieser Ausprägung bereits zwischen den Zeilen erkannt.

Ein *internales* Programm ist dann Gold wert, wenn die Person auf Ihrer Seite steht und von sich heraus genau das tut, was Sie sich wünschen. Andernfalls kann das Muster zum Albtraum werden, denn Menschen mit diesem Programm haben Probleme, die Meinung anderer zu akzeptieren. Befehle und direkte Anweisungen interpretieren sie schlicht als Informationen, die sie erst einmal selbst prüfen und gerne auch infrage stellen. So sind *internale* Personen zum Beispiel äußerst schwer zu führen und kaum zu lenken, wenn sie nicht in die Richtung arbeiten, die Sie sich wünschen. Dann wirken sie nach außen wie beratungsresistente, störrische Dickköpfe, neunmalkluge Besserwisser oder sogar selbstverliebte Individualisten. Sind *internale* Menschen mit extremer Ausprägung selbst in Führungspositionen, können sie zuweilen tyrannisch wirken, wenn sie ihren Plan auf ihre ganz persönliche Art und Weise durchziehen, ohne dabei Rücksicht auf andere zu nehmen. Aus diesem Grund sind sie in der Regel auch weniger teamfähig.

Für weiteres Gefahrenpotenzial sorgt der sogenannte *Confirmation Bias,* auf Deutsch auch als *Bestätigungsfehler* bekannt. Der Begriff stammt aus der Kognitionspsychologie und bezeichnet die Neigung, Informationen so zu verarbeiten und zu interpretieren, dass sie unsere vorgefasste Meinung bestätigen. Unser Filtersystem lässt uns also nur das erkennen, was uns in den Kram passt. Diese kognitive Verzerrung erschwert die Selbstreflexion und ist besonders gefährlich, wenn wir sehr von uns überzeugt sind und weniger dazu neigen, uns regelmäßig infrage zu stellen. Dann drohen Selbst-

und Fremdwahrnehmung gefährlich weit auseinander zu driften und Lernen sowie persönliche Weiterentwicklung bleiben aus.

Am besten lernen wir, wenn wir regelmäßig über den Tellerrand blicken, offen für Feedback, Meinungen und Gedanken anderer bleiben und so unseren eigenen Horizont erweitern. In Kombination mit einer gesunden Selbstreflexion kann das Meta-Programm *Internal* ein sehr wertvoller Wegbegleiter sein. Fehlt jedoch die selbstkritische Ader, droht dieses Muster zum Verhängnis zu werden und die Person kann sich in ihrer Entwicklung massiv selbst im Weg stehen.

EXTERNAL

Externale Menschen suchen nach Orientierung von außen, um sich ein Urteil bilden zu können. Wie Don in unserem Beispiel befragen sie Experten, lesen Studien, Testberichte, Rezensionen, Bewertungen und Meinungen von anderen. Außerdem benötigen sie regelmäßiges Feedback von außen. Bleibt das aus, reagieren sie verunsichert oder deuten es sogar als Zeichen von Kritik. Sie stellen also ihre eigene Arbeit infrage und verlieren die Motivation, wenn sie zu lange ganz auf sich allein gestellt sind.

Stärken und Schwächen

Eine der wohl größten Stärken dieses Programms liegt darin, dass eine *externale* Person gewissenhaft und umsichtig agiert. Sie bittet andere um Rat und ihre persönliche Meinung. Sie bezieht Quellen von außen in ihre Bewertung ein – damit sie eine gute Basis hat, um eine fundierte Entscheidung zu treffen. Dabei wirkt sie interessiert und aufgeschlossen. Auf Menschen mit starker *internaler* Ausprägung kann dieses Verhalten schon mal unsicher und wenig entscheidungsfreudig wirken.

Ein *externales* Muster ist außerdem im Kontext Lernen von besonderer Bedeutung. Die Grundvoraussetzung für eine erfolgreiche Weiterentwicklung ist die Offenheit, sich auf neue Inhalte einzulassen und auch bereitwillig Feedback von außen anzunehmen. Ein ausgeprägtes *internales* Muster würde eher dazu führen, dass die Person die Arme verschränkt, sich nach hinten lehnt und erst einmal die Schotten dichtmacht. Grundsätzlich ist ein kleiner Anteil *External* in vielen Kontexten wertvoll, damit wir nicht mit engen Scheuklappen durch die Welt gehen, sondern wertvolles Feedback erkennen und nutzen können, um uns weiterzuentwickeln.

Zur Schwäche wird das *externale* Programm hingegen überall dort, wo Menschen auf sich allein gestellt sind und aus eigener Bewertung heraus Entscheidungen treffen müssen, ohne dabei auf das Feedback anderer bauen zu können. Außerdem fühlen sie sich manchmal von zu viel Feedback hin und hergerissen und verlieren ihren persönlichen Kurs aus den Augen. Die Meinungen anderer können sie verunsichern, überfordern und sogar dazu führen, dass sie tiefe Selbstzweifel entwickeln.

So erkennen Sie das Programm

Ob jemand in einem bestimmten Kontext eher *internal* oder *external* ist, können Sie mit einer einfachen Frage herausfinden: Woran erkennen Sie, dass Sie einen guten Job gemacht haben? Diese Frage können Sie auf jeden Kontext Ihrer Wahl anpassen – zum Beispiel:

- Woran erkennen Sie, dass Sie eine gelingende Partnerschaft leben?
- Woran erkennen Sie, dass Sie gut im Fußball sind?
- Woran erkennen Sie, dass Sie sich für das richtige Auto entschieden haben?
- Woran erkennen Sie, dass Sie eine gute Führungskraft sind?

Beantworten Sie die Frage gerne kurz für sich selbst und notieren Sie Ihre Gedanken. Haben Sie im jeweiligen Kontext ein eher *externales* Programm, antworten Sie wahrscheinlich mit Formulierung wie: *Wenn ich ein gutes Feedback von anderen bekomme. Wenn andere mit mir zufrieden sind. Wenn die Zahlen stimmen. Wenn ich gute Bewertungen bekomme* etc.

Mit *internalem* Programm würden Sie hingegen eher antworten mit: *Ich weiß es (einfach), ich spüre/fühle das, ich denke ..., ich bin überzeugt, das fühlt sich richtig an, das hab ich im Urin, das sagt mir mein siebter Sinn* etc. Häufig können Sie beim *internalen* Programm auch beobachten, dass die Person beim Sprechen auf ihre Brust oder ihren Bauch zeigt. Sie erinnern sich: Die Person weiß aus sich heraus, was gut und richtig ist. Das kann sich auch körperlich ausdrücken.

Stellen Sie anderen Menschen diese Frage, können Sie sich ihre Antwort auch einfach bildhaft vorstellen: Deutet etwas darauf hin, dass die Person die Quelle für Gut und Richtig im Außen sucht? Oder kommt die Antwort eher von innen, aus der Person heraus?

Wenn Sie eine Reihe von Antworten erhalten, die auf ein *internales* Muster deuten, und Sie wollen prüfen, ob sich die Person wirklich am äußersten Rand der Programm-Skala befindet, können Sie sie fragen, was es mit ihr macht, wenn sie negatives bzw. kritisches Feedback bekommt. Beurteilt sie die Informationen und stellt sie ihre Leistung zumindest teilweise infrage, dann ist auch ein Anteil *External* im Spiel.

Bewertet sie hingegen den Feedbackgeber, ist sie im entsprechenden Kontext wahrscheinlich zu hundert Prozent *internal.*

BEEINFLUSSENDE SPRACHE

External

Menschen mit einer *externalen* Ausprägung geben Sie ein gutes Gefühl, wenn Sie äußere Referenzen in Ihre Sprache einbeziehen. Und natürlich reagiert die Person wohlwollend und interessiert, wenn Sie ihr persönliches Feedback geben. Orientieren Sie sich zum Beispiel an folgenden Formulierungen:

- So und so denkt auch …
- Experten sagen/empfehlen …
- Ich habe gelesen, dass …
- Studien zufolge/Studien belegen …
- In der Zeitung stand …
- Testberichte sagen …
- Die Statistiken sprechen eine klare Sprache.
- Der Reiseführer empfiehlt …
- Die Forschung weiß längst …
- Bewertungen lassen erkennen …
- Die Mehrheit ist dafür.
- Die Referenzen sprechen für sich.
- Andere finden/denken/meinen/haben gesagt …

Internal

Mittlerweile wissen Sie, worauf es ankommt, wenn Sie mit *internalen* Personen reden: Sie wollen am liebsten selbst entscheiden. Sie hassen es, wenn man sie bevormundet und ihnen sagt, was sie zu tun haben. Das führt genauso zu Widerstand, wie wenn Sie eine *reaktive* Person zum Handeln drängen wollen. Vermeiden Sie daher jede Art von Kommando und direkter Aufforderung. Der Imperativ (die Befehlsform) kann das Ende einer Beziehung mit einem *internalen* Gesprächspartner bedeuten. Machen Sie außerdem einen großen Bogen um das Wort *müssen.* Damit würde sich die Person bedrängt fühlen. Statt zu beurteilen, *was* Sie sagen, würde die Person *Sie* und Ihre Kompetenz beurteilen und sich Ihnen wahrscheinlich verschließen.

Um diese Reaktion zu vermeiden, wählen wir bewusst eine Sprache, die unaufdringlich wirkt und viel Freiraum lässt:

- Sie wissen am besten selbst, was gut und richtig für Sie ist.
- Nur Sie können entscheiden/beurteilen/bewerten …
- Es ist Ihre Entscheidung/Die Entscheidung liegt ganz bei Ihnen.
- Vielleicht wollen Sie einen dieser Vorschläge berücksichtigen.
- Ich bin neugierig/gespannt, was Sie denken/was Sie dazu sagen.

Außerdem sind Fragen ein ideales Mittel, um einer *internalen* Person eine Antwort zu entlocken. Das ist nur logisch, denn Sie wissen ja: Die Person weiß aus ihrer Innenwelt heraus, was gut und richtig ist. Mit Fragen bekommen Sie diese Weisheit heraus, und wenn Sie sehr behutsam vorgehen, können Sie vielleicht sogar einen Prozess der Selbstreflexion anstoßen.

Darüber hinaus geben wir Ihnen noch zwei weitere Strategien an die Hand, um Menschen mit einem *internalen* Meta-Programm mit Ihrer Sprache zu beeinflussen.

STRATEGIE 1, UM INTERNALE ZU ÜBERZEUGEN: DER VERFÜHRERISCHE VORSCHLAG

Menschen, die in einem Kontext ausgesprochen *internal* sind, können eine harte Nuss in der Überzeugungsarbeit sein. Um dennoch an ihrer Abwehr vorbeizuschlüpfen, schlägt die kanadische Trainerin Shelle Rose Charvet ein Argumentationsschema vor, das sie als *Suggestion Model* bezeichnet. Wir haben es im Deutschen als *verführerischer Vorschlag* übersetzt. Die Idee dahinter ist einfach: Über eine bestechend logische Argumentation wollen wir einen Gedanken so im Kopf der Person säen, dass sie den

Eindruck gewinnt, es sei ihre Idee gewesen. Dazu leiten wir bewusst mit einem dieser eher schwammigen Formulierungsvorschläge ein:

> Nur mal so eine Idee/ein Gedanke …

> Was halten Sie von folgender Idee?

> Wahrscheinlich wissen Sie selbst schon …

> Sie haben wahrscheinlich längst erkannt …

> Mit Ihrem Wissen und Ihrer Erfahrung zu diesem Thema würde mich interessieren …

> Ich bin neugierig, wie Sie dieses Thema einschätzen.

Erkennen Sie, wie diese Formulierungen einen Raum öffnen, in dem Sie nun unverfänglich einen Vorschlag platzieren können? Sie zwingen der Person nichts auf und sagen ihr erst recht nicht, was sie zu tun oder zu denken hat. In diesem Rahmen skizzieren Sie im nächsten Schritt kurz Ihren zentralen Gedanken und erläutern gleich im Anschluss, welches Problem Sie damit lösen und welche Vorteile daraus entstehen. Dadurch wirkt Ihre Argumentation wie eine bestechend logische Lösungsstrategie, die jede Menge Mehrwert im Gepäck hat. Die positive und unverfängliche Einleitung sorgt für Wohlwollen beim Gegenüber, weil Sie es der Person selbst überlassen, wie sie reagieren möchte. Hier einige Beispiele:

Nur mal so ein Gedanke: Sie könnten Ihrem Team die Meta-Programme näherbringen. Dadurch würden sich Reibereien und Konflikte in Zukunft deutlich schneller auflösen. Das Ergebnis wäre ein neues gegenseitiges Verständnis im Team und die Produktivität würde deutlich steigen, weil jeder aus seinen vollen Stärken schöpft. Ich wäre sehr gespannt, was Sie dazu denken, denn immerhin wissen Sie am besten, was für Ihr Team gut und richtig ist.

Mit Ihrem Wissen und Ihrer Erfahrung im Vertrieb würde mich interessieren: Wäre es nicht unglaublich wertvoll, wenn jeder Verkäufer die Meta-Programme kennen würde? Es gäbe wahrscheinlich deutlich weniger Reibungsverluste und Sie könnten die Abschlussquoten deutlich erhöhen. Könnte das ein wertvoller Gedanke sein?

Ich bin mir sicher, Ihnen braucht man nichts zweimal zu erklären und Sie haben längst erkannt, wie wertvoll die Meta-Programme in einem Vorstellungsgespräch sein können. Wer würde schon Zeit und Geld investieren, um dann letzten Endes mit den falschen Menschen zu sprechen? Stattdessen könnten wir schnell und zuverlässig herausfinden, ob eine Person zum Jobprofil passt und sich optimal ins Team einfügt. Wie würden Sie das beurteilen? Liegt darin eine Chance?

Diese Struktur wirkt auf Menschen mit *internalem* Programm wie ein verführerischer Vorschlag, bei dem sie letzten Endes sogar das Gefühl haben können, es sei von Anfang an ihre Idee gewesen. Hier noch einmal die einzelnen Schritte im Überblick:

1. Leiten Sie mit einer offenen Formulierung ein.
2. Machen Sie einen konkreten Vorschlag.
3. Erläutern Sie das zentrale Problem.
4. Schildern Sie die Vorteile, die durch den Vorschlag entstehen.
5. Bestärken Sie die Person darin, dass nur sie weiß, was zu tun ist.
6. Enden Sie mit einer offenen Frage.

STRATEGIE 2, UM INTERNALE ZU ÜBERZEUGEN: BANDE SPIELEN

Wenn Sie schon mal Billard gespielt haben, dann wissen Sie, dass Sie dabei die Bande – also die Gummieinfassung des Spielfelds – bei Ihren Spielzügen nutzen können. Versperrt Ihnen eine Kugel den Weg ans Ziel, können Sie über die Bande einfach geschickt drumherum spielen und so mit etwas Weitsicht und Strategie auf Umwegen zum gewünschten Ergebnis gelangen. Auf eben diese Weise können wir vorgehen, wenn uns das Meta-Programm *Internal* den Zugang zu einer wichtigen Person erschwert. Wenn wir selbst auch mit einem verführerischen Vorschlag nicht zu ihr durchdringen können, suchen wir gezielt nach einer Person, die mehr Einfluss hat.

Die Idee dahinter: Auch im Umfeld eines scheinbar komplett *internalen* Menschen gibt es Personen, denen gegenüber er zumindest teilweise *external* ist. Beim Geschäftsführer eines mittelständischen Unternehmens, mit dem wir es einmal zu tun hatten, war das zum Beispiel die Ehefrau. In wichtigen Entscheidungen, bei denen er selbst nicht sicher war, setzte er im Unternehmen ein Pokerface auf, um das Thema abends in Ruhe mit seiner Frau zu diskutieren und ihre Sicht der Dinge zu erfahren. Wer diesen Entscheidungsweg durchschaut, könnte sich bei sehr wichtigen Themen an die Frau des Chefs wenden und sie um argumentativen Beistand bitten.

Ein weiteres schönes Beispiel bildete ein Event für Spitzenverkäufer. Beim Kennenlernen wirkten die meisten Teilnehmerinnen und Teilnehmer in diesem Kontext sehr selbstsicher. Sie kannten ihre Zahlen und erzählten von ihren Strategien mit der tiefen Überzeugung, dass ihnen in Sachen Verkauf keiner etwas vormachen würde. Doch am Abend änderten plötzlich viele ihre Haltung und folgten mit anerkennenden Blicken dem Vortrag des Gastredners. Ein angesehener Topverkäufer hatte die Bühne betreten und teilte auf unterhaltsame Weise Anekdoten aus seiner Praxis. Während viele andernfalls die Schotten dichtmachten, waren sie in Bezug auf diesen Mann bereit, sich zu öffnen und von seinen Erfahrungen zu lernen. In Bezug zu ihm wurden *Internale* plötzlich *external*.

Haben auch Sie eine Person im Umfeld, zu der Sie mit Ihren bisherigen Argumenten nicht durchdringen konnten? Dann untersuchen Sie das Umfeld dieser Person nach Influencern: Auf wessen Meinung legt sie Wert? Von wem lässt sie sich zumindest ab und an etwas sagen? Und wen könnten Sie auf Ihre Seite ziehen, um die Person so auf indirektem Weg für sich zu gewinnen?

Praxistipps

Gegensätze harmonieren in der Beziehung

Während Meta-Programme wie *Reaktiv/Proaktiv* oder *Detail/Global* für Konfliktpotenzial sorgen, wenn sie aufeinandertreffen, können sich *externale* und *internale* Programme im Team oder in der Partnerschaft harmonisch-symbiotisch ergänzen.

Stellen Sie sich nur einmal vor, zwei *externale* Menschen besprechen das Abendessen:

»Schatz, hast du Hunger?«

»Kann schon sein … Wie ist es mir dir?

»Ja, vielleicht auch. Also, wenn du was essen magst …«

»Wonach ist dir denn?«

»Wir könnten was kochen, was bestellen oder essen gehen. Oder wie siehst du das?«

»Ja … Hättest du denn Lust, etwas zu bestellen?«

»Ja, im Grunde schon. Was denkst du denn?«

»Wir könnten Chinesisch bestellen. Oder Indisch? Oder vielleicht mal was ganz anders ausprobieren?«

»Hältst du das denn für eine gute Idee?«

»Ich weiß nicht, sag du's mir!«

Erkennen Sie, wie eine Prise *Internalität* dieses Gespräch mit einer klareren Ansage schnell in eine andere Richtung führen würde? Dabei schadet es natürlich nicht, dem Partner oder der Partnerin gegenüber eine gute Portion *External* zu sein, damit die Beziehung nicht zur Autokratie wird. Und bestimmt können Sie sich vorstellen: Ähnlich herausfordernd wäre das Gespräch rund ums Abendessen, wenn beide Seiten ein ausgeprägtes *internales* Muster mitbringen. Beide würden auf ihrem

Standpunkt beharren und keinen Millimeter davon abweichen. Der goldene Mittelweg bringt Balance in die Beziehung. Verfügen beide über das Wissen rund um die Meta-Programme, können sie in Konfliktsituationen auf die Meta-Ebene wechseln, die Lage sehr schnell entschärfen und gemeinsam darüber lachen.

Das Programm *External* ist der Schlüssel zum Lernen

Ob Sie selbst Neues lernen oder anderen Wissen vermitteln wollen – Sie haben gewiss längst erkannt, wie wertvoll das Meta-Programm *External* ist, damit wir uns erfolgreich weiterentwickeln können. In vielen Fällen können Sie beobachten, dass Menschen weitgehend *external* sind, wenn sie sich dazu entschließen, eine neue Fähigkeit zu erlernen. Mit zunehmendem Wissen und jeder neuen Erfahrung wächst das Vertrauen in die eigenen Fähigkeiten und damit auch das Selbstbewusstsein. Im Zuge dieses Prozesses werden manche Menschen so Schritt für Schritt *internaler*. Gleichzeitig ist es wertvoll, eine Spur *Externalität* beizubehalten, denn in dem Maße, wie sich unsere Welt ständig weiterentwickelt, lernen auch wir niemals aus.

Wer in relevanten Kontexten eher *internal* unterwegs ist, tut gut daran, sich die eigene Programmierung bei Seminaren und Lernveranstaltungen besonders in Erinnerung zu rufen. Denn stellen Sie sich vor, jemand investiert in die persönliche Fortbildung und sitzt dann beratungsresistent, besserwisserisch und herausfordernd in der letzten Reihe. Ein solches Verhalten ist nicht die ideale Strategie, um den größtmöglichen Mehrwert aus der Investition zu ziehen. Natürlich sollten Sie auch nicht alles blauäugig und leichtgläubig für bare Münze nehmen. Wir schlagen vor, sich an folgender Haltung zu orientieren: Angenommen, in diesem Vortrag oder Seminar steckt eine Idee, die meinem Wachstum einen ordentlichen Schub verleihen könnte – welche wäre das?

Erkennen Sie, wie Sie Ihr Filtersystem mit dieser Haltung so programmieren, dass es Ihnen die Bälle zuspielt? Mit der Einstellung ist die Wahrscheinlichkeit groß, dass Sie in den jeweiligen Situationen sogar von selbst auf Ideen kommen, obwohl Ihnen andere vielleicht nur kleine Denkanstöße geliefert haben.

Stellen Sie also sicher, dass Sie sich mit Ihrer Programmierung beim Lernen nicht selbst im Weg stehen. Und genauso wichtig, wenn Sie Wissen vermitteln: Wählen Sie Ihre Worte insbesondere zu Beginn einer Lehrveranstaltung bzw. beim ersten Kennenlernen so, dass Sie Menschen mit *internalem* Programm nicht vor den Kopf stoßen. Wie Ihnen das gelingt, erfahren Sie im folgenden Tipp.

Bestehen Sie den Macho-Test?

Kennen Sie hyperinternale Menschen, die selbst nie Probleme haben, schon alles wissen und sich anderen überlegen fühlen? Shelle Rose Charvet bezeichnet diese Ausprägung in ihrem Buch *Wort sei Dank* treffend als Macho-Muster. Wer in diesem Modus unterwegs ist, kann besserwisserisch, unnahbar und ablehnend wirken. Lassen Sie sich von dem Begriff übrigens nicht täuschen: Sowohl Männer als auch Frauen können in den Macho-Modus verfallen.

Wenn Sie vor einer Gruppe Menschen sprechen oder präsentieren, die Sie noch nicht kennen, ist die Wahrscheinlichkeit groß, dass sich darunter auch *internale* Menschen befinden. In diesem Fall ist es wichtig, dass Sie selbst – insbesondere zu Beginn Ihrer Präsentation – nicht als Macho rüberkommen. Sie wissen ja, wie die Kommunikation mit Internalen läuft: Sie bewerten nicht, was Sie sagen, sondern sie bewerten Ihre Person und damit Ihre Kompetenz.

Zeigen Sie sich beim ersten Eindruck voll im Macho-Modus, vergeben Sie jede Chance, zu *internalen* Menschen durchzudringen. Um das zu vermeiden, empfiehlt Charvet, vor Ihrem Gespräch oder Vortrag den Macho-Test zu machen. Dabei untersuchen Sie Ihre Kommunikation gezielt nach Formulierungen, von denen sich *internale* Menschen bevormundet oder sogar bedroht fühlen könnten. Prüfen Sie Ihre Unterlagen und insbesondere Ihre Einleitung auf folgende Punkte:

- **Spielen Sie sich selbst als überlegen auf? Oder setzen Sie andere vielleicht sogar herab?** Üben Sie sich lieber in Bescheidenheit und wahren Sie die Augenhöhe. Suggerieren Sie in Ihrer Sprache, dass alle anderen den gleichen Kenntnisstand haben wie Sie und bestens über alle Ihre Punkte Bescheid wissen. Dabei unterstützten Sie Formulierungen wie: *Wahrscheinlich haben Sie längst erkannt ... Sie kennen das ... Bestimmt wissen Sie ...*

- **Zeigen Sie Defizite bei anderen auf?** Suggerieren Sie nicht, dass die Menschen etwas noch nicht können oder noch nicht wissen. Gehen Sie mit der Annahme in die Kommunikation, dass bereits alle Menschen im Publikum gut und richtig sind, so wie sie sind. Anschließend können Sie unaufdringlich Wege vorstellen, wie sich Einzelne – wenn sie es für stimmig erachten – vielleicht noch ein Stück verbessern könnten.

- **Sagen Sie den Menschen, was sie tun sollen – oder sogar müssen?** Falls ja, lassen Sie es lieber. Der verführerische Vorschlag ist stattdessen Ihr Mittel der Wahl.

Vielleicht wirkt dieses Vorgehen an der ein oder anderen Stelle etwas befremdlich auf Sie. Immerhin mag es Situationen geben, in denen Sie wirklich absolut neue Ideen mit Ihrem Publikum teilen und anderen offensichtlich mehr als eine Nasenlänge voraus sind. Doch auch dann sollte Ihre Kommunikation den Macho-Test bestehen – ja, selbst wenn Sie eine gestandene Personenmarke sind wie etwa der Top-Verkäufer aus unserem Beispiel zum Thema *Bande spielen.*

Erinnern Sie sich stets: Es geht bei den Meta-Programmen weniger darum, *was* Sie sagen, sondern *wie* Sie es sagen. Ziel des Macho-Test ist in erster Linie, Offenheit zu schaffen, damit selbst hyperinternale Menschen Ihnen zuhören und zumindest erwägen, was Sie sagen, statt gleich auf Durchzug zu schalten oder in den Angriffsmodus zu wechseln.

Gerade dann, wenn unsere Botschaft wichtig und wertvoll ist, wäre es doch schade, wenn unser Ego der Wirkung unserer Worte im Weg steht. Formulieren wir unsere Gedanken also so, dass sie durch das Filtersystem unseres Publikums hindurchdringen und einen sympathischen Eindruck hinterlassen. Und wer weiß – vielleicht sind Sie dabei sogar so überzeugend, dass sich manche *internale* Person öffnet und Ihnen gegenüber im jeweiligen Kontext sogar ein kleines bisschen *external* wird. Genau diesen Effekt konnten wir in vielen Jahren Training und Coaching immer wieder beobachten.

Auf welcher Seite der Skala des Meta-Programms *Internal/External* würde sich eine Person grundsätzlich eher befinden, die sich dazu entschließt, mit einem Coach, Berater oder Mentaltrainer zusammenzuarbeiten? Richtig: Sie wird in diesem Kontext mindestens zum Teil *external* sein, weil sie aus eigenen Stücken heraus nach Rat, Feedback oder Orientierung im Außen sucht. In der Regel informieren sich diese Menschen vorab, indem sie zum Beispiel Qualifikationen prüfen, Referenzen einholen oder Erfahrungsberichte lesen. Die Zusammenarbeit genießt dadurch meist einen gesunden Vertrauensvorschuss, der den gemeinsamen Start deutlich erleichtert. Immer wieder entscheiden sich jedoch auch selbstreflektierte *internale* Menschen für eine solche Zusammenarbeit – mit dem Unterschied, dass das Kennenlernen anders abläuft. Manche wollen sich vorab selbst ein Bild vom Coach, Berater oder Trainer machen. Sie gehen erst neutral an die Sache heran, mit der Haltung: »Wollen wir doch mal sehen, was er oder sie auf dem Kasten hat.« In diesen ersten Augenblicken haben wir die Möglichkeit, die Person davon zu überzeugen, dass sie für sich die richtige Entscheidung getroffen hat und einen großen Mehrwert aus der Zusammenarbeit ziehen wird. Grundsätzlich wird sie dabei nicht gleich von einer Seite der Skala auf die andere wechseln, sondern kann durchaus kritische bis provokante Fragen stellen, wenn wir etwas sagen, mit dem sie nicht hundertprozentig einverstanden ist. Doch wir haben eine solide Argumentationsbasis geschaffen, indem wir unsere Kommunikation vom ersten Kontakt an dem Macho-Test unterziehen und dabei inhaltlich überzeugende Argumente liefern.

Eine wichtige Warnung zum Schluss

Wir haben bereits mehrfach bei dem Programm *Internal/External* auf die Gefahr bzw. Bedeutung von Feedback hingewiesen – aus gutem Grund! Denken Sie stets daran: Eine Person mit einem *externalen* Muster braucht im entsprechenden Kontext regelmäßig Feedback, um sich gut und sicher zu fühlen. Bleibt das Feedback aus, wird sie sich unwohl fühlen und unbewusst davon ausgehen, nicht gut genug zu sein.

Geben Sie einer *internalen* Person hingegen unaufgefordert und vor allem zu oft Feedback, wird sie selbst dann, wenn das Feedback positiv ist, Ihre Kompetenz und vielleicht sogar Sie als Person infrage stellen.

Damit gehen verschiedene Herausforderungen einher. Eine liegt darin, dass Führungskräfte im Kontext ihrer Arbeit meist *internal* sind und ein größerer Teil des Teams *external* ist. Da jemand mit *internalem* Muster unbewusst nicht viel von Feedback hält – es sei denn, andere haben in seinen Augen schlechte Arbeit geleistet – wird die *internale* Führungskraft Feedback bei guter Leistung nur sparsam erteilen, sich allerdings mit Kritik seltener zurückhalten. Dadurch bekommen die *externalen* Teammitglieder zu wenig Feedback, und wenn überhaupt, dann meist nur schlechtes, was ihre Annahme, nicht gut genug zu sein, weiter verstärkt. Dies kann zu einer großen Verunsicherung und Unzufriedenheit und häufig auch zu innerer Kündigung führen. Dadurch sinkt die Arbeitsqualität natürlich tatsächlich, obwohl das eventuell völlig unbegründet ist.

Eine andere Schwierigkeit entsteht, wenn Teammitglieder sehr *internal* sind, ihre tatsächliche Leistung allerdings nicht den von außen an sie gesetzten Erwartungen oder Standards entspricht. Der einzig wirksame Hebel, diese *internalen* Underperformer dazu zu bewegen, das Feedback der Führungskraft anzunehmen, besteht darin, das nächste Meta-Programm *Weg von/Hin zu* als Motivation für eine persönliche Veränderung einzusetzen.

Zusammenfassung: Internal vs. External

Leitfrage: Woher weiß eine Person, was gut, wahr und richtig ist? Findet sie die Antwort darauf in sich selbst (internal) oder im Außen (external)?

Identifikationsfrage: Woher wissen Sie, dass Sie einen guten Job gemacht haben?

Internal

Eine Person mit dem Programm *Internal* beurteilt ihre Arbeit selbst. Sie sammelt Informationen im Außen, doch sie entscheidet aufgrund eigener Normen, Gefühle und Maßstäbe, was für sie gut und richtig ist. Sie bewertet nicht das Feedback, sondern den Feedbackgeber.

- **Stärken:** sehr selbstsicher, wirkt entschlossen, trifft Entscheidungen selbstständig
- **Schwächen:** beratungsresistent, dickköpfig, hat Probleme, die Meinung anderer zu akzeptieren
- **Hinweise auf das Programm:** »Ich weiß«, entscheidet schnell, zeigt beim Sprechen auf sich selbst
- **Passende Sprache:** Nur du kannst entscheiden, es ist deine Entscheidung, du kannst darüber nachdenken, vielleicht willst du diesen Vorschlag berücksichtigen

External

Eine Person mit dem Programm *External* sucht nach einer Bewertung von außen. Sie fragt nach Referenzen und Meinungen anderer. Sie braucht Feedback von außen, um motiviert zu sein. Bleibt das Feedback aus, empfindet sie das als Kritik und es fällt ihr schwer, am Ball zu bleiben.

- **Stärken:** agiert umsichtig, wirkt interessiert und aufgeschlossen
- **Schwächen:** wenig entscheidungsfreudig, kann unsicher wirken, Zögern, lange Bedenkzeit
- **Hinweise auf das Programm:** bittet andere um Rat und persönliche Meinung, zieht äußere Standards wie Checklisten und Studien zu Rate, »der Kunde ist glücklich«, »mein Chef ist zufrieden«
- **Passende Sprache:** So und so denkt auch, du wirst Feedback/Anerkennung bekommen, andere werden es bemerken, Referenzen, Experten zufolge

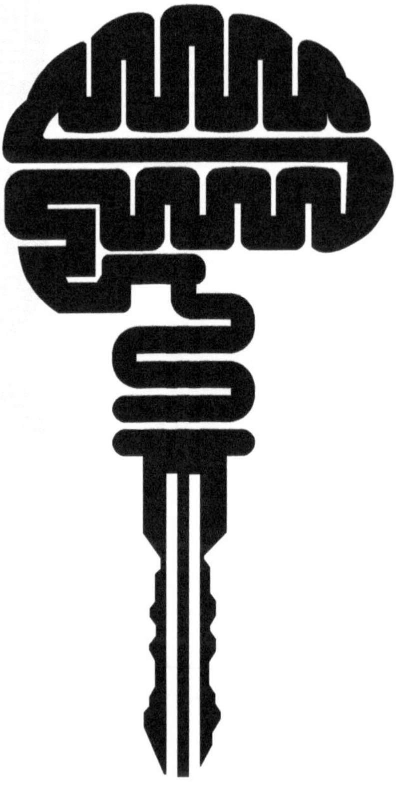

PROGRAMM 4

WEG VON VS. HIN ZU

Brauchen Sie Feuer unterm Hintern? Oder ziehen Ihre Ziele Sie magnetisch an?

Philipp und Lena feiern dieses Jahr jeweils einen runden Geburtstag. So beschließen beide bei einem entspannten Ausflug, zu diesem Anlass eine Party im eigenen Garten zu organisieren.

Philipp hat sofort große Bilder vor seinem inneren Auge: Er will einen Pool aufstellen, den Garten in ein Meer von Lichtern tauchen und dazu eine Bar einrichten, an der alle Gäste ihr Lieblingsgetränk finden. Schon die bloße Vorstellung an das Event zieht ihn magnetisch an und sorgt dafür, dass er keine Sekunde stillsitzen kann. Sein Ziel ist es, jedem ein Lächeln ins Gesicht zu zaubern und einen Abend zu erschaffen, der bei allen als unvergesslich in Erinnerung bleibt. Das Erlebnis beginnt für seine Gäste bereits mit der Save-the-Date-Karte, die er sechs Monate vorher verschickt. Von nun an arbeitet er jede Woche in kleinen Schritten an der Vorbereitung. Er wählt die schönsten Lichterketten aus und sammelt Stück für Stück besondere Dekorationsartikel, wenn er in einem Laden etwas Passendes findet. Philipps Synapsen kribbeln nur so, als der Abend in seinen Gedanken immer mehr Form annimmt. Die Getränke für seine Bar bestellt er zwei Wochen im Voraus. Nur den Champagner will er persönlich kaufen. Er macht rechtzeitig einen Beratungstermin beim besten Fachhändler der Region und betritt mit einem großen Einkaufswagen den Laden.

Das ist genau der richtige, weiß Philipp nach ein paar Minuten Beratung. Die Gäste werden Augen machen, wenn ich ihnen nur das Feinste vom Feinsten präsentiere. Herrlich! Doch wie viele Flaschen braucht man überhaupt? Mal sehen ... fünfundzwanzig Personen haben fest zugesagt. Und hoffentlich kommen noch einige mehr ...

Also kaufe ich lieber mal Schampus für dreißig Personen. Wie viele Gläser schaffe ich mit einer Flasche? Fünf, oder? Na ja, ich rechne lieber mal mit vier Gläsern, dann können wir die so richtig schön voll machen. Für die Begrüßungsrunde bin ich mit neun Flaschen schon gut ausgestattet. Doch ich kenne ja meine Freunde ... Die mögen das gute Zeug, und ich gönne es ihnen von Herzen. Also am besten noch mal fünf Flaschen extra. So kann der eine oder die andere sich auch den ganzen Abend daran erfreuen. Und nun zu den Cocktails ... Da gibt es ja so einiges, was man mit Schampus mischen kann. Ich kann jetzt schon die tollen Gespräche an der Bar hören. Das wird ein Spaß! Zack, noch mal zwei Kartons mit jeweils sechs Flaschen – das reicht. Und dann ... das Highlight! Wir feiern ja in den Geburtstag rein und sollten auf jeden Fall um Mitternacht die Gläser klirren lassen. Oh, das wird ein Fest! Am besten packe ich noch mal neun Flaschen dazu wie bei der Begrüßungsrunde.

Philipp staunt nicht schlecht bei der Rechnung über fünfunddreißig Flaschen. Doch letzten Endes ist seine Party ein voller Erfolg – und Philipp hat fünfzehn Flaschen übrig, die er für weitere besondere Abende aufbewahrt, die er vor seinem inneren Auge jetzt schon sehen kann.

Schwenken wir nun den Scheinwerfer auf Lena und ihre Party. Seit sie mit Philipp den Entschluss getroffen hat, ist nichts mehr passiert. Es sind ja noch ein paar Monate bis dahin, denkt sie sich. Wozu also stressen? So verfliegen die Wochen, und als Lena ihren Monatskalender umblättert, entdeckt sie: Oh! In drei Wochen ist es ja schon so weit! Und noch am gleichen Tag ruft ihre beste Freundin Kerstin an und fragt, ob Lena denn dieses Jahr gar nicht feiert. Nun ist es, als hätte jemand einen Schalter in ihr umgelegt.

Lena fühlt sich, als säße sie auf glühenden Kohlen und malt sich mit großem Horror aus, wie die Party ins Wasser fallen könnte: Ich muss ganz dringend die Einladung rausschicken, bevor am Ende jemand schon andere Pläne hat. Jetzt noch eine Save-the-Date-Karte? Was ist, wenn die nicht mehr rechtzeitig ankommt oder sich die Menschen zu viel Zeit lassen? Am besten rufe ich alle einzeln an, damit ich ja niemanden vergesse!

Also schnappt sich Lena ihr Telefon und klingelt ihre gesamte Kontaktliste ab. Nach drei Stunden hat sie fünfundzwanzig Zusagen. Geschafft, denkt sie. Es ist, als habe jemand einen Eimer Wasser auf das Feuer unter ihrem Hintern geschüttet. Zwei entspannte Wochen vergehen, bis Lenas beste Freundin ein neues Streichholz anzündet: »Du, Leni, am Samstag ist doch schon deine Party. Soll ich etwas mitbringen? Brauchst du noch Hilfe bei der Vorbereitung?«

»Ach, Kerstin! Bis dahin sind es ja noch fünf Tage. Ich wollte am Freitag einfach auf Shoppingtour gehen und alles einkaufen. Kommst du mit?«

»Also wie immer alles auf den letzten Drücker?!«, lacht Kerstin.

»Papperlapapp! Gibt doch keinen Grund, sich zu stressen!«

»Na gut, ich bin dabei!«

Doch am nächsten Morgen schreckt Lena im Bett hoch. Was ist, wenn ich keine schönen Lichterketten mehr finde? Die muss ich auf jeden Fall noch heute bestellen, sonst kommen sie vor dem Wochenende nicht mehr an und ich stehe am Ende mit meinen Leuten im Dunkeln. Bitte nicht! Am besten besorge ich heute noch die Deko ... Sonst bin ich am Ende gezwungen, hässliche Dinge zu kaufen und die ganze Party wirkt billig. Furchtbar! Das will ich mir gar nicht vorstellen! Okay ... okay ... Ich fahr gleich mal los. Für die Getränke ist dann am Freitag nach der Arbeit mit Kerstin noch genug Zeit ...

Als beide am Freitag um 18 Uhr im Getränkehandel ankommen, dreht sich Lena der Magen um: »Kerstin, wo ist denn der Schampus? Ich sehe nur leere Regale!«

»Ausverkauft, sagt der Verkäufer.«

»Bitte nicht! Nein ... nicht mit mir! Bringst du die übrigen Getränke schon mal zu mir nach Hause? Hier ist der Schlüssel. Ich gehe jetzt auf Schampus-Jagd! Und wenn ich dafür Hunderte Kilometer fahren muss ...«

Getrieben von der Vorstellung leerer Gläser und enttäuschter Gesichter klappert Lena einen Laden nach dem anderen ab, bis sie schließlich vor einer randvollen Palette edlen Champagners steht: bloß keine halben Sachen für meine Lieblingsmenschen! Fünfundzwanzig Leute kommen auf jeden Fall. Ich kaufe aber mal für dreißig, damit bloß niemand leer ausgeht. Mal überlegen ... Fünf Gläser mache ich normalerweise mit einer Flasche ... Ich geh lieber mal auf Nummer sicher und plane mit vier Gläsern pro Flasche. Ich will bloß nicht knauserig daherkommen und halbleere Gläser servieren. Also, das sind dann neun Flaschen für den Start. Aber ich kenne ja meine Genießerbande. Lieber noch fünf Flaschen extra, damit niemand auf dem Trockenen sitzt. Oh, und was ist eigentlich, wenn die Leute mixen wollen?! Das wäre ja zu schade, wenn gute Cocktail-Stimmung aufkommt und ich die Zutaten nicht habe! Ob sechs weitere Flaschen da reichen? Na ja, lieber gleich zwei Kartons, sonst müssen wir das Vergnügen am Ende noch mittendrin abwürgen. Ich hör schon jetzt die enttäuschte Stimme von Kerstin: »Leeeeeni, ist Schampus etwa schon alle?!« Bloß nicht! Her mit dem Zeug! Und ich darf auf keinen Fall das Anstoßen um Mitternacht vergessen. Das bringt bestimmt Unglück, wenn da die Gläser leer bleiben. Am besten gleich noch mal neun Flaschen wie zur Begrüßung. Damit sollte ich nichts verkehrt machen.

Lena staunt nicht schlecht bei der Rechnung über fünfunddreißig Flaschen. Doch letzten Endes ist ihre Party ein voller Erfolg – und sie hat fünfzehn Flaschen übrig, die sie für den Fall aufbewahrt, dass sie mal wieder kurz vor knapp steht.

Das Programm auf den Punkt gebracht

Leitfrage: Lässt sich eine Person eher durch Probleme (*weg von*) oder durch attraktive Zielbilder (*hin zu*) motivieren? Hier geht es um die Richtung der Motivation.

Eine Person mit einem *Hin-zu*-Programm braucht ein Ziel, um motiviert zu sein. Chancen, Möglichkeiten und Gelegenheiten ziehen sie magisch an. Sie will wachsen, nach Größerem streben und kühn träumen. Wenn sie sich auf ihre Ziele zubewegt, setzt das Energie in ihr frei. Genauso haben Sie es gerade bei Philipp aus unsrer Geschichte erlebt: Zielbilder ziehen ihn magnetisch an und sorgen dafür, dass er schon weit im Voraus in die Umsetzung kommt.

Eine Person mit einem *Weg-von*-Programm braucht hingegen ein Problem, um ins Handeln zu kommen. Sie will sich schützen, absichern und Probleme lösen oder am besten ganz vermeiden. Dazu bewegt sie sich weg von Hindernissen und unangenehmen Situationen. Wie bei Lena dreht ihre Motivation erst so richtig auf, wenn es brenzlig wird.

Fragen Sie zum Beispiel eine Person mit starker *Weg-von*-Ausprägung, warum ihr Harmonie bei der Arbeit wichtig ist, dann bekommen Sie wahrscheinlich Antworten wie: *Damit ich weniger gestresst bin. Damit ich keine düsteren Gedanken mehr habe. Damit ich mir um Mobbing keine Sorgen machen muss. Weil die Arbeitszeit sich dann nicht mehr so zieht wie ein Kaugummi. Und weil ich dann nicht mit schlechter Laune in den Feierabend gehe.*

Sie merken an der Struktur der Sprache: Hier legt jemand die gesamte Aufmerksamkeit auf *Weg-von*-Aspekte wie Probleme, Sorgen, Ängste und Gefahren.

Ganz anders klingt die Antwort im Fall einer starken *Hin-zu*-Motivation: *Harmonie ist mir bei meiner Arbeit wichtig, weil ich dann deutlich entspannter bin. Ich gehe automatisch mit positiven und kreativen Gedanken durch den Tag. Außerdem mag ich es, wenn sich die Menschen im Team gegenseitig stärken und ermutigen. Und zusätzlich ist mir Harmonie wichtig, weil die Zeit dann wie im Flug vergeht und ich voll im Flow bin. Ich will jeden Tag mit guter Laune in den Feierabend gehen.*

Spricht eine Richtung Sie mehr an als die andere? Dann bekommen Sie gerade ein Gespür für Ihre Motivation im Kontext Arbeit.

Bitte beachten Sie bei diesem Programm: Es geht hier nicht um positives oder negatives Denken. Regelmäßig hören wir in unseren Seminaren die Frage, ob es denn nicht viel besser für unsere Psyche sei, lieber lösungsorientiert und optimistisch zu denken, statt sich so bewusst mit Problemen und unliebsamen Szenarien auseinanderzusetzen. Halten wir zunächst fest: Sie können sich durchaus von *Weg-von*-Impulsen motivieren lassen und gleichzeitig eine optimistische Frohnatur sein. Denn dieses Meta-Programm befasst sich nur mit dem Motor, der Sie in Gang bringt. Wohin Sie anschließend fahren und wie Sie diese Reise erleben, ist ein anderes Thema. Wichtig ist, dass Sie in die Gänge kommen und sich Ihren Zielen für ein gelingendes Leben nähern oder Probleme vermeiden. Eine *Hin-zu*-Motivation kann Sie begeistern, inspirieren und Sie magnetisch anziehen, damit Sie zu neuen Abenteuern aufbrechen. Genauso gut können Ärger, Frust und Unzufriedenheit in Ihnen den Wunsch erwecken, etwas zu verändern. Manchmal kann es durchaus heilsam und erleichternd sein, einem Problem oder einer Angst in die Augen zu schauen und sich konstruktiv damit auseinanderzusetzen. Ihr Motor fährt mit beiden Kraftstoffen. Tanken Sie, was Sie brauchen. Hauptsache, Sie kommen voran.

WEG VON

Gibt es Situationen in Ihrem Leben, in denen Sie nur schwerlich oder erst auf den letzten Drücker in die Gänge kommen? Vielleicht steht eine Klausur an, eine wichtige Präsentation oder ein Projekt geht auf die Zielgerade – obwohl Sie schon länger darüber Bescheid wissen, bleiben Sie so lange untätig, bis die Deadline vor der Tür steht. Doch dann legen Sie los und entwickeln plötzlich eine Energie, die Sie zu Höchstleistungen antreibt. Genau das ist die Magie einer ausgeprägten *Weg-von*-Motivation.

Stärken und Schwächen

Menschen mit diesem Muster brauchen ein unmittelbares Problemempfinden, um ins Handeln zu kommen. Erst dann entwickeln sie ein Gefühl der Dringlichkeit. Sie blühen überall dort auf, wo es darum geht, Risiken und Gefahren zu vermeiden. In diesen Situationen laufen sie zu Höchstform auf, ohne ihre Lage notgedrungen als belastend zu empfinden. Ihr Motivation entspringt dem Wunsch, ein Problem zu lösen oder zu vermeiden. Dieses Programm ist also gewissermaßen so etwas wie ein Überlebensinstinkt, der tief in uns steckt und uns bei Gefahren und Bedrohungen in Alarmbereitschaft versetzt.

Geht es zum Beispiel darum, morgens rechtzeitig aus dem Bett zu kommen, drückt eine Person mit *Weg-von*-Programm so lange den Schlummer-Knopf, bis das Liegenbleiben zu einem ernsthaften Problem wird. Erst der Gedanke, die letzte Bahn zu verpassen oder eine Abmahnung bei der Arbeit zu kassieren, treibt die Person aus den Federn.

Oder stellen Sie sich vor, dass die Person abnehmen will. Gut möglich, dass sie sich erst eine Zeit lang gehen lässt, dann jedoch plötzlich nicht mehr in ihre Lieblingshose passt und neue Kleidung zwei Nummern größer kaufen muss. Erst diese deutlich spür- und sichtbare Konsequenz zündet ihren Turbo und aktiviert ihren Kampfgeist. Eine neue Kleidergröße? NIEMALS! Plötzlich explodiert sie förmlich vor Motivation und Tatendrang. In manchen Fällen reicht jedoch auch diese Entwicklung nicht aus, sondern die Person wartet so lange ab, bis sich gesundheitliche Konsequenzen ankündigen, die sich manchmal leider nicht mehr so leicht rückgängig machen lassen.

Von einer sehr brenzligen Situation im finanziellen Bereich erzählte ein Unternehmer bei einem unserer Seminare. Aufgewachsen in sehr bescheidenen Verhältnissen, war einer seiner zentralen Antreiber, niemals wieder arm zu sein. Der Antrieb, aus dem rauszukommen, was er als Armut empfand, entfachte einen Ehrgeiz in ihm, der ihn innerhalb von sieben Jahren zum Millionär gemacht hatte. Zum Zeitpunkt unserer Begegnung war er jedoch gerade zum dritten Mal knapp einer Insolvenz entgangen. Können Sie ahnen, was geschehen war? Seine gesamte Motivation entstammte dem Wunsch, nicht mehr arm zu sein. Und immer dann, wenn sein Kontostand einen bestimmten Wert überschritten hatte, fühlte es sich für ihn an, als hätte sich sein Motor abgeschaltet. Er ließ sich treiben und blieb morgens lange im Bett, während sein mittlerweile überschwänglicher Lebensstil an seinen Ersparnissen nagte. So konnten Wochen und Monate vergehen, ohne dass unternehmerisch auch nur irgendeine Ambition in ihm aufkam. Doch in dem Moment, in dem sein Kontostand nicht mehr sechsstellig war, sprang der Motor erneut an. Die große Angst vor der Armut war wieder da und mit ihr auch sein Ehrgeiz. Was für uns wie eine sehr logische Geschichte mit einem offensichtlichen Muster wirkt, war für ihn lange Zeit ein blinder Fleck. Erst als er das Spiel erkannte, das er unbewusst mit sich selbst veranstaltete, konnte er aktiv in den Prozess eingreifen und mehr Stabilität in sein Leben bringen.

Eine starke Neigung zu dem *Weg-von*-Programm kann sich zum Nachteil entwickeln, wenn es kein unmittelbares Problemempfinden gibt. Denken Sie nur an Gewohnheiten wie das Rauchen, den Rückgriff auf ungesundes Fastfood oder den Wandel unseres Klimas – solange keine konkret spürbaren Konsequenzen drohen, fühlen viele Menschen keinen Impuls, ins Handeln zu kommen. Selbst die größten Zielbilder und leuchtenden Zukunftsvisionen lassen sie unbeeindruckt. Stattdessen investieren sie viel Energie in scheinbar bedeutungslose Nebensächlichkeiten – weil sie bei diesen Trivialitäten einen konkreten und unmittelbaren *Weg-von*-Impuls erleben.

HIN ZU

Noch bevor eine Person mit *Hin-zu*-Muster morgens ihre Augen öffnet, sieht sie schon die verlockendsten Bilder. Sie hat großes Kopfkino von all den schönen Dingen, die heute auf sie warten. Diese entfachen eine Energie in ihr, die sie mit einem großen Sprung aus dem Bett katapultiert. Der Tag kann kommen! Probleme lassen sie vollkommen unbeeindruckt. Erst wenn sie spürt, dass sie sich auf ihr Ziel zubewegt, versetzt ihr das einen Antrieb.

Stärken und Schwächen

Nehmen wir als Beispiel den Antrieb, Sport zu machen. Die inneren Bilder vom unliebsamen, speckigen Bauch lassen eine Person mit *Hin-zu*-Muster kalt. Bei ihr sind es die Vorbilder, die sie mit straff definierten Sixpacks ins Schwärmen und damit auch ins Handeln bringen. Ist das Zielbild nur stark und die Belohnung fühlbar genug, folgt die Motivation von ganz allein. Und genau hier liegt auch die Gefahr eines ausgeprägten *Hin-zu*-Musters.

Zum einen gibt es gar keinen Antrieb, wenn das Zielbild nicht klar oder nicht attraktiv genug ist. Selbst wenn es brennt und sich die Probleme stapeln, wirft das den Motor dieser Person noch nicht an. Erst eine möglichst konkrete Zielvorstellung entfacht die magnetische Sogwirkung der *Hin-zu*-Motivation – und ganz wichtig: Dieses Ziel sollte groß genug sein. Ansonsten lauert die zweite Gefahr.

Stellen Sie sich einen völlig *hin-zu*-motivierten Menschen vor, der sich vorgenommen hat, mehr Sport zu machen. Über seinem Bett hängt eine Collage, die einige seiner Vorbilder im gewünschten Zielzustand zeigt. Als der Wecker klingelt, wirft er einen

Blick auf das Bild an seiner Wand und beginnt sofort zu schwärmen: Oh, es wird schön sein und sich so gut anfühlen, sobald er dort angelangt ist. Doch dann drückt er den Schlummer-Knopf und dreht sich auf die andere Seite, denn der aktuelle Zustand im warmen und weichen Bett am Sonntagmorgen ist bereits so optimal, dass die Zukunftsvision nicht genügend Sog entfachen kann, um ihn aus dem Bett zu locken. Das Ziel muss also attraktiv genug sein, damit es Widerstände überstrahlen kann.

So erkennen Sie das Programm

Die Richtung der Motivation finden Sie mit einer sehr einfachen Frage heraus. Dazu benötigen Sie allerdings zuerst die sogenannten *Kriterien.* Das sind einzelne Schlagworte, die für die Person im jeweiligen Kontext besondere Bedeutung haben. Welche Kriterien Ihr Gegenüber zum Beispiel im Kontext Arbeit hat, finden Sie heraus, indem Sie fragen:

Was ist Ihnen bei Ihrer Arbeit besonders wichtig?

Daraufhin bekommen Sie wahrscheinlich Antworten wie: Aufstiegsmöglichkeiten, eine gute Bezahlung, Harmonie, persönliches Wachstum, flexible Arbeitszeiten, Sinnstiftung, Abwechslung, Verantwortung, Kreativität, eine angenehme Arbeitsatmosphäre, ein sicherer Arbeitsplatz, Vereinbarkeit von Berufs- und Privatleben oder eine gute Verkehrsanbindung.

Halten Sie diese Kriterien wortwörtlich fest. Denn wir wollen genau die Worte verwenden, die für die anderen Menschen von besonderer Bedeutung sind und eine emotionale Reaktion bewirken. Sie wissen ja: Die Sprache entstammt dem Filtersystem und gibt Aufschluss darüber, was den Menschen bewegt. Bekommen Sie als Antwort *eine gute Bezahlung,* dann ersetzen oder paraphrasieren Sie diese Worte nicht mit *eine hohe Vergütung* oder *ein gutes Gehalt.* Bleiben Sie beim exakten Wortlaut.

Nachdem Sie drei bis fünf Kriterien erhalten haben, gibt Ihnen die folgende Frage Aufschluss über das Meta-Programm *Weg von* oder *Hin zu*: Warum ist Ihnen (Kriterium) bei der Arbeit wichtig?

Angenommen, Ihr Gegenüber hat Ihnen die drei Kriterien *eine gute Bezahlung, Sinnstiftung* und *Kreativität* genannt, dann fragen Sie zum Start: Warum ist Ihnen eine gute Bezahlung bei der Arbeit wichtig? Daraufhin erhalten Sie vielleicht Antworten wie die folgenden:

> Weil ich nicht länger jeden Euro zweimal umdrehen will.

> Damit ich endlich raus kann aus meiner Dreißig-Quadratmeter-Wohnung.

> Weil ich meine Altersvorsorge nicht länger aufschieben will.

- Weil ich mich dann nicht mehr so ausgebeutet fühle.

- Damit ich mich in meinem Lebensstil nicht mehr so einschränken muss.

Erkennen Sie, wie diese ersten fünf Antworten eine *Weg-von*-Motivation erkennen lassen? Die Person legt den Fokus darauf, wovon sie wegwill, was sie vermeiden oder endlich loswerden möchte. Ein zuverlässiger Hinweis auf diese Tendenz ist die Negation. Entdecken Sie also Worte wie *nicht, keine, nicht mehr* oder auch *weniger,* dann handelt es sich ziemlich sicher um eine *Weg-von*-Antwort. Bei einem *Hin-zu*-Programm können die Antworten auf die gleiche Frage wie folgt aussehen:

- Weil ich mich damit anerkannt und wertgeschätzt fühle.

- Damit ich mir schönere Urlaube leisten und das Leben genießen kann.

- Ich will ein solides Fundament, um eine Familie zu gründen.

- Damit wir uns ein Eigenheim zulegen können.

- Weil ich meine Eltern und Geschwister finanziell unterstützen möchte.

Ziele, persönliche Wünsche und Zukunftsvisionen stehen hier im Vordergrund. Die Person legt den Fokus auf alles, was sie gewinnen und erreichen will. Beide Arten von Antworten vermitteln ein anderes Grundgefühl.

- In der Praxis erhalten Sie jedoch eher selten trennscharfe Antworten wie in unserem Beispiel, denn nach unserer Erfahrung lassen sich mindestens die Hälfte der Menschen sowohl durch *Weg-von-* als auch *Hin-zu*-Argumente motivieren. Sie können auf Ihre Frage also durchaus auch eine Mischung von Argumenten erhalten. Die brauchen Sie jedoch in der Praxis nicht alle zu notieren. Achten Sie im Gespräch stattdessen auf den Wortlaut und halten Sie die Art der Antworten in zwei Strichlisten fest. Haben Sie am Ende der Antwort vier Striche bei *Hin zu* und zwei Striche bei *Weg von,* deutet das auf ein Verhältnis von zwei zu eins hin, und Sie können die Person gut auf der Skala zwischen beiden Programmpolen situieren.

- Bestimmt haben Sie längst erkannt: Das Ziel unserer Frage liegt darin, die Person zum Reden zu bringen. Denn ihre Sprache gibt Aufschluss über ihre Programme. Je umfassender die Antwort ist, desto leichter und genauer können wir das Programm erkennen. Wenn Sie auf Ihre erste Frage nur eine knappe Antwort erhalten und das Gespräch ins Stocken gerät, können Sie die Frage erneut mit einem anderen Kriterium stellen. Im Fall unseres Beispiels würde sich beispielsweise anbieten: Warum ist Ihnen Sinnstiftung bei Ihrer Arbeit wichtig? Oder: Warum ist Ihnen Kreativität bei der Arbeit wichtig? Diese beiden Fragen öffnen den Raum für weitere Antworten, die wir in unsere Einschätzung einbeziehen können.

- Alternativ zu den Kriterien können Sie auch eine Antwort der Person aufgreifen und vertiefen. Nehmen wir an, auf die Frage *Warum ist Ihnen Kreativität bei Ihrer Arbeit wichtig?* bekommen Sie die Antwort *Damit ich mich persönlich weiterentwickle.* Dann können Sie daran ansetzen und fragen: »Warum ist es Ihnen bei Ihrer Arbeit wichtig, dass Sie sich persönlich weiterentwickeln?«

- Auf diesem Weg halten Sie den Ball am Rollen und das Gespräch bleibt lebendig. Außerdem können Sie zwischendurch immer mal wieder Small Talk einbringen oder auf andere Aspekte eingehen. Stellen Sie die Fragen zu forsch und monoton wie ein Roboter, könnte sich Ihr Gegenüber wie in einem Verhör fühlen und sich verschließen. Achten Sie also auf einen menschlichen Rahmen.

Expertentipp

Egal um welchen Lebensbereich es sich handelt, mit den beiden aufeinanderfolgenden Fragen halten Sie die ultimativen Schlüssel in den Händen, um andere Menschen zu motivieren.

1. Was ist Ihnen wichtig bei …?
2. Warum ist Ihnen (Antwort von Frage 1) wichtig bei …?

Bringen Sie die Menschen ins Handeln, indem Sie künftig immer wieder Bezug auf die Kriterien/Werte einer Person nehmen und einfach betonen, was sie bekommt (*Hin zu*) oder vermeidet (*Weg von*), wenn sie die entsprechende Handlung durchführt. Denken Sie daran: Erst die Frage nach dem Warum offenbart das entsprechende Programm.

In unseren Seminaren begegnen wir manchmal Antworten, die besondere Aufmerksamkeit verlangen: Wenn ein Bewerber auf die Frage *Was ist Ihnen wichtig bei der Arbeit?* mit *Urlaub* antwortet, weist das dann auf ein *Hin-zu-* oder *Weg-von-*Programm hin?

Die korrekte Antwort lautet: weder noch.

Erst durch die zweite Frage *Warum ist Ihnen Urlaub wichtig?* finden Sie das Meta-Programm zur Antwort. Entweder jemand gibt Antworten wie:

- Weil ich etwas von der Welt sehen möchte.
- Weil ich Zeit mit Freunden oder Familie verbringen will.
- Weil ich auch außerhalb der Arbeit meinen Horizont erweitern möchte.
- Weil ich meine Erholung brauche.

Oder:

- Weil ich nicht nur arbeiten will.
- Weil ich nicht ausbrennen will.
- Weil Geld allein mich nicht glücklich macht.

Jetzt erkennen Sie sofort das entsprechende Programm, richtig? Der wegweisende Gedanke ist: Wenn wir beim Stichwort *Urlaub* direkt auf eine *Hin-zu-* oder *Weg-von-*Motivation schließen, sagt das mehr über unsere eigenen Programme im jeweiligen Kontext aus als über die unseres Gegenübers. Sollten Sie bei bestimmten Antworten nicht gleich sicher sein, fragen Sie lieber ganz entspannt erneut nach.

BEEINFLUSSENDE SPRACHE

Haben Sie ein Gefühl für das Programm Ihres Gegenübers entwickelt, können Sie Ihre Sprache so wählen, dass sich die Person verstanden und motiviert fühlt. Will jemand zum Beispiel weniger Stress bei der Arbeit, weniger Abhängigkeit und keine Teamkonflikte mehr, dann greifen Sie die *Weg-von-*Sprache auf. Würden Sie Ihr einen Job anbieten, bei dem sie gelassener, unabhängig und in Harmonie mit ihrem Team arbeiten kann, entspricht das zwar inhaltlich dem *Was* der Botschaft, doch das *Wie* liegt nicht auf einer Wellenlänge mit den Programmen der Person. Sie wird zwar verstehen, was Sie sagen, doch Ihre Worte werden nicht die gleiche motivationale Kraft haben wie entsprechende *Weg-von*-Formulierungen.

Sprechen Sie in der Sprache der Programme Ihres Gegenübers, damit sich die Person verstanden fühlt und motivieren lässt. Folgende Sprachmuster versorgen Sie mit Inspiration.

Weg von: Sprechen Sie von Problemen, Gefahren, Hindernissen.

- Damit vermeiden Sie …
- Das bewahrt Sie vor …
- So ersparen Sie sich …
- Verhindern Sie …
- Senken Sie …
- So stellen Sie sicher, dass …
- Lassen Sie nicht zu, dass …
- Schützen Sie sich vor …
- Ersparen Sie sich …
- Umgehen Sie …
- Damit halten Sie sich fern von …
- Machen Sie einen Bogen um …
- Probleme identifizieren …
- Aus dem Weg gehen.

Hin zu: Rücken Sie Ziele, Ergebnisse, Nutzen und Vorteile mit Ihrer Sprache ins Zentrum.

- Damit stärken/erhöhen/steigern/maximieren Sie …
- Verbessern Sie …
- Das bringt Ihnen …
- Gewinnen Sie …
- So erreichen Sie …
- Das erlaubt/ermöglicht Ihnen …
- So gelingt es Ihnen …
- Damit sichern Sie sich …
- Sie erhalten damit …
- Sie bekommen …
- Erschaffen Sie …
- So machen Sie möglich, dass …

Praxistipps

Die magnetische Wirkung großer Ziele

Wenn Sie nur kühn genug nach den Sternen greifen, werden Sie es auf jeden Fall zum Mond schaffen. Sprüche wie dieser sind hervorragende Beispiel dafür, welche Wirkung große Ziele entfachen können. Würden wir uns »nur« vornehmen, auf den Mond zu kommen, dann würden wir längst nicht so viel Fantasie und Energie aufbringen, es noch weiter zu schaffen. Planen wir über das Ziel hinaus, entwickeln wir eine völlig neue Durchschlagskraft. Das zeigt sich wortwörtlich in der mentalen Strategie von Kampfkünstlern, die sogenannte Bruchtests betreiben. Ob sie nun ein Stück Holz, eine Eisplatte oder einen Betonziegel zerschlagen – ein wichtiger Teil der erfolgreichen Vorbereitung liegt darin, sich auf einen Punkt hinter dem Ziel bzw. Hindernis zu fokussieren. So mobilisieren wir noch mehr Energie und durchbrechen das Hindernis dabei beiläufig auf dem Weg zum angestrebten Punkt. Erinnern Sie sich außerdem an den Anfang dieses Buches, als wir über unser Betriebs- und Filtersystem gesprochen haben: Wenn wir klare Ziele setzen, arbeitet unser Unterbewusstsein an unserer Seite und spielt uns die Bälle zu. So erkennen wir wichtige Hinweise und finden selbst ungeahnte Wege ans Ziel, die uns wahrscheinlich verborgen geblieben wären, wenn wir ziellos drauflosgerannt wären.

Große Ziele setzen – das klingt also erst einmal logisch und einfach. Dennoch erleben wir in unseren Seminaren immer wieder, dass es vielen Menschen in der Praxis gar nicht so leicht fällt. Damit die Ziele für uns einen magnetischen Sog entwickeln, sollten sie wohlformuliert sein. Je mehr der folgenden Punkte Sie dabei berücksichtigen, desto größer die Kräfte, die Ihr Zielbild entfacht. Ihre Ziele sollten …

- **positiv formuliert sein**: Damit Ihre *Hin-zu*-Motivation optimal greifen kann, führen Sie sich vor Augen, was Sie wollen, und vergessen Sie, was Sie nicht wollen. Formulieren Sie so attraktiv und unwiderstehlich, dass Sie schon Aufbruchsstimmung verspüren, während Sie Ihre Ziele aufschreiben. Beispiel: *Ich verdiene in meinem neuen Job zehntausend Euro im Monat* statt *Ich will endlich nicht mehr jeden Euro zweimal umdrehen müssen.*

- **für Sie selbst erreichbar sein**: Ihre Ziele sollten in Ihrem eigenen Einflussbereich liegen, und Sie sollten sie durch Ihr eigenes Verhalten erreichen können. Andernfalls sind Sie von anderen Menschen oder bestimmten

Umständen abhängig, die Sie wiederum auf Ihrem Weg bremsen können. Mehr noch: Wenn Sie Ihre Ziele abhängig von Faktoren machen, die nicht in Ihrer Macht stehen, kann das ein Ticket direkt ins Unglück sein. Beispiel: *Ich mache jeden Tag fünf Menschen ein ehrliches Kompliment* statt *Ich will, dass andere Menschen freundlicher zu mir sind.*

- **durch sinnliche Erfahrung überprüfbar sein**: Setzen Sie Ihre Ziele so, dass Sie anhand Ihrer fünf Sinne feststellen können, ob Sie angekommen sind. Was genau können Sie sehen, fühlen oder hören, sobald Sie Ihr Ziel erreicht haben? Vielleicht verbinden Sie mit Ihrem Ziel sogar den Geschmack eines Cocktails oder den Geruch von Wald- oder Meeresluft. Je detaillierter Sie sich Ihr Ziel ausmalen, desto größer seine Sogkraft.

- **ökologisch konsistent sein**: Das bedeutet, Ihre Ziele sollten zu Ihnen und Ihrem Wertesystem passen und auch langfristig erstrebenswert sowie sinnvoll für Sie sein. Prüfen Sie Ihr Ziel auf unerwünschte Nebeneffekte und stellen Sie sicher, dass Sie auch langfristig wirklich das bekommen, was Sie sich wünschen. Den Wunsch nach einem Job mit zehntausend Euro Gehalt pro Monat sollten Sie also daraufhin überprüfen, ob er mit anderen Themen vereinbar ist, die für Sie wichtig sind, wie etwa Gesundheit, Entspannung oder Work-Life-Balance.

- **frei von Modaloperatoren sein**: Verzichten Sie in Ihren Zielformulierungen auf die Worte *müssen, können, sollen, wollen* und *dürfen.* Dadurch wirken Ihre Beschreibungen aktivierender, weil Ihr Unterbewusstsein sie als unverrückbare Tatsachen interpretiert.

Bestimmt haben Sie gemerkt, dass diese Art der Zielformulierung vor allem Menschen mit einem *Hin-zu*-Programm anspricht. Sie benötigen große Visionen und lebendige Ziele, um in die Gänge zu kommen und langfristig motiviert zu bleiben. *Weg-von*-motivierte Menschen brauchen hingegen große Probleme und drohende Gefahren, damit ihr Antrieb zündet. Fühlt sich das Problem noch nicht drängend genug an, um ausreichend Motivation zu entfachen, lässt sich das mit der folgenden Strategie modellieren.

Produktive Paranoia und die Kosten des Nicht-Handelns

Zündet Ihre *Weg-von*-Motivation in manchen Kontexten immer wieder auf den letzten Drücker? Würden Sie sich gerne früher ins Handeln bringen, um lange Nachtschichten und vielleicht auch ein bisschen Stress aus Ihrem Leben zu verbannen? Dann laden wir Sie herzlich ein, mit den beiden Konzepten aus der Überschrift dieses Kapitels zu experimentieren.

Wenn Ihre *Weg-von*-Motivation eher einem zarten Flämmchen als einem lodernden Feuer gleicht, dann führen Sie sich aktiv die Kosten des Nicht-Handelns – auch Opportunitätskosten genannt – vor Augen. Machen Sie sich klar, was auf dem Spiel steht und wie sich die Dinge im Worst Case entwickeln könnten, wenn Sie weiter (nicht) handeln wie bisher.

Viele Menschen verschließen die Augen vor unliebsamen Konsequenzen. Sie spielen Gefahren herunter und machen es sich in ihrer Komfortzone gemütlich. Reisen Sie stattdessen in Ihre Zukunft, seien Sie schonungslos ehrlich mit sich selbst und fragen Sie sich: Wie wird mein Leben aussehen, wenn ich die nächsten Tage, Monate oder die kommenden Jahre genauso weitermache, wie ich bis heute handle?

Nutzen Sie gerne die volle Kraft Ihrer Fantasie für diese Strategie. Unser Gehirn kennt keinen Unterschied, ob wir eine Sache wirklich erleben oder sie uns einfach nur lebendig und intensiv genug vorstellen. Das machen wir uns zunutze, indem wir in unserem Kopf ein *Weg-von*-Szenario schaffen, das genügend Kraft entwickelt, um uns ins Handeln zu bringen. Wir warten also nicht darauf, dass sich die Dinge in der »realen« Welt zuspitzen, sondern lassen sie in unserer Vorstellung so weit heranwachsen, dass in uns der *Weg-von*-Antrieb zündet und wir sofort loslegen wollen.

Wir schärfen unser Bewusstsein für die Gefahren der Situation also so sehr, dass daraus ein ausgewachsenes und intensives Problemempfinden entsteht. Überlassen Sie Ihr *Weg-von* nicht dem Zufall, sondern nehmen Sie es in Ihre eigenen Hände. Dieser Gedanke ist auch Herzstück der zweiten Strategie.

In ihrem fantastischen Buch *Oben bleiben. Immer.* analysieren die beiden Autoren Jim Collins und Morten T. Hansen die Erfolgsgeheimnisse von Spitzenunternehmen wie Intel, Southwest Airlines und Microsoft. Dabei gehen sie der spannenden Frage nach, wie es manchen Unternehmen trotz enormer Widerstände, Unsicherheiten und turbulenten Marktphasen immer wieder gelingt, ihren Wachstumskurs zu halten und sich ihre Stellung an der Spitze ihrer Branche zu sichern, während andere Marktteilnehmer deutlich schlechter abschneiden und sogar auf der Strecke bleiben.

Eines der zentralen Geheimnisse bringen die beiden Autoren mit dem Begriff der *produktiven Paranoia* hervorragend auf den Punkt. Was dahintersteckt, erläutern sie unter anderem am Beispiel des norwegischen Polarforschers Roald Amundsen. Dieser bereitete sich auf seine ambitionierten Unternehmungen so akribisch vor, dass er dem Begriff der *produktiven Paranoia* alle Ehre machte. Was wäre, wenn? Diese Frage bildete den roten Faden bei seiner Planung. Systematisch analysierte er jedes seiner Unterfangen auf Gefahren, Risiken und unerwartete Herausforderungen. Anschließend schmiedete er Pläne und entwickelte Lösungen für alles, was schiefgehen könnte.

So probierte er zum Beispiel aus, ob er sich im Falle eines Schiffbruchs von rohem Delfinfleisch ernähren könnte. Auf ähnliche Weise bereitete er sich vor, bevor er 1911 mit einem kleinen Team eine herausfordernde Expedition zum Südpol unternahm. Er legte es darauf an, wildeste Hypothesen zu testen und jede erdenkliche Erfahrung zu sammeln, die ihm bei seinem späteren Unterfangen dienlich sein könnte. So lernte er von den indigenen Völkern im nördlichen Polargebiet, wie sich diese bei extremer Kälte kleideten, bewegten und ihre Hunde einsetzten, um bei Wind und Schnee mit ihren Schlitten zu reisen. Und trotz sorgfältigster Vorbereitungen zog er in Betracht, dass ihn auf seiner Reise katastrophale Ereignisse erwarten könnten, mit denen selbst er vorab nicht gerechnet hätte. Also sah er Puffer im Zeitplan vor, legte üppige Verpflegungsreserven an und führte überlebenswichtige Gegenstände gleich mehrfach mit sich. Seine »Paranoia« trieb ihn zu Höchstleistungen an und sorgte dafür, dass er dank seiner sorgfältigen Vorbereitungen eine Expedition meistern konnte, die einen seiner Wettbewerber das Leben kosten sollte.

Das Motto Amundsens können wir wie folgt zusammenfassen: Man sollte nicht warten, bis man knietief im Problem steckt, sondern vorab Erfahrungen sammeln, Kräfte bündeln und Vorkehrungen treffen, um einem Ernstfall bestmöglich entgegentreten zu können.

Dadurch, dass Amundsen mit dem Schlimmsten rechnete und allen erdenklichen Gefahren vorab ins Auge sah, nahm er den Risiken so weit er konnte den Wind aus den Segeln. Denn ein Risiko, auf das wir uns vorbereiten, verliert schnell seine Macht über uns und ist nur noch halb so bedrohlich.

Auch Unternehmen wie Microsoft nutzen die Strategie der *produktiven Paranoia*, um ihre Marktführerschaft erfolgreich zu verteidigen. Selbst in guten Zeiten, wenn die

Dinge laufen und das Business boomt, machen es sich diese Unternehmen zur Aufgabe, aktiv nach potenziellen Problemen zu suchen. Was könnte als Nächstes schiefgehen? Wo haben wir vielleicht blinde Flecken? Sind wir in bestimmten Bereichen zu blauäugig? Und was müsste in unserem Marktumfeld geschehen, damit wir gefährlich ins Straucheln kommen?

Ganz schön paranoid, oder? Zwischen den Zeilen dieser Fragen steckt die Annahme, dass der Erfolg niemals geschenkt oder gesichert ist. Vielmehr lauern hinter jeder Ecke Gefahren, Probleme und unangenehme Überraschungen, die sich früher oder später zu einer Bedrohung entwickeln könnten. Zugegeben, manche davon sind vielleicht reine Hirngespinste und werden wahrscheinlich niemals eintreten. Doch wer kann schon sagen, wie sich unsere Welt entwickelt?

Collins und Hansen erläutern in ihrem Buch, wie Microsoft-Gründer Bill Gates und sein Kollege Steve Ballmer regelmäßig und aktiv nach Untergangsszenarien für das Unternehmen suchten. Wegen seiner düsteren Gedankenspiele verleihen die Autoren Ballmer auch den Spitznamen Doctor Doom. Kurzum: Spitzenunternehmen wie Microsoft ruhen sich nicht auf ihren Lorbeeren aus, sondern analysieren Markt und Unternehmen auch in guten Zeiten mit großer Wachsamkeit im Hinblick auf potenzielle Schwachstellen und Bedrohungen. Indem sie so vorausschauend agieren, können sie Vorkehrungen für harte Zeiten treffen und sind dem Wettbewerb ständig einen Schritt voraus.

In Zusammenhang mit unserem Thema der Motivation verdient das Wort *produktiv* in der Bezeichnung dieser Strategie besondere Aufmerksamkeit. Denn die Unternehmen lassen sich von Ängsten und ihrem paranoiden Verhalten nicht etwa lähmen, sondern nutzen es als Antrieb, um auf produktive Weise ins Handeln zu kommen und sich akribisch auf bedrohliche Szenarien vorzubereiten. Sie verwandeln Sorgen und Ängste also in produktive Energie bzw. eine funktionale Kraft.

Diese Herangehensweise ist in einem weiteren Sinne besonders konstruktiv: Wer sich in entspannten Zeiten mit düsteren Gedanken beschäftigt, kann mit mehr Weitsicht, Klarheit und Besonnenheit agieren. Ist die Kacke hingegen erst einmal am dampfen, kommt Druck mit ins Spiel, der unser Sichtfeld einengen und unsere Urteilsfähigkeit trügen kann.

Keine Sorge, die Idee hinter dieser Strategie ist nicht, Ihr gesamtes Leben als Gefahrenherd zu betrachten. Stattdessen soll Sie Ihnen Antrieb geben, bei einem Projekt oder in einem eng umrissenen Kontext Ihres Lebens, in dem es gerade gut läuft, Ausschau nach potenziell bedrohlichen Entwicklungen zu halten. Fertigen Sie zum Beispiel eine Liste von Dingen an, die Ihnen allein oder im Brainstorming mit anderen in den Sinn kommen. Anschließend bewerten Sie diese Punkte nach ihrer Wahrscheinlichkeit. Was davon könnte wirklich eintreffen? Wie schlimm wären die Konsequenzen? Und was könnten Sie jetzt tun, um diesen Szenarien entgegenzuwirken?

Wohlwissend, dass nichts ewig hält und sich unsere Welt ständig weiterdreht, verschaffen wir uns mit einer solchen Strategie die Chance, uns aktiv auf diese Ereignisse vorbereiten zu können, statt uns auf sehr ungemütliche Art und Weise von ihnen überraschen zu lassen. Wir suchen gezielt nach neuen *Weg-von*-Impulsen, die uns inspirieren, motivieren und damit in Bewegung halten.

Ziehen Sie Ihr *Weg-von* hinter sich her

Erinnern Sie sich an den Herrn aus unserem Seminar, der mehrfach knapp der Insolvenz entkommen ist? Da er in seinem beruflichen Kontext auf eine extreme Art *weg-von*-motiviert ist, hätte er mit der produktiven Paranoia experimentieren können, um sein *Weg-von* immer weiter zu verschieben bzw. hinter sich herzuziehen.

Damit hätte er sein Bewusstsein geschärft und ein neues Problemempfinden entwickelt – praktisch einen Antrieb, der zündet, bevor die Lage brenzlig wird. Dazu hätte er regelmäßig neu definieren können, was »arm« für ihn beutetet. Wenn seine Ersparnisse einen sechsstelligen Betrag erreichen, könnte er diese Schwelle als neue Grenze nehmen, unter die er nie wieder zurückfallen möchte. Anschließend ließe sich das steigern in Richtung *nie wieder weniger als eine Million auf dem Konto*. So wächst das *Weg-von* im Laufe der Zeit weiter – er zieht es Stück für Stück hinter sich her – und bildet einen kontinuierlichen Antrieb.

Übrigens gibt es auch Leute, die dieses Spiel bereits unbewusst mit sich treiben. Einige sehr wohlhabende Menschen leiden an Existenzängsten. Obwohl ihre Ersparnisse für mehrere Leben reichen würden, befürchten sie zu verarmen, weil sie sich immer wieder neue Worst-Case- und sogar Horror-Szenarien ausmalen. Sie leben nach dem Motto »Stillstand ist Rückschritt« und geben sich niemals mit dem bisher Erreichten zufrieden.

Auch wenn diese Strategie ein extremer Wachstumsbeschleuniger und eine wertvolle Strategie für Erfolg sein kann, legen wir Ihnen ans Herz, vorsichtig im Umgang damit zu sein. Entwickelt sich das System zu dynamisch, können Sie sich selbst unter dauerhaft hohen Druck setzen. Das Feuer, das Sie zuvor noch angetrieben hat, kann dann so heiß werden, dass Sie sich daran verbrennen und auf Dauer ausbrennen. Gleichgewicht ist der Schlüssel zahlreicher Erfolgsrezepte – übrigens auch in allen Bereichen, wo Sie mit viel Leidenschaft und Enthusiasmus am Werk sind. Wenn sich Passion in Obsession verwandelt, führt das allzu häufig in die Frustration. Gönnen Sie sich also auch regelmäßige Pausen und Momente, in denen Sie Ihre Erfolge feiern.

Linke Schulter, rechte Schulter

Wenn Sie sich im Alltag in unterschiedlichen Situationen motivieren wollen, experimentieren Sie mit beiden Richtungen der Motivation. Dabei können Sie sich gerne zwei symbolhafte Figuren vorstellen, die jeweils auf Ihrer linken und rechten Schulter sitzen. Die eine verdeutlicht Ihnen all die Probleme und Konsequenzen, die es mit sich bringt, wenn Sie jetzt nicht sofort ins Handeln kommen. Derweil malt Ihnen die andere Figur aus, was Sie Schönes erwartet, wenn Sie jetzt Gas geben. Je unmittelbarer und stärker beide Argumente greifbar sind, desto größer ist die Wirkung, die sie entfachen.

Nehmen wir ein Projekt als Beispiel, das Sie in Kürze abgeben müssen. Bisher dümpeln Sie eventuell noch rum und kommen nicht so recht in die Gänge. Nun meldet sich Ihre *Weg-von*-Figur: »So langsam sollten wir starten, denn wenn wir jetzt krank werden und ein paar Tage im Bett liegen, ist die Deadline nicht mehr zu schaffen. Außerdem steht bei diesem Projekt einiges auf dem Spiel – nicht nur für uns, sondern auch für andere. Und wir wollen uns ihre enttäuschten Gesichter gar nicht erst vorstellen …« Sie spüren nun, wie sich eine kleine Flamme unter Ihrem Allerwertesten entzündet. Allmählich werden Sie warm mit dem Gedanken, endlich loszulegen. Nun meldet sich die *Hin-zu*-Figur auf Ihrer anderen Schulter und macht Ihnen einen weiteren Vorschlag: »Wir könnten die Arbeit in Abschnitte einteilen, die einigermaßen verdaulich sind. Einmal Augen zu und durch! Neunzig Minuten am Stück Smartphone weg und mit vollem Fokus ran. Dann dürfen wir uns eine Folge unserer Lieblingsserie anschauen oder raus ins Freie, einen Spaziergang machen und die Sonne genießen! Haben wir einen Deal?« Wer könnte bei einem so verlockenden *Hin-zu*-Impuls widerstehen? Angetrieben und angezogen von beiden Szenarien setzen Sie sich hin und staunen nicht schlecht, wie viel Sie mit klarem Fokus in so kurzer Zeit schaffen.

Finden Sie heraus, wie Sie ticken, und laden Sie die Figuren regelmäßig ein, wenn die Motivation nicht so richtig zünden will. Gemeinsam schaffen Sie das!

Das Programm für alle (Härte-)Fälle

Dieses Meta-Programm ist in der Führung, in der Erziehung und im Coaching der einzige wirksame Hebel, um Menschen mit einem zu *internalen* Muster zu motivieren, Feedback anzunehmen und das eigene Verhalten zu verändern. Gelingt es Ihnen nicht, eine Person mithilfe der Sprachmuster und Überzeugungsstrategien eines bestimmten Programms zu bewegen, ist der Rückgriff auf die Richtung der Motivation in jedem Fall eine wertvolle Option. Insbesondere, wenn Sie im Kontext hierarchisch die höhere Instanz sind – wie in Führung oder Erziehung –, können Sie zu den Menschen durchdringen, indem Sie die positiven oder negativen Konsequenzen betonen. Dieses Meta-Programm ist also der Türöffner, um andere zu beeinflussen, wenn Sie mit einem anderen Muster mal nicht weiterkommen.

Zusammenfassung: Weg von vs. Hin zu

Leitfrage: Lässt sich eine Person eher durch Probleme (*weg von*) oder durch attraktive Zielbilder (*hin zu*) motivieren? Hier geht es um die Richtung der Motivation.

Identifikationsfragen:

1. Kriterien ermitteln mit: »Was ist Ihnen bei Ihrer Arbeit wichtig?«
2. Frage mit Kriterien ergänzen: »Warum ist Ihnen (Kriterium) bei Ihrer Arbeit wichtig? (Diese Frage dreimal stellen bzw. so häufig, dass Sie eine aussagekräftige Antwort erhalten)

Weg von

Eine Person mit einem *Weg-von*-Programm braucht ein Problemempfinden, um motiviert zu sein. Sie will Probleme lösen oder am besten ganz vermeiden und bewegt sich *weg von* Hindernissen und Gefahren.

- **Stärken:** Ist gut darin, Probleme zu erkennen, zu lösen und zu vermeiden.
- **Schwächen:** Hat ohne Problemempfinden wenig Antrieb, um ins Handeln zu kommen. Kann außerdem Schwierigkeiten haben, Prioritäten zu setzen und sich daran zu halten.
- **Hinweise auf das Programm:** Die Person spricht darüber, was sie nicht will. Zum Beispiel über Probleme, Gefahren, Hindernisse und andere Situationen, die vermieden werden sollen.
- **Passende Sprache:** nicht mehr müssen, lösen, verhindern, vermeiden, bewahren, loswerden

Hin zu

Eine Person mit einem *Hin-zu*-Programm braucht ein Ziel, um motiviert zu sein. Wenn sie sich auf ihr Ziel zubewegt, setzt das Energie in ihr frei.

- **Stärken:** Entwickelt einen eigenen Antrieb, um gesetzte Ziele zu erreichen.
- **Schwächen:** Kommt ohne klare Ziele nicht in die Gänge. Kann Hindernisse und Probleme auf dem Weg schon mal übersehen und zu blauäugig oder naiv an eine Sache herangehen.
- **Hinweise auf das Programm:** Die Person spricht über Wünsche, Ziele und generell darüber, was gewonnen oder erreicht werden soll.
- **Passende Sprache:** erreichen, bekommen, ermöglichen, gewinnen, Nutzen, Vorteile

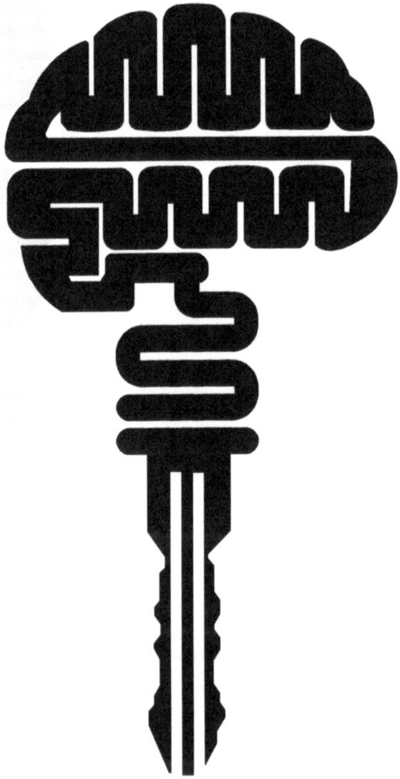

PROGRAMM 5

PROZEDURAL VS. OPTIONAL

Rigorose Prozessliebe oder leidenschaftlicher Regelbruch?

Annabel und Victoria sind voller Vorfreude. Vor zwei Tagen haben sie den Schlüssel für ihre erste gemeinsame Wohnung erhalten und sind jetzt auf dem Weg in ein schwedisches Möbelhaus, um ihre vier Wände in ein Zuhause zu verwandeln. Doch schon auf dem Parkplatz weichen Gelassenheit und gute Laune einer ernsteren Grundstimmung.

»Schau mal da! Jackpot! Da ist einer frei – auch noch ganz nah am Eingang. Fahr doch da direkt rüber«, kommandiert Victoria ihre Freundin.

»Das darf ich nicht. Der Pfeil zeigt nach links. Ich muss erst noch zwei Schleifen drehen, um dorthin zu kommen.«

»Ach, bis du da bist, hat uns doch längst jemand die Lücke weggeschnappt.«

»Wollen wir doch mal sehen. Ich folge einfach den Pfeilen, dann klappt das schon. Stell dir nur mal vor, was für ein Chaos das wäre, wenn jeder hier querfeldein auf die nächstbeste Lücke zusteuern würde ... Es gibt schon einen Grund, warum die Regeln so sind, wie sie sind.«

»Na gut, dann haben wir eben keinen Spaß!«

Während Victoria gekünstelt vor sich hin schmollt, steuert Annabel den Kombi souverän die Wegführung entlang und parkt mit heiterer Gelassenheit in der Lücke.

»Siehst du, Vicky?! Ist doch alles wunderbar. Das Schicksal ist mit denen, die sich an die Regeln halten.«

Beide lächeln sich an und kurz darauf stehen sie auf der Rolltreppe in die Möbelausstellung.

»Wo wollen wir zuerst hin?«, fragt Victoria mit schelmischem Blick. »Schlafzimmer, Küche oder direkt zum Kleinkram? Ich kenne da nämlich eine Abkürzung.«

»Du willst doch nicht ernsthaft erst zum Kleinkram! Das bringt doch alles durcheinander und wir fahren danach mit einem vollen Einkaufswagen mit lauter Kleinteilen hier durch die Ausstellung. Nein! Lass uns einfach den Markierungen auf dem Boden folgen. Ich will mir alles schön der Reihe nach anschauen und mich inspirieren lassen ... Stell dir nur mal vor, vielleicht kommen wir auf neue Gedanken und finden noch andere Möglichkeiten, das Wohnzimmer einzurichten. Das ist doch sonst genau dein Ding, oder?«

»Na gut, mit dem Gedanken kann ich was anfangen ... Bleiben wir also brav auf dem Weg und lassen uns von ein paar Pfeilen herumkommandieren ...«

Annabel legt ihrer Freundin den Arm um den Hals und beide schlendern entspannt durch die Gänge.

»Schau mal, dieser kleine Tisch da ... Wäre der nicht perfekt als Ergänzung zum Sofa? Vielleicht noch mit einem richtig großen Teppich?«, fragt Annabel aufgeregt.

»Na ja, das kann schon passen. Aber eigentlich mag ich unser minimalistisches Wohnzimmer sehr. Mit noch mehr Möbeln verbauen wir uns so viele Möglichkeiten, es später noch einmal umzugestalten.«

»Ja, du hast schon recht, Vicky ... Wir sollten uns besser an die Artikel auf unserer Einkaufsliste halten und die Schritt für Schritt abklappern. So reduzieren wir die Gefahr, unser Budget komplett zu sprengen.«

Einige Minuten lang schauen sich beide die Schlafzimmermöbel an und entscheiden sich für ein minimalistisches weißes Bett.

»Kannst du uns dort drüben mal Bleistift und Papier holen, Vicky?«

»Willst du jetzt mittendrin für deinen Zeichenkurs üben, oder wofür brauchst du das?«

»Na, das ist doch alles dafür gedacht, damit wir uns die Nummern der Möbelstücke aufschreiben können, um sie später im Lager besser zu finden.«

»Das ist aber ganz schön oldschool. Vergiss das mal – wir machen das anders! Wo ist das Etikett?«

Victoria zückt ihr Smartphone und fotografiert kurzerhand die einzelnen Elemente.

»So, alles sicher notiert, meine Liebste! Manchmal macht es Sinn, alte Prozeduren neu zu erfinden.«

»Hach, ohne dich würden wir wahrscheinlich alle noch in der Steinzeit leben, Vicky! Und übrigens: Mir grummelt schon ganz doll der Magen. Du weißt doch, was das heißt?!«

»Ja, ja ... Dagegen habe ich keine Chance. Die kleinen Fleischbällchen mit Kartoffelpüree und Preiselbeeren gehören fest zum Erlebnis. Beim Essen geht es sogar mir so. Der Einkaufsbummel würde sich extrem seltsam anfühlen, wenn wir hier rausspazieren würden, ohne vorher auch das Restaurant zu besuchen.«

Eine Stunde später betreten beide die große Lagerhalle mit einem scheppernden Einkaufswagen. Mithilfe von Victorias Fotos und einem Computer finden sie schnell heraus, in welchen Gängen sie die einzelnen Komponenten ihrer Möbelstücke finden. Schon bald darauf ist der Einkaufswagen übervoll mit großen und teils sperrigen Paketen, die Annabel ins Grübeln bringen.

»Du ...Vicky ... so langsam bekomme ich Bauchschmerzen ...«

»Ach was! Stimmte was mit dem Essen nicht?«

»Nein, das war wie immer wunderbar. Ich frage mich nur gerade, ob all das überhaupt in unser Auto passt. Wenn ich das Autopacken Schritt für Schritt im Kopf durchgehe, wirkt das ganz schön knapp.«

»Ach, komm schon! Mach dir doch nicht jetzt schon so viele Gedanken! Wir finden eine Möglichkeit, wenn es so weit ist.«

»Na ja ... Wenn es so weit ist, dann ist es wahrscheinlich auch zu spät, irgendwas zu verändern. Ich habe keine Lust, einen Transporter zu mieten oder zweimal hin und her zu fahren.«

»Wenn dem so sein sollte, fahr ich halt zweimal und du bist aus allem fein raus. Versprochen! Wir finden eine Möglichkeit, wie wir alles unterkriegen. Ich habe es früher geliebt, *Tetris* zu spielen. Es gibt immer einen Weg. Und unserer führt jetzt erst mal zur Kasse! Da darfst du meine Nerven beruhigen, denn jetzt geht's wieder darum, anzustehen und brav dem Prozess zu folgen ...«

An der Kasse freut sich das junge Paar, dass es seine Budgetgrenze einhalten konnte. Mit frischer Energie steuern beide den Einkaufswagen auf den Parkplatz und beginnen, Stück für Stück das Auto zu beladen.

»Ach menno ... Ich hab's doch geahnt, Vicky. Das passt nicht, obwohl es sooo knapp ist. Ich sehe einfach keinen Weg, wie wir diese letzten drei Pakete reinkriegen sollen.«

»Nicht verzagen, Vicky fragen! Bitte setz dich mal ans Steuer und mach hinten beide Fenster runter.«

»Was hast du vor?!«

»Ich denke ein bisschen unkonventionell und rette unseren Tag.«

Victoria legt ein paar Pakete um, verstaut ein sehr breites so, dass es zu beiden Seiten leicht aus dem Fenster ragt, und bittet Annabel anschließend, die Fenster zu schließen.

»Siehst du?! Hat Freiraum und hält! Da bewegt sich nix.«

»Ja, aber es ragt doch an den Seiten raus. Ist das denn erlaubt? Dürfen wir damit überhaupt auf die Straße?«

»Es hängt nicht mehr über, als unsere Rückspiegel rausragen. Kann also nichts schiefgehen. Außerdem sind es nur ein paar Kilometer. Wir nehmen einfach die kleinen Straßen und fahren langsam. Wenn du andere Ergebnisse willst, darfst du auch neue Wege ausprobieren. Bin ich jetzt deine Heldin?«

»Ja, das bist du ... Wenn du das letzte Paket auch noch unterkriegst.«

»Das bekommt den Lagerplatz bei mir auf dem Beifahrersitz. Los jetzt, ich will endlich aufbauen.«

»Ehm, Vicky, das Thema hatten wir doch schon oft genug, oder? Du weißt, dass du bei diesen Möbeln besser auf die Anleitung vertraust, sonst …«

»Papperlapapp! Das werden wir noch sehen. Ich bin doch deine Heldin. Vertrau mir!«

Das Programm auf den Punkt gebracht

Leitfrage: Lässt sich eine Person eher durch Prozeduren und Strukturen oder durch eine breite Vielfalt an Möglichkeiten motivieren?

Ähnlich wie beim Programm *Weg von* und *Hin zu* geht es bei diesem Programm darum, was Menschen motiviert. Der Name verleiht bereits Aufschluss darüber. Annabel aus unserer Geschichte mag klare Prozesse, die ihr Orientierung geben. Victoria hingegen liebt es, kreativ zu denken, neue Wege zu gehen und unbekannte Möglichkeiten zu erkunden. Unsere Geschichte zeigt, wie dieses Programm im Alltag immer wieder zu Reibereien und Konflikten führen kann.

Stellen Sie sich vor, Sie bitten eine Person mit *prozeduralem* Muster, Ihnen einen Schokoladenkuchen zu backen. Wonach wird sie Sie als Erstes fragen? Genau: nach dem Rezept! Nachdem sie es sorgfältig studiert hat, beginnt sie damit, einen Punkt nach dem anderen abzuarbeiten. Bei der Aufforderung, Eier, Mehl und Zucker miteinander zu vermengen, könnte sie kurz ins Stocken geraten. Was ist, wenn sie erst das Mehl, dann den Zucker und schließlich die Eier in die Rührschale gibt? Zugegeben, das ist schon extrem. Doch Sie verstehen, worum es geht: Sie benötigt klare Prozesse und Strukturen, um zum »richtigen« Ergebnis zu gelangen. Und das wird genau der fabelhafte Schokoladenkuchen sein, den Sie sich von dem Rezept wünschen.

Was können Sie nun erwarten, wenn Sie das gleiche Rezept einer Person mit *optionalem* Muster übergeben? Um es neutral zu formulieren, dürfen Sie sich in diesem Fall auf ein Abenteuer gefasst machen. Die Person wird es wahrscheinlich kurz mustern und dann geht sie dazu über, es komplett neu zu erfinden (vielleicht backt sie stattdessen auch Waffeln). Erinnern Sie sich: Ihr innerer Antrieb liegt darin, neue Möglichkeiten zu erforschen. So wird sie mit alternativen oder ergänzenden Zutaten experimentieren, die Abläufe verändern und vielleicht sogar Dinge tun, von denen wir niemals zuvor geträumt hätten. Nun besteht auf der einen Seite natürlich die Gefahr, dass dieser neuartige Schokoladenkuchen Ihre Erwartungen enttäuscht. Immerhin war der aus Ihrem Rezept einfach hinreißend. Auf der anderen Seite ist es jedoch auch möglich, dass dieser neue, *optionale* Schokoladenkuchen Ihre kühnsten Erwartungen noch übertrifft und neue Standards setzt. Gut denkbar, dass Ihr *optionales* Kuchengenie das neue Rezept niederschreibt und im gesamten Freundeskreis verteilt.

Doch was wird wohl geschehen, wenn Sie genau die gleiche Person einen Monat später bitten, genau den gleichen Kuchen noch mal zu backen? Sie wird ihn wieder neu erfinden.

Übrigens ... Lassen Sie uns kurz mal persönlich werden: Die Spülmaschine einräumen – ist das in Ihren Augen eine *prozedurale* oder *optionale* Tätigkeit?

PROZEDURAL

Manchmal trägt das Meta-Programm auch den Namen *Prozessual.* Eine Person mit diesem Muster braucht genaue Anleitungen, Regeln, Strukturen und Prozesse, um ins Handeln zu kommen. Wenn diese fehlen, fühlt sie sich nicht wohl und ist in ihrer Arbeit schon bald wie gelähmt. Sie glaubt daran, dass es den einen »richtigen« Weg gibt, etwas zu tun. Den will sie nehmen und hält sich dabei an die vorgegebenen Schritte, um eine Aufgabe zu erfüllen. Ihre Regel zum Erfolg lautet: Finde einen Prozess, der funktioniert, und mache mehr davon.

Stärken und Schwächen

Kontexte mit klaren Abläufen und bewährten Prozessen sind die ideale Umgebung für *prozedurale* Menschen. Sie folgen gewissenhaft jedem einzelnen Schritt, beachten Anweisungen zuverlässig bis zum Ziel, und – ganz besonders wertvoll – sie bringen die Dinge zum Abschluss. Denn genau das ist eine der wertvollsten Stärken einer ausgeklügelten Prozedur: Sie hat einen Anfang, einen klaren Weg und ein Ende.

Auf der anderen Seite haben Menschen mit ausgeprägtem *prozeduralem* Muster Schwierigkeiten, sich zu motivieren und ins Handeln zu kommen, wenn es keine klaren Prozesse und Strukturen gibt. In diesen Fällen benötigt die Person Rat und Orientierung von außen. Oder jemand mit *optionalem* Programm geht voran und schafft einen Weg.

Eine Welt ohne Prozeduren kann Menschen mit *prozeduralem* Programm Angst machen. Häufig ist damit zum Beispiel die Sorge verbunden, Fehler zu machen. Prozeduren geben also in vielerlei Hinsicht Sicherheit und Orientierung, ohne die diese Menschen nicht in Bewegung kommen.

Problematisch kann das Muster allerdings auch dann sein, wenn die Prozeduren nicht optimal oder sogar überholt sind. Denn Menschen mit diesem Programm folgen dem Plan in der Regel auch dann, wenn der Plan Mist ist.

OPTIONAL

Im Kern dieses Programms stehen zwei zentrale Antreiber. Erstens lieben es Menschen mit *optionalem* Programm, sich alle Möglichkeiten offenzuhalten. Denken Sie nur an Victoria aus unserer Geschichte, die sich nicht für neue Möbelstücke entscheiden will, weil sie sich dann womöglich andere Einrichtungsoptionen verbaut. Eine wertvolle Formulierung in diesem Kontext ist daher: Mit diesem Angebot stehen Ihnen alle Möglichkeiten offen. Annabel hätte Victoria mit dem Argument überzeugen können, dass sie sich mit dem Teppich und dem kleinen Tisch alle Optionen bewahren. So könnten sie sie jederzeit neu arrangieren oder auch in anderen Räumen einsetzen. Wir legen den Fokus also hier auf den Antrieb, sich nicht einzuschränken oder in den Wahlmöglichkeiten zu begrenzen.

Der zweite Antreiber, der unwiderstehlich auf *optionale* Menschen wirkt: Sie lieben es, Regeln zu brechen. Ob es darum geht, direkt zum freien Parkplatz zu gelangen, sich einen schnelleren Weg durch das Möbelhaus zu bahnen oder einen Schokoladenkuchen zu backen – Lösungen abseits der Norm lassen das Herz der *Optionalen* wilder pochen. Selbst da, wo es bereits feste und erprobte Strukturen gibt, suchen Menschen mit *optionalem* Muster nach Wegen, die Dinge auf vollkommen andere Art und Weise zu tun.

Stärken und Schwächen

Bei einem Spaziergang durch Hamburg kamen wir neulich an einer Filiale eines internationalen Franchise-Unternehmens vorbei, das uns mit einer Stellenanzeige im Schaufenster zum Schmunzeln brachte. Neben ein paar kleineren Details stand auf dem A4-Zettel die Überschrift: *Suchen kreative Bedienung zur Verstärkung unseres Teams.* Mit dem Wissen um dieses Programm dürfte ein Teil von Ihnen in Zukunft mit dem Gedanken »Nein, das sucht ihr nicht!« reagieren. Kaum ein anderes Geschäftsmodell lebt so sehr von klaren Strukturen wie ein Franchise-Unternehmen. Hier hat sich vor einiger Zeit eine (wahrscheinlich *optionale*) Person hingesetzt und die Prozesse so entwickelt und optimiert, dass das Unternehmen optimale Kundenerlebnisse bei maximaler Profitabilität garantiert. Es gibt also sehr gute Gründe, warum die Abläufe so sind, wie sie sind. Das Letzte, was Sie in diesem Fall wollen, ist jemand, der bestehende Strukturen hinterfragt und neu denken will. Im Grunde hätte die Stellenanzeige etwas überspitzt lauten können: *Suchen Bedienung, die freudvoll und unkritisch unseren festgelegten Prozessen folgt.* Zugegeben, das klingt weniger sexy, doch Menschen mit *prozeduralem* Muster würden sich davon angesprochen fühlen und mit Freude den vorgegebenen Strukturen folgen.

Genau das kann eine Schwäche des *optionalen* Programms sein: Die Person hat Schwierigkeiten, sich an bestehende Strukturen zu halten. Fehlen ihr Spielräume und die Möglichkeit zum Regelbruch, kann ihre Motivation eingehen wie eine Blume in der Wüste.

Hat sie hingegen Gestaltungsoptionen, blüht sie auf und entfacht ihre vollen Stärken. Menschen mit *optionalem* Muster sind beispielsweise überall dort Gold wert, wo es darum geht, neue Wege zu schaffen oder bestehende zu optimieren. Um Prozesse und Strukturen geht es also auch beim *optionalen* Programm – doch mit einem großen Unterschied: Die Person *entwickelt* Checklisten, Schritt-für-Schritt-Anleitungen und Prozeduren. Sie gibt sie an andere weiter und erklärt sie ihnen auch, doch sie wird sich danach selbst nicht daran halten, sondern bei nächster Gelegenheit danach streben, sie wieder zu verändern und nach neuen Wegen zu suchen. Denken Sie an den Schokoladenkuchen.

So erkennen Sie das Programm

Dieses Programm können Sie mit einer sehr einfachen Frage im Gespräch herausfinden, die sich je nach Kontext anpassen lässt, zum Beispiel so:

- Warum haben Sie sich für Ihren derzeitigen Job entschieden?
- Warum haben Sie sich für Ihre aktuelle Beziehung entschieden?
- Warum haben Sie sich für diesen Karatekurs entschieden?

Auch hier liegt der Fokus darauf, Ihr Gegenüber zum Reden zu bringen. Es geht erneut weniger darum, *was* die Person sagt, sondern *wie* sie ihre Antwort strukturiert. Nehmen Sie sich eine Minute Zeit, die Frage in einem Kontext Ihrer Wahl für sich zu beantworten. Notieren Sie Ihre spontanen Gedanken möglichst genau. So haben Sie eine hervorragende Basis, um die Struktur Ihrer Sprache zu analysieren.

Fertig? Gut! Betrachten Sie nun die Struktur dessen, was Sie geschrieben haben. Handelt es sich dabei eher um eine lose Liste von Kriterien, die Sie auch in Form von Stichpunkten in einer Aufzählung darstellen würden? Das könnte für den Kontext Arbeit etwa so aussehen: *Der Job bot mir gute Aufstiegschancen, ein sehr attraktives Gehalt und lag noch dazu nah an meinem Wohnort.* Eine solche Antwort spricht in diesem Kontext für ein optionales Muster. Sie enthält Kriterien, Optionen, Alternativen, Gelegenheiten und Möglichkeiten.

Haben Sie hingegen eine Antwort erhalten, die in ihrer Form einer kleinen Geschichte gleicht, haben Sie es mit einem *prozeduralen* Programm zu tun. Die Person spricht von Tatsachen sowie Ereignissen und schildert auch äußere Umstände, wie es dazu gekommen ist. Hier ein Beispiel: *Also das war so ... Bei meiner alten Arbeit war ich schon länger unglücklich. Ich scannte jede Woche die Stellenanzeigen, konnte mich aber nicht aufraffen, bis mir plötzlich meine beste Freundin diesen Hinweis gab. Das Unternehmen passte von seiner Kultur her super. Ich bewarb mich, erhielt eine Einladung zum Vorstellungsgespräch, und so führte eins zum anderen.* Eine *prozedural* strukturierte Antwort muss übrigens nicht unbedingt länger als eine *optionale* sein. Die Länge der Antwort hängt vom Meta-Programm *Detail/Global* ab.

Ihre Frage bringt das Filtersystem Ihres Gegenübers zum Arbeiten und die Antwort trägt einen ganz deutlichen Filterabdruck. Denkt die Person vorrangig in Sequenzen, Strukturen und einzelnen Schritten, zeigt sich das in ihrer Sprache. Wie bei unserem Beispiel für eine *prozedurale* Antwort erhalten Sie oft schon mit den ersten Worten der Antwort klare Indizien, um welches Programm es sich handeln kann. Hinweise sind zum Beispiel eine Einleitung mit *Also, das war so* oder *Also, das lief folgendermaßen ab.* Die Person interpretiert Ihre Warum-Frage im Sinne von *Wie ist es dazu gekommen?* Im optionalen Fall geht die Deutung in Richtung *Was sind die Gründe für Ihre Entscheidung?* Dennoch raten wir Ihnen, die gesamte Antwort abzuwarten, denn Sie wissen: Bei den Programmen muss es kein Entweder-oder geben – es darf auch ein Dazwischen sein. Das erkennen Sie an Antworten, die sowohl Sequenzen als auch Kriterien enthält: *Vor drei Jahren lernte ich meinen neuen Chef kennen. Wir trafen uns erst zum Abendessen, dann stellte er mir sein Unternehmen vor, und schnell war klar: Der Job ist es! Denn er hatte alles, was mir wichtig war: Freiraum für meine persönliche Entwicklung, ein exzellentes Gehalt und ein eigenes Fitnessstudio.* An dieser Form der Antwort erkennen Sie, dass sich jemand flexibel zwischen beiden Polen des Programms bewegen kann.

Ob Sie mit Ihrer Einschätzung richtig liegen, können Sie übrigens auch im weiteren Gesprächsverlauf überprüfen: Achten Sie einfach auf die Struktur der Sprache. Menschen, die im jeweiligen Kontext eher ein *prozedurales* Muster haben, werden auch im weiteren Gesprächsverlauf immer wieder in Sequenzen sprechen.

BEEINFLUSSENDE SPRACHE

Prozedural: Sprechen Sie in Sequenzen, schildern Sie Strukturen, Abläufe und einzelne Schritte.

- Erstens ... zweitens ... drittens ...
- Erst ... doch dann ... nachdem ...
- Eins nach dem anderen ...
- Zug um Zug, in einzelnen/kleinen Schritten, in Etappen, der Reihe nach
- Der (eine) richtige Weg
- Schritt-für-Schritt-Anleitungen

- Sukzessive, allmählich, schrittweise, stückweise, stufenweise, graduell, kontinuierlich, portionsweise

Optional: Formulieren Sie Gelegenheiten und Möglichkeiten.

- Damit stehen Ihnen alle Möglichkeiten offen.
- Wir können in Ihrem Fall die Regeln umgehen/brechen.
- Eine Ausnahme machen
- Einen besseren Weg finden, neue Wege gehen
- Unbegrenzte Möglichkeiten

Praxistipps

Lehren und Lernen mit *prozeduralem* Programm

Nach unserer Erfahrung lernen Menschen Neues am besten im *prozeduralen* Modus. Das heißt, viele freuen sich über Schritt-für-Schritt-Anleitungen und klare Beispiele, wenn sie Dinge zum ersten Mal ausprobieren. Das ist nicht verwunderlich, denn dieses Vorgehen vermittelt Sicherheit und Orientierung. Insbesondere, wenn Menschen gestresst, verängstigt oder überfordert sind, tendieren sie instinktiv zu festen Strukturen, Beständigkeit und Bewährtheit. Steht erst einmal die Basis, beginnen manche recht früh, die Grenzen auszuloten, Regeln zu brechen und Alternativen auszuprobieren, während andere eher im *prozeduralen* Modus verweilen.

Sollten Sie also Menschen anleiten oder unterrichten, legen wir Ihnen ans Herz, zumindest zu Beginn *prozedural* vorzugehen. Alle Menschen mit *optionalem* Programm halten Sie zum Beispiel mit einem Spruch bei Laune wie *Man muss die Regeln erst beherrschen, um mit ihnen brechen zu können* oder *Wenn Sie sich an diese fünf Punkte halten, stehen Ihnen alle Möglichkeiten offen.*

Optionale Menschen für Prozesse begeistern

Wenn Sie etwas mehr Struktur in ein Team *optionaler* Freigeister bringen möchten, dann haben Sie bei der Überschrift gerade vielleicht funkelnde Augen bekommen. Doch so viel vorab: Grundsätzlich werden Sie Menschen mit sehr *optionalem* Muster auch nicht mit ausgeklügelten Strategien über Nacht dazu bringen, sich dauerhaft und starr an vorgegebene Prozesse zu halten. Sie können nicht anders, als nach neuen Wegen zu suchen, und ihre Stärke liegt nun einmal darin, Dinge neu zu erfinden. Setzen Sie ihr Potenzial also lieber an Positionen ein, bei denen das *optionale* Meta-Programm besser aufgehoben ist, und rekrutieren Sie für zu *optionale* Teams in Zukunft Menschen mit einem *prozeduraleren* Muster.

Dennoch können Sie im Alltag mit einem kleinen Trick experimentieren, der Prozessen den Zwang nimmt und sie ein wenig entspannter präsentiert. Das Zauberwort lautet *Gamification.* Machen Sie ein Spiel draus bzw. ergänzen Sie Prozesse um spielerische Elemente. Lassen Sie die Menschen zum Beispiel Trophäen oder andere Belohnungen sammeln, wecken Sie ihren Ehrgeiz mit Ranglisten oder veranschaulichen

Sie anhand eines Fortschrittsbalkens, wo im Prozess sie sich befinden und wie viel sie bereits erreicht haben. Dadurch verwandeln Sie zwar keine *prozedurale* Person in eine *optionale*, doch Sie können die Motivation der Menschen deutlich steigern, dem Prozess bis zum Abschluss zu folgen. Außerdem lenken Sie die Aufmerksamkeit weg von den Prozeduren und hin zu einem bunteren Drumherum. Fragen Sie sich also: Wie könnten Sie Ihre Prozesse so präsentieren, dass sie lockerer, abwechslungsreicher und damit weniger trocken wirken?

Brechen Sie den Fluch des tragischen Genies

Kennen Sie Menschen, die vor Ideen nur so sprudeln und ständig neue Pläne schmieden? Doch jedes Mal, wenn Sie sie wiedersehen, sind sie gedanklich längst weitergezogen und tüfteln schon wieder an etwas völlig anderem? Richtig kanalisiert kann diese kreative Urgewalt ein wahrer Segen sein, doch zuweilen entpuppt sie sich auch als ein tragischer Fluch. Immer wieder sprechen uns im Seminar Menschen an, denen ihre ausgeprägte *Optionalität* zu schaffen macht. Ohne Frage, ihre Kreativität erfüllt sie mit Stolz, doch auf Dauer leiden manche darunter, dass keine ihrer Ideen so weit heranreift, dass sie Früchte tragen kann. Während sie einem genialen Einfall nach dem anderen hinterherjagen, fokussieren sich andere mit Disziplin, Fleiß und Beharrlichkeit auf eine Sache und führen sie so zum Erfolg.

So fühlen sich manche *optionalen* Menschen wie tragische Genies, bei denen sich der Erfolg trotz aller Genialität nicht einstellen will. Da Ideen ihren vollen Wert erst mit einer gekonnten Umsetzung entfachen, sabotieren sich diese Genies immer wieder selbst, indem sie ihren Fokus mit ständig neuen Baustellen verwässern. An dieser Stelle des Buches haben Sie den Dreh vielleicht längst raus und wissen, dass in so einem Fall ein *prozedurales* Genie die ideale Ergänzung zum *Optionalen* bilden würde. Die Kombination wäre unaufhaltsam, wenn sie einen starken Prozess kontinuierlich optimiert, bis er fast wie von selbst zu brillanten Ergebnissen führt.

Darüber hinaus gibt es noch eine zweite Option, wie sich ein kreatives Genie auf Umsetzungskurs bringen kann: mit einem Accountability-Partner, also einem Rechenschaftspartner. Diese Person kann zum Beispiel ein Coach sein. Er hat den Auftrag, seinen Coachee durch die Umsetzung zu begleiten, sich auf eine Sache zu konzentrieren und auch davon abzuhalten, neue Nebenschauplätze zu eröffnen und sich in kreativen Spielereien zu verzetteln. Im Rahmen des Coachings geht es also darum, den Fokus immer wieder auf das Wesentliche zu lenken, mit der Frage: Was ist die eine Sache, die jetzt den größten Unterschied macht, um dem ersehnten Ergebnis ein Stück näherzukommen?

Entwickeln Sie ein Gespür für das *Wie* und *Warum*

Das Meta-Programm *Prozedural/Optional* kann Sie in zahlreichen Bereichen Ihrer Kommunikation dabei unterstützen, noch besser auf andere Menschen einzugehen. Achten Sie dabei besonders auf die beiden Worte *Wie* und *Warum.*

Wenn Sie jemandem etwas erklären, und die Person stellt Ihnen eine Frage, die mit *Warum* beginnt, denkt sie in dem Muster *optional.* Sie können diese Frage dann auch übersetzen mit: *Warum so und nicht auf einem der diversen anderen Wege?* Die beste Antwort beginnt dann mit: *Weil Ihnen so auch später alle Möglichkeiten offenstehen.*

Stellt Ihnen die Person hingegen eine Frage, die mit *Wie* beginnt, denkt sie in dem Muster *prozedural.* Die Antwort sollte in diesem Fall keine anderen Lösungswege aufzeigen und nicht die ungestellte Frage nach dem *Warum* beantworten, sondern idealerweise eine Schritt-für-Schritt-Anleitung für den Prozess beinhalten.

Typischerweise fällt das Menschen mit dem jeweils gegenteiligen Programm oft schwer. Wenn Sie alte Kommunikationsprobleme vermeiden wollen oder noch wirkungsvoller kommunizieren möchten, dann lohnt es sich, an so einer Stelle wachsam zu sein und zu üben.

Zusammenfassung: Prozedural vs. Optional

Leitfrage: Lässt sich eine Person eher durch Prozeduren und Strukturen oder durch eine breite Vielfalt an Möglichkeiten motivieren?

Identifikationsfrage: Warum haben Sie sich für Ihren derzeitigen Job entschieden?

Prozedural

Eine Person mit dem Programm *Prozedural* braucht genaue Anleitung, Regeln und Strukturen, um ins Handeln zu kommen. Sie fühlt sich nicht wohl, wenn es keine Struktur gibt. Sie will den einen »richtigen« Weg nehmen und hält sich an vorgegebene Schritte, um eine Aufgabe zu erfüllen.

> **Stärken:** Hält sich an vorgegebene Schritte und folgt klaren Anweisungen zuverlässig bis zum Ziel. Bringt die Dinge zum Abschluss.

> **Schwächen:** Hat Schwierigkeiten, sich zu motivieren und ins Handeln zu kommen, wenn es keine klaren Prozesse und Strukturen gibt.

> **Hinweise auf das Programm:** Spricht von Tatsachen, Geschichten, Ereignissen, äußeren Umständen.

> **Passende Sprache:** in Prozeduren sprechen: erstens ... zweitens ... dann ... nachdem ..., der richtige Weg, bewährt, Strukturen und Abläufe schildern, Schritt-für-Schritt-Anleitungen

Optional

Eine Person mit dem Programm *Optional* geht dann in ihrer Arbeit auf, wenn sie eine Vielzahl von Möglichkeiten hat. Gelegenheiten und Optionen motivieren sie. Sie mag es nicht, Prozeduren zu befolgen, sondern will ihre eigenen Abläufe entwickeln, mit Regeln brechen und Neues starten.

> **Stärken:** Denkt von Natur aus innovativ und kreativ. Erschafft Prozeduren und findet Möglichkeiten.

> **Schwächen:** Hat große Probleme damit, sich an Vorgaben und Regeln zu halten. Verliert Spaß und Motivation, wenn die Arbeit zu vorhersehbar wird.

> **Hinweise auf das Programm:** Spricht von Kriterien, Optionen, Alternativen, Gelegenheiten und Möglichkeiten.

> **Passende Sprache:** Gelegenheiten, unbegrenzte Möglichkeiten, wir können in diesem Fall die Regeln umgehen, Regeln brechen, einen besseren Weg finden

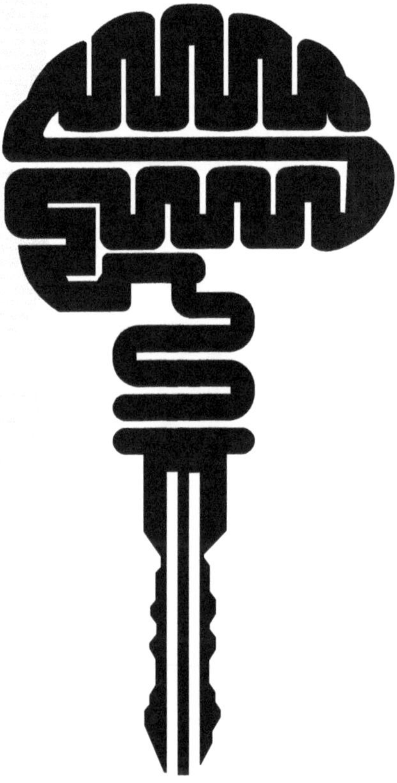

PROGRAMM 6

GLEICHHEIT VS. FORTSCHRITT VS. UNTERSCHIEDLICHKEIT

Drang nach Veränderung oder bewahren, was bereits ist?

An einem traumhaften Junimorgen macht sich Ulrich mit seinem Schwiegervater Wolfang auf dem Weg zum Autohaus. Wolfgang, der seit fünfundzwanzig Jahren Autos derselben Marke fährt, ist enttäuscht von seinem letzten Fahrzeug. Der Unterboden rostete, die Elektronik spielte verrückt, und im Autohaus schob man ihm schließlich auch noch die Schuld in die Schuhe: »Sie müssen Ihr Fahrzeug einfach besser pflegen«, hieß es dort. Dieser Satz zerschnitt Wolfgangs letzten Geduldsfaden. Ausnahmslos jedem seiner fünf Wagen hatte er einen trockenen Logenplatz in seiner Garage gewidmet. Ja, er pflegte seine Autos so gut, dass er jedes Mal sagenhafte Wiederverkaufswerte erzielt hatte.

»Mach dir keine Vorwürfe«, beruhigte ihn Ulrich. »Es wird schon einen Anbieter geben, der dir die Qualität bieten kann, auf die du seit so vielen Jahren baust. Hier ist ein guter Anfang«, ermutigte ihn Ulrich, als beide das Autohaus betraten. Nach einem freundlichen Empfang und frischen Getränken kam ein junger, dynamischer Mann mit elegantem Anzug auf die beiden Männer zu und begrüßte sie mit souveränem Ton: »Guten Morgen! Sie sind auf der Suche nach einem neuen Fahrzeug?« Er musterte die beiden Herren. »Sagen Sie mir, was haben Sie denn bisher gefahren?«

Wolfgang kannte jede Modellbezeichnung seiner Fahrzeuge und wollte gerade zur Motorisierung und Ausstattung kommen, als ihm der junge Verkäufer ins Wort fiel: »Ich habe da etwas für Sie! Das ist vollkommen anders als alles, was Sie bisher in Ihrer Garage hatten! Machen Sie sich bereit, ein völlig neues Fahrerlebnis kennenzulernen.«

Ganz automatisch folgten Wolfgang und Ulrich den Verkäufer, doch schon nach einigen Schritten blieb Wolfgang stehen, nahm Ulrich beim Oberarm und sagte: »Ich glaube, das hier ist nichts für mich. Ich hab kein gutes Gefühl bei der Sache. Lass uns gehen.«

Der junge Verkäufer war in seinem Eifer schon zehn Schritte weiter, als er bemerkte, dass sich seine beiden potenziellen Kunden umgedreht hatten und zurück in die Lobby steuerten. »Aber warten Sie doch! Sie haben das Fahrzeug doch noch gar nicht gesehen.«

»Ich habe genug gehört. Das passt leider nicht. Vielen Dank für Ihre Zeit«, rief ihm Wolfgang mit sanfter Stimme zu.

Vor dem Gebäude sammelten sich die beiden Männer. Mit so einem kurzen Besuch hatte Ulrich nicht gerechnet. Beide berieten, wo sie als Nächstes hinfahren sollten, als ein anderer Verkäufer aus dem Gebäude kam. Er verabschiedete eine junge Dame und widmete sich dann den beiden Herren: »Entschuldigen Sie bitte … Ich habe eben am Rande Ihr Gespräch mit meinem Kollegen mitbekommen … Ist alles in Ordnung? Oder kann ich Ihnen noch etwas Gutes tun?«

»Wissen Sie«, holte Ulrich aus, »wir sind auf der Suche nach einem schönen Wagen für meinen Schwiegervater.«

»Na, da sind Sie hier doch genau an der richtigen Stelle. Verraten Sie mir, was Sie bis heute gefahren sind?«

Wolfgang schilderte in wenigen Sätzen die Liebesgeschichte mit seiner bevorzugten Automarke – die mit dem Stern – der letzten fünfundzwanzig Jahre. Der Verkäufer nickte aufmerksam, und als Wolfgang schließlich auf die jüngsten Entwicklungen zu sprechen kam, beruhigte ihn der Verkäufer: »Danke für Ihre Erläuterungen. Wir haben in den letzten Monaten tatsächlich immer mehr Kundinnen und Kunden, die aus ähnlichen Gründen zu uns kommen. Und ich kann Sie gut verstehen. Unsere Autos sind heute das, was andere Marken früher waren. Ja, man könnte sogar sagen: Sie sind genau das, was Sie kennen und schätzen – nur ohne Stern. Wir verbinden konstant hohe Qualität mit zeitlosen Werten und langer Tradition. Und genau diese Beständigkeit und Zuverlässigkeit schätzen viele Menschen an uns.«

Wolfgang nickte zustimmend und Ulrich konnte beobachten, wie sich die eben noch strenge Miene seines Schwiegervaters in ein wohlwollendes Lächeln verwandelte.

»Darf ich Sie einladen, mir noch einmal nach drinnen zu folgen? Ich würde Ihnen gerne einen echten Klassiker zeigen, der mit Blick auf Ausstattung und Motorisierung so gut wie identisch mit Ihrem aktuellen Modell ist – natürlich mit solidem Unterboden und einer zuverlässigen Elektronik.«

»Das ist Musik in meinen Ohren!«, brach es aus Wolfgang heraus.

So folgten beide Männer dem Verkäufer und es dauerte weniger als eine Stunde, bis Wolfgang seine Unterschrift auf die Papiere setzte und mit gutem Gefühl und einem neuen Fahrzeug das Autohaus verließ.

Das Programm auf den Punkt gebracht

Leitfrage: Wie sehr mag jemand, dass Dinge sind, wie sie sind und möglichst auch so bleiben? Und wie aufgeschlossen ist die Person für Fortschritt und Veränderung in einem bestimmten Kontext?

Anders als die bisherigen Programme verfügt dieses neben den beiden Außenpolen *Gleichheit* und *Unterschiedlichkeit* auch über eine dritte Ausprägung *Fortschritt.* Im Kern des Programms geht es darum, wie sehr sich die Person in einem gewissen Kontext Veränderung wünscht und diese auch selbst initiiert oder ob sie es bevorzugt, dass die Dinge möglichst so bleiben, wie sie sind.

Wolfgang in unserem Beispiel hat ein starkes Gleichheitsmuster. Er ist seiner Automarke seit mehr als fünfundzwanzig Jahren treu und würde am liebsten auch weiterhin bei seinem Modell bleiben. Doch paradoxerweise zwingt ihn die Veränderung in der Qualität, an anderer Stelle nach Kontinuität zu suchen. Der erste Verkäufer hat das *Gleichheit*-Programm nicht erkannt und überschüttet Wolfgang stattdessen mit *Fortschritt* und *Unterschiedlichkeit.* Damit bewirkt er jedoch, dass sich sein Kunde nicht verstanden fühlt und sogar ein so schlechtes Gefühl entwickelt, dass an einen Kauf nicht mehr zu denken ist.

Der zweite Verkäufer fragt erst einmal genauer nach und hat das entsprechende Muster schnell erkannt. Mit seiner Sprache betont er anschließend, dass der Kunde mit einer Entscheidung für eines seiner Fahrzeuge genau die Aspekte bewahren kann, die ihm bis heute so wichtig sind. Insbesondere Worte wie Tradition, Kontinuität und Stabilität zahlen auf das Meta-Programm ein. Diese Darstellung sorgt dafür, dass sich Wolfgang verstanden fühlt und aus diesem Gefühl heraus auch gerne eine Kaufentscheidung trifft.

GLEICHHEIT

Menschen mit dem Programm *Gleichheit* bevorzugen es, dass die Dinge so bleiben, wie sie sind. Größere Veränderung akzeptieren sie frühestens nach fünfzehn Jahren und würden überhaupt erst nach etwa fünfundzwanzig Jahren den Wunsch verspüren, selbst etwas an ihrer Situation zu verändern.

Stärken und Schwächen

Wer zum Beispiel im Kontext Arbeit ein *Gleichheit*-Muster hat, gilt gerne als »treue Seele« und kann insbesondere durch die hohe Zuverlässigkeit für ein Unternehmen sehr wertvoll sein. Passen die Rahmenbedingungen und fühlt sich die Person wohl, kann sie ohne Weiteres deutlich mehr als fünfundzwanzig Jahre auf der gleichen Stelle arbeiten. Das Bekannte und Bewährte sowie Tradition und Beständigkeit geben ihr ein gutes Gefühl. Und nicht nur für ein Unternehmen ermöglicht dieses Muster lange Planungshorizonte, sondern auch in anderen Kontexten wie Beziehung oder Sport kann es zu langen Verbindungen beitragen.

Auf der anderen Seite tut sich die Person schwer mit Wandel und möchte sich ungern auf Veränderungen ein zu lassen. In solchen Fällen benötigt sie intensive Begleitung.

FORTSCHRITT

Eine Person mit dem Programm *Fortschritt* mag eine gewisse Stabilität und Regelmäßigkeit, steht dem Wandel jedoch deutlich offener gegenüber als beim *Gleichheit*-Muster. Veränderungen strebt sie im entsprechenden Kontext etwa alle fünf bis sieben Jahre an. Sie mag jedoch grundsätzlich beständige, graduelle Weiterentwicklungen. Der Prozess ähnelt einer konstanten Evolution. Es gibt einen festen Kern, der sich Stück für Stück in gemäßigtem Tempo verändert.

Stärken und Schwächen

In vielen Kulturkreisen hat die Zahl Sieben eine symbolische und manchmal sogar magische Bedeutung. Mit Blick auf Veränderung spricht der Volksmund auch gerne vom »verflixten siebten Jahr«, in dem stabile Beziehungen plötzlich eine unerwartete Wende erleben. Oder es ist die Rede von Sieben-Jahres-Zyklen, wonach wir in unserem Leben alle sieben Jahre eine neue Phase erreichen, bei der eine größere Veränderung ansteht.

Die Stärken dieses Musters liegen in der Anpassungsfähigkeit der Person sowie in ihrem konstanten Weiterentwicklungspotenzial. Sie benötigt zwar etwas Zeit, sich auf Neues einzustellen, kann dann jedoch mit der Veränderung umgehen. Im Arbeitskontext kann sich dieses Muster zum Beispiel so ausdrücken, dass die Person auf einer Position einsteigt, im Laufe der Jahre neue Fähigkeiten erlernt, andere Aufgabenbereiche entdeckt, sich kontinuierlich fortbildet und schließlich sogar Führungsverantwortung übernimmt. Veränderung muss also nicht bedeuten, dass die Person im siebten Jahr das Unternehmen verlässt, sondern die Veränderung kann sich auch innerhalb des Arbeitsverhältnisses gestalten.

Bleibt eine Person mit *Fortschritt*-Muster hingegen über die sieben Jahre hinaus auf derselben Stelle, kann ihre Motivation sinken und Unmut sich in ihr ausbreiten.

UNTERSCHIEDLICHKEIT

Eine Person mit dem Programm *Unterschiedlichkeit* liebt das Neue und den ständigen, schnellen Wandel. Sie braucht alle ein bis zwei Jahre eine große Veränderung. Haben wir den Pol *Fortschritt* eben noch als Evolution bezeichnet, gilt hier nun absolute Revolution!

Vielleicht haben Sie auch schon mal auf Lebensläufe geblickt, die übersät waren mit unterschiedlichen Stationen, an denen die Person nie länger als zwei Jahre am Stück geblieben ist. Ein solches Muster kann ein guter Hinweis auf das Meta-Programm *Unterschiedlichkeit* sein. Allerdings sollten Sie dennoch sicherstellen, dass die Person mit diesem raschen Wandel auch wirklich glücklich ist. Denn die Wahl unserer Arbeitsstelle ist nicht allein eine Frage dieses einen Programms, sondern auch abhängig von unseren Werten, unseren persönlichen Zielen, dem Umfeld und vielem mehr. So ist es durchaus auch denkbar, dass die Person unfreiwillig kurze Stationen eingelegt hat, weil sie bei der Jobsuche mehrfach einfach Pech hatte oder an der jeweiligen Stelle nicht den Rahmen vorgefunden hat, in dem sie sich vorstellen konnte, länger zu verweilen.

Stärken und Schwächen

Wer ein ausgeprägtes *Unterschiedlichkeit*-Muster hat, kommt gut in Bereichen zurecht, die ständigem Wandel unterliegen. Denken Sie zum Beispiel an eine Management-Position, bei der alle ein bis zwei Jahre völlig neue Projekte (vielleicht sogar auf verschiedenen Kontinenten) warten. Wer sich schnell und leicht auf große Veränderungen einstellen kann, ist hier gut aufgehoben.

Problematisch kann dieses Programm dann werden, wenn Sie über viele Jahre planen wollen – zudem in einem Bereich, in dem größere Veränderungen eher selten sind. In einem solchem Umfeld ist eine Person mit *Unterschiedlichkeit*-Programm nur schwer zu halten. Sie müssten viel Energie aufbringen, um die Person immer wieder neu für eine Sache zu gewinnen und zu begeistern.

So erkennen Sie das Programm

Auch dieses Programm können Sie mit einer Frage (in diversen Varianten) gezielt im Gespräch ermitteln:

- Wie ist die Beziehung zwischen Ihrer Arbeit in diesem Jahr und im letzten Jahr?
- Wie ist das Verhältnis zwischen Ihrer Beziehung in diesem Jahr und im letzten Jahr?
- Wie ist die Beziehung zwischen Ihrem Hobby in diesem Jahr und im letzten Jahr?

Machen Sie sich keine Gedanken, wenn diese Frage erst einmal seltsam auf Sie wirkt. Stellen Sie sie in möglichst neutralem Ton, als wäre sie vollkommen gewöhnlich und selbstverständlich. Sie möchten damit herausfinden, wie das Filtersystem Ihres Gegenübers arbeitet. Erinnern Sie sich: Die Programme prägen die Art und Weise, wie die Menschen die Welt wahrnehmen. Sie beeinflussen unmittelbar das Denken, Fühlen und Handeln. Mithilfe der Frage finden Sie heraus, ob jemand eher erkennt und mag, dass die Dinge gleichbleiben, oder ob die Person eher die Unterschiede wahrnimmt. Daher vermeiden wir in der Frage bewusst Formulierungen wie *Was hat sich verändert?* oder *Welche Ähnlichkeiten gibt es?* Mit solchen Fragen würden wir die Gedanken der Person primen – sie also in eine bestimmte Richtung lenken und damit das Ergebnis verfälschen. Denn auch eine Person mit dem Meta-Programm *Unterschiedlichkeit* kann Gleichheiten und Ähnlichkeiten erkennen, wenn Sie sie aktiv danach fragen. Bleiben Sie also bei der oben genannten Frage, um das Programm zu erkennen, und passen Sie diese nur auf den jeweiligen Kontext an, in dem Sie das Programm ermitteln möchten.

Im nächsten Schritt achten Sie, wie bei allen anderen Programmen auch, auf die Sprache Ihres Gegenübers. Fallen in der Antwort Stichworte wie *genau wie, unverändert* oder *gleich*, sind diese ein Indiz für das Programm *Gleichheit.* Die Person interpretiert Ihre Frage intuitiv in Richtung von *Was ist gleichgeblieben?* oder *Was sind die Ähnlichkeiten?* Es kann sogar sein, dass sie aktiv nachfragt, ob Sie die Ähnlichkeiten und Gemeinsamkeiten meinen. Erkennen Sie, wie selbst schon eine solche Rückfrage Hinweise auf das Programm liefern kann? Auch auf inhaltlicher Ebene betont die Person Gemeinsamkeiten und erfasst all das, was sich nicht verändert hat.

Beim zweiten Pol *Fortschritt* kann die Antwort auf Anhieb ähnlich aussehen: Die Person erkennt grundsätzliche Ähnlichkeiten und richtet dann den Fokus auf die Entwicklungen. So wird sie zum Beispiel Vergleiche anstellen oder den Grad der Veränderung auf einer Skala beschreiben. Sie nimmt also wahr, dass sich die Dinge kontinuierlich entwickeln. Achten Sie außerdem auf die Wörter *mehr, weniger, besser, größer, kleiner* oder ähnliche Vergleichsformen, denn sie können hilfreiche Indizien auf das Programm Fortschritt sein.

Den dritten Pol *Unterschiedlichkeit* erkennen Sie an Schlüsselworten wie *neu, ganz anders, völlig verschieden, nichts ist wie vorher* etc. Vielleicht eröffnet die Person ihre Antwort auch mit dem Satz: »Ich verstehe die Frage nicht.« Damit drückt sie aus, dass sie keinerlei Beziehung erkennen kann, sondern nur die Unterschiede im Blick hat.

BEEINFLUSSENDE SPRACHE

> **Gleichheit**: genau wie, genauso wie, haargenau dasselbe, gleich, wie du es immer machst, wie früher, (vollkommen) vertraut, unverändert, wie du es kennst, altbekannt, einheitlich, übereinstimmend, zusammengehörig, gleichmäßig, gleichartig, gleichförmig, auf gleiche Art und Weise, wie sonst auch, identisch, das deckt sich mit, das entspricht, kongruent, stimmig, ohne Unterschied, ununterscheidbar, völlig gleich, genau dasselbe, ein und dasselbe

> **Fortschritt**: mehr, besser, weniger, genau gleich außer, ähnlich wie, Fortschritt, Verbesserung, ein Schritt/Sprung nach vorne, in Entwicklung, fortschrittlich, auf dem neusten Stand bleiben, zeitgemäß, auf der Höhe der Zeit bleiben, progressiv, richtungweisend, zukunftweisend, modern, aktuell, aktualisiert

> **Unterschiedlichkeit**: neu, neuartig, brandneu, neumodisch, disruptiv, innovativ, revolutionär, (vollkommen) anders, nichts ist wie vorher, alles ist anders, total unterschiedlich, von Grund auf verschieden, komplett verändert, Umstellung, verwandelt, einzigartig, revolutionär, brandneu

Praxistipps

Bedeutet Veränderung immer auch Abschied?

»Meine Beziehung ist gerade im siebten Jahr, und ich vermute, mein Partner hat in diesem Kontext das Meta-Programm *Fortschritt.* Bei ihm hat in der Vergangenheit keine Beziehung länger als sechs Jahre gehalten. Werde ich ihn jetzt verlieren, weil er eine Veränderung braucht?« Diese Frage erreicht uns in nahezu jedem unserer Seminare. Wenn auch Ihre Beziehung sich gerade dem siebten Jahr nähert – atmen Sie auf! Der Wunsch nach Veränderung muss nicht notgedrungen die gesamte Beziehung infrage stellen. Sie können dieses Muster schon mit kleinen Veränderungen im Alltag bedienen oder indem Sie der Beziehung neue Impulse verleihen. Manche Paare verloben sich zum Beispiel im siebten Jahr, andere wünschen sich Kinder, legen sich ein Haustier zu oder planen den Umzug in ein neues Zuhause.

Grundsätzlich können regelmäßige Veränderungen neue Würze in eine Partnerschaft bringen. Vielleicht ist auch Ihre Beziehung mit wilden Schmetterlingen im Bauch gestartet. Die ersten Dates waren aufregend, Sie haben Ihre Komfortzone verlassen und konnten weder Augen noch Finger von der anderen Person lassen. Genauso typisch wie diese frühe Phase scheint es zu sein, dass sich Abenteuer und Neugier nach den ersten Monaten und Jahren in Vertrautheit verwandeln. Paare entwickeln gemeinsame Routinen und spielen Woche für Woche ein ähnliches Programm ab.

Natürlich hat auch das seine guten Seiten und bringt bei Personen mit einem *Gleichheit*-Muster jede Menge gute Gefühle mit sich. Damit die Beziehung jedoch auf Dauer nicht einschläft, können Sie sich bewusst Räume schaffen, in denen Sie Neues entdecken und erleben. Planen Sie einen abenteuerlichen Urlaub, lernen Sie gemeinsam eine neue Sprache, machen Sie einen Koch- oder Cocktailkurs. Brechen Sie bewusst mit eingefahrenen Routinen, indem Sie zum Beispiel neue Restaurants erkunden, statt ins Kino mal ins Theater gehen oder gemeinsam ein völlig neues Hobby entdecken. Teilen Sie Momente, in denen Sie zusammen wachsen – und dadurch auf noch intensivere Weise zusammenwachsen. Alles, was Sie dafür mitbringen dürfen, sind ein bisschen Offenheit und ein aufrichtiges Interesse an Ihrem Gegenüber.

Und diese Strategie funktioniert auch dann, wenn Sie nicht das gleiche Meta-Programm wie Ihr Gegenüber haben. Fühlen Sie sich eher auf dem Pol *Gleichheit* zu Hause, reicht es häufig schon, wenn Sie der anderen Person den Freiraum geben, sich selbst zu entdecken und Interesse an dieser Entwicklung zeigen. Ein schönes Beispiel dafür lieferte uns eine Teilnehmerin, deren Mann mit Ende dreißig das Gitarrespielen neu für sich entdeckte. Er hatte in seiner Jugend gespielt und plötzlich das Verlangen gespürt, wieder Unterricht zu nehmen und sogar mit ein paar alten Freunden auf die Bühne zu gehen. Sie gab ihm den Freiraum, verbrachte während der Proben Zeit mit ihren Freundinnen und stand bei den wenigen Konzerten ihres Mannes in der ersten Reihe. Nachdem sie sich zuvor regelmäßig Sorgen um ihre Beziehung gemacht hatte, erreichte das Miteinander nun eine höhere Qualität als je zuvor. Sie erzählte uns, dass ihr Mann seitdem wie ausgewechselt sei und ihre Beziehung die Harmonie aus früheren Jahren wiedergefunden habe.

Erkennen Sie, wie das Wissen um die Meta-Programme jede Partnerschaft bereichern kann? Insbesondere wenn beide Partner dieses Buch gelesen oder eines unserer Seminare besucht haben, können sie anschließend klarer denken und offener über ihre Bedürfnisse sowie über den Wunsch nach neuen Abenteuern oder persönlichen Entwicklungsmöglichkeiten sprechen. Halten Sie dabei stets im Blick, dass auch dieses Programm von Kontext zu Kontext variieren kann.

Ein Manager eines großen deutschen Konzerns hatte bei seiner Arbeit ein starkes *Unterschiedlichkeit*-Muster. Er genoss es, in seinem Job immer wieder neue Herausforderungen zu meistern, viel zu reisen und ständig neue Menschen kennenzulernen. Für alle, die dieses Buch nicht gelesen haben, liegt die Vermutung nahe, dass ein solcher Mann auch in seinem privaten Umfeld viel Abwechslung bevorzugt und sich immer wieder selbst herausfordert. Doch der Manager beschrieb sein Zuhause in unserem Seminar als Ruhepol. Während er es bei der Arbeit genoss, dass seine Welt regelmäßig völlig auf dem Kopf stand, liebte er es, dass daheim alles so blieb, wie er es kannte. Seine Frau hatte – wie er es beschrieb – mit ihrem Muster zwischen *Gleichheit* und *Fortschritt* eine erdende Wirkung auf ihn. Sie holte ihn nach langen Tagen wieder auf den Boden und half ihm mit ihrer ruhigen Art, seine Akkus aufzuladen.

Bekommen Sie langsam ein Gefühl für den Umgang mit diesem Programm? Der Wunsch nach Veränderung muss nicht gleich Abschied bedeuten. Das gilt auch für den Kontext Arbeit. Ein Mann mit Anfang dreißig bekannte sich im Rahmen eines Inhouse-Seminars bei einem mittelständischen Unternehmen zu seinem *Unterschiedlichkeit*-Muster. Weil er bereits länger als zwei Jahre bei diesem Unternehmen war, witzelte sein Team in der Pause, ob er wohl in Kürze seine Kündigung einreichen und zu neuen Abenteuern aufbrechen würde. Das bekam auch sein Chef mit, der im gleichen Seminar saß. Die Reaktion der beiden auf die Situation lieferte uns extrem bereichernde Einsichten.

So erklärte uns der Chef nach der Pause vor versammeltem Team: »Es ist doch klasse, wenn ich offen mit meinem Team über einzelne Wünsche und Entwicklungspotenziale sprechen kann. Viel schlimmer wäre es doch, wenn sich die Menschen langweilen, still und heimlich etwas Neues suchen und mich am Ende vor vollendete Tatsachen stellen. Wenn wir das Gespräch suchen, kann ich immerhin etwas dafür tun, gute Leute zu halten, und ihnen neue Positionen oder Aufgaben anbieten, die ihnen besser gefallen.«

Diese sehr weisen Worte erläuterten erneut die Magie der Meta-Programme für den Kontext Führung und Personalentwicklung. Zur Überraschung der gesamten Runde gestand der junge Mann anschließend, dass er zwar regelmäßig den Wunsch nach Veränderung spürte. Doch es gefiel ihm an der jetzigen Position so gut, dass er sich vorstellen konnte, noch einige Jahre länger zu bleiben. Dabei betonte er, dass für ihn auch persönliche Entwicklungsmöglichkeiten und gute Stimmung im Team wichtige Kriterien seien. Um seinen Alltag dennoch mit Veränderung und Abwechslung zu würzen, hatte er teilweise schon verrückte Strategien entwickelt, bevor er die Meta-Programme kennenlernte. Er kam mal mit dem Fahrrad, mal mit dem Motorrad und manchmal sogar zu Fuß zur Arbeit. Dabei erkundete er regelmäßig neue Wege, auch wenn sie länger waren. An seinem Arbeitsplatz arrangierte er regelmäßig die Möbel neu. Er stellte seinen Schreibtisch um, tauschte das Büro mit seinem Nachbarn oder setzte sich stundenlang mit seinem Laptop in die Kantine. Er hatte gespürt, dass seine Motivation anstieg, wenn er seinem Alltag eine solche neue Würze verlieh.

Sie sehen, dass dieses Programm voller Möglichkeiten steckt. Spüren Sie in den unterschiedlichen Kontexten Ihres Lebens in sich hinein und fragen Sie sich, ob Sie in Einklang mit Ihren Werten und Zielen leben. Sind Sie noch auf Kurs, können Sie Ihren Alltag mit kleinen Veränderungen bereichern. Merken Sie jedoch, dass Sie von Ihrem Weg abgekommen sind, kann dieses Meta-Programm eine willkommene Einladung sein, einen Schlussstrich zu ziehen und sich neu zu orientieren.

Vorsicht mit dem Wort *Veränderung*

Hatten Sie schon mal Berührungspunkte mit einem Change-Projekt? Oder ein Unternehmen hat Veränderungsarbeit bzw. Change-Management angeordnet? Dann freuen Sie sich nun darauf, diese Art von Projekten mit anderen Augen zu sehen, denn allein die Verwendung der Worte *Veränderung* oder des englischsprachigen Äquivalents *Change* kann in diesem Kontext nach hinten losgehen.

Nach unseren langjährigen Erfahrungen liegen etwa sechzig bis siebzig Prozent der Menschen im deutschsprachigen Raum im Kontext Arbeit auf der Skala zwischen den Programmen *Gleichheit* und *Fortschritt*. Sie sind also nicht unbedingt scharf darauf, dass sich ihr Arbeitsalltag verändert. Die meisten der Projekte, die Veränderung begleiten und die Akzeptanz dafür erhöhen sollen, richten sich genau an diese Zielgruppe. Menschen mit einem ausgeprägten *Unterschiedlichkeit*-Muster müssen Sie für Ihre Sache sowieso nicht mehr gewinnen, weil sie sich ohnehin über anstehende Veränderungen freuen.

Aus diesem Kapitel wissen Sie, dass Sie bei der primären Projektzielgruppe mit Ihrer Wortwahl eher betonen sollten, was gleichbleibt. Wir tun uns also keinen Gefallen, wenn wir Change- und Veränderungsprojekte überhaupt schon als solche bezeichnen. Es mag paradox klingen, doch idealerweise sprechen wir im Rahmen solcher Projekte überhaupt nicht von Veränderung. Stattdessen legen wir den Fokus auf alles, was die Menschen lieben und was auch weiterhin bestehen soll. Wir würden in der Projektvorbereitung erst die Kriterien der Menschen ermitteln, um herauszufinden, was sie an ihrer Arbeit besonders mögen. Anschließend können wir das Projekt wie folgt verkaufen: »Wir führen dieses Projekt gemeinsam durch, damit in einer sich wandelnden Welt auch weiterhin möglichst alles so bleibt, wie Sie es kennen und mögen.«

Erkennen Sie den Unterschied? Menschen mit einer Tendenz zum Pol *Gleichheit* fühlen sich mit dieser Sprachwahl weniger bedroht und entwickeln im Gegenteil sogar ein gutes Gefühl. »Aber verdrehen wir damit nicht die Tatsachen?«, wird dazu häufig gefragt. Und diese Frage können wir mit einem klaren Nein beantworten. Denn in jeder Geschichte von Veränderung steckt immer auch eine Story von Kontinuität. Klar, das ein oder andere verändert sich, doch es bleibt auch jede Menge gleich. Gerade im Kontext Arbeit bietet sich ein riesiges Spektrum von Aspekten an, die wir betonen könnten. So bleiben häufig die Ziele und Werte gleich. Ebenso Teile des Teams, das Gebäude mit all seinen Büros, ein Teil der Prozesse etc. Haben wir vorab die Kriterien der Menschen identifiziert, können wir zielgerichtet die Aspekte betonen, die den größten emotionalen Wert für die Menschen haben.

Ihre Sprache gestaltet Wirklichkeit – diese Erkenntnis begleitet Sie wie ein roter Faden durch unser Buch. Sie wissen aus der Funktionsweise der Filtersysteme, dass Ihre Worte immer nur einen kleinen Ausschnitt der Realität umreißen können. Je besser Sie Ihre Sprache an das Filtersystem Ihres Gegenübers anpassen, desto besser wird die Person sich von Ihnen verstanden fühlen. So filtern wir in diesem Fall die gesamte Realität nach dem, was gleichbleibt.

Wie verrückt diese Muster ausfallen können, zeigte uns ein Postbote im Seminar. Mal unter uns: Kennen Sie einen Beruf, der mehr Beständigkeit und Gleichheit zu bieten hat als der eines Postboten? Sie fahren jeden Tag im selben Fahrzeug die gleiche Tour. Jeden Tag besuchen sie die gleichen Haushalte und Briefkästen. Und doch erklärte uns dieser Postbote, sein Job sei unglaublich abwechslungsreich, denn immerhin hätten wir jeden Tag ein vollkommen neues Datum! Das Beispiel verdeutlicht auf faszinierende Weise: Unser Bild der Realität setzt sich aus dem zusammen, worauf wir unsere Aufmerksamkeit richten. Folgen wir der Sicht der Dinge des Postboten, könnten wir noch mehr Nuancen finden: Das Porto der Briefe ändert sich regelmäßig, das Wetter ist niemals zu hundert Prozent gleich, und im Spiel der Jahreszeiten verändern sich auch die Vorgärten und Gehwege.

Das Spannungsfeld von Gleichheit bis zur Unterschiedlichkeit steckt in allen Bereichen unseres Lebens. Filtern Sie daraus die Aspekte, die Ihr Gegenüber gerne hören möchte.

Zusammenfassung: Gleichheit vs. Fortschritt vs. Unterschiedlichkeit

Leitfrage: Wie sehr mag jemand, dass die Dinge sind, wie sie sind und möglichst auch so bleiben? Und wie aufgeschlossen ist die Person für Fortschritt und Veränderung in einem bestimmten Kontext?

Identifikationsfrage: Wie ist die Beziehung zwischen Ihrer Arbeit in diesem Jahr und im letzten Jahr?

Gleichheit

Eine Person mit dem Programm *Gleichheit* bevorzugt es, dass Dinge gleichbleiben. Größere Veränderungen gibt es in ihrem Leben nur alle fünfzehn bis fünfundzwanzig Jahre.

- **Stärken:** hohe Zuverlässigkeit, treu, ermöglicht lange Planungshorizonte
- **Schwächen:** Tut sich mit Wandel und Veränderung schwer, braucht Begleitung durch Veränderungsprozesse.
- **Hinweise auf das Programm:** identisch, keine Veränderung, Gemeinsamkeiten
- **Passende Sprache:** genau wie, gemeinsam, wie du es immer machst, wie früher, unverändert, wie du es kennst

Fortschritt

Jemand mit dem Programm *Fortschritt* mag eine gewisse Stabilität und Regelmäßigkeit. Veränderungen (Evolution) gibt es in seinem Leben etwa alle vier bis sieben Jahre, also eher graduell in kleiner Dosis.

- **Stärken:** Anpassungsfähigkeit und Entwicklungspotenzial

- **Schwächen:** Benötigt etwas Zeit, sich auf Neues einzustellen.
- **Hinweise auf das Programm:** mehr, besser, weniger, kontinuierlich
- **Passende Sprache:** mehr, besser, weniger, genau gleich außer, Fortschritt, Verbesserung

Unterschiedlichkeit

Eine Person mit dem Programm *Unterschiedlichkeit* liebt das Neue und den ständigen, schnellen Wandel (Revolution). Sie braucht alle ein bis zwei Jahre eine große Veränderung.

- **Stärken:** Kommt gut in Bereichen zurecht, die in ständigem Wandel sind.
- **Schwächen:** wenig Planbarkeit, schwer zu halten, muss regelmäßig neu für eine Sache gewonnen und begeistert werden
- **Hinweise auf das Programm:** neu, verändert, anders, revolutionär
- **Passende Sprache:** neu, total unterschiedlich, komplett verändert, Umstellung, verwandelt, einzigartig, revolutionär, brandneu

PROGRAMM 7

UNABHÄNGIG VS. BETEILIGT VS. KOOPERATIV

Von reservierten Eigenbrötlern und unselbstständigen Teamplayern

»Ihr bringt mich noch alle um den Verstand!«, fährt Jennifer aus der Haut. So hat sie sich ihre neue Führungsposition nicht vorgestellt. Ihr Arbeitgeber, eine renommierte Marketingagentur, ist in den letzten Monaten stark gewachsen. Damit hat sich auch ihr Traum eines eigenen Teams erfüllt und sie ist mit ihren zehn Leuten in ein Großraumbüro im dritten Stock gezogen. Erst hat sich Jennifer über die Chance gefreut, doch viele kleine Reibereien in ihrem frisch gebackenen Team drohen sich zu ernsten Konflikten zu entwickeln, die Jennifers Enthusiasmus Tag für Tag mehr schrumpfen lassen.

»Willy, kannst du bitte bis morgen erste Entwürfe für die Hundefutterverpackung erstellen?«, fragt sie einen ihrer Grafiker, der in der Abteilung als ewige Frohnatur bekannt ist.

»Ja, klaro, Jenny. Wer ist denn mit im Team?«

»*Du* sollst das bitte erledigen, Willy!«, erwidert Jenny forsch.

»Ja, das habe ich verstanden. Aber wer ist noch mit dabei? Mit wem mache ich das zusammen?«, hakte Willy nach.

Am Nachbartisch verdreht Achim die Augen. Am Morgen hat er das Gespräch mit Jennifer gesucht, weil er es leid ist, ständig seinen Kollegen zu bemuttern. Ohne Frage, er mag

Willy, doch auf Dauer zehren die ständigen Unterbrechungen und Abstimmungen an seiner Laune. Gefühlt alle fünf Minuten steht Willy mit einem Job an seinem Schreibtisch, den er gemeinsam mit Achim bearbeiten will. Dass er eigene Projekte in der Pipeline hat, scheint Willy überhaupt nicht in den Sinn zu kommen. Nach einer verpatzten Deadline ist Achim der Kragen geplatzt und Willy ist nun Jennifers Problem.

»Willy, es wird Zeit, dass du deine eigene Suppe löffelst. Die anderen haben ihren Part und kümmern sich um Website, PR und Texte. Deine Aufgabe ist die Gestaltung der Futterverpackung. Verstehst du? Jeder macht seins, und morgen im Meeting bringen wir alles zusammen. Apropos Texte ... Wo steckt eigentlich Theo schon wieder? Hat irgendjemand Theo gesehen?«

»Ja, zuletzt draußen im Garten«, erklärt Achim. »Am besten gehst du zu ihm raus und rüttelst ihn durch. Der hat wieder seine Kopfhörer auf und ist im Tunnel.«

»Warum darf denn der Theo draußen sitzen? Können wir nicht alle gemeinsam raus und dort arbeiten?«, fragt Willy aufgeregt. »Das wäre doch superschön, so zusammen in der Sonne.«

»Ha ha, dann kommt der Theo rein«, witzelt Achim. »Der sitzt doch nur da, weil er seine Ruhe will. Als neulich die Kundenbesprechung im Garten war, hat sich Theo sogar stundenlang mit dem Laptop aufs Klo verzogen. Schon ein bisschen gaga, diese Textertypen!«

»Wenigstens liefert er – im Gegensatz zu anderen«, bemerkt Jennifer in Gedanken versunken.

»Ja, und manchmal liefert er mehr als bestellt!«, fährt nun Achim aus der Haut. »Erinnerst du dich an den Werbebrief von gestern?«

»Du meinst das Mailing für die Krankenversicherung? Ja, das war textlich erstklassig, grafisch allerdings so lala. Nicht deine Bestleistung, Achim ... Du und Theo habt euch doch gemeinsam darum gekümmert, oder?«

»DAS war der Plan ... Aber du kennst ja Theo ... Der liebe Herr hat das Ding mal wieder im Alleingang durchgezogen und ist dabei auch unter die Grafiker gegangen. Ich habe es erst gesehen, als er dir den Entwurf geschickt und mich in Kopie gesetzt hat.«

»Warum hast du mir das nicht direkt gesagt?«

»Weil ich meinen Kollegen nicht anschwärzen will! Theo ist ein brillanterer Texter, doch leider mehr One-Man-Show als Teamplayer. Am besten macht er nur noch Slogans und flotte Sprüche, die für sich allein stehen können. Dann hat er seine eigene kleine Welt ... So, ich schotte mich jetzt mal ab, sonst wird das nichts mit den Entwürfen bis morgen ...«

Achim zieht seine Kopfhörer auf, schaltet die Geräuschunterdrückung ein und vertieft sich wieder in seine Arbeit. Wenigstens können einige im Team für sich selbst sorgen. Ob sie auf der Terrasse, auf dem Klo oder im Café um die Ecke arbeiten – Jennifer will ihnen den Freiraum geben, den sie brauchen. Hauptsache produktiv, kreativ und gut drauf. Doch was ist mit Willy? Während Jennifer grübelnd ins Leere starrt, stupst Maren sie von der Seite an. Die Achtundzwanzigjährige gilt als die gute Seele der Abteilung und kann zu allen schnell einen guten Draht aufbauen. Deswegen hat Jennifer die ehemalige Grafikerin in der Beratung und im Projektmanagement eingesetzt. Hier kann sie eng mit Team und Kunden zusammenarbeiten und ihre Stärken voll ausspielen.

»Du, Jenny ... Ich habe deinen Austausch mit Willy eben mit einem Ohr mitbekommen und hätte da eine Idee, die uns allen das Leben leichter machen könnte: Wie wäre es, wenn Willy einfach an den Schreibtisch neben mir zieht? Die Grafikarbeit fehlt mir ab und an, und ich hätte durchaus noch Kapazitäten, gemeinsam mit Willy am einen oder anderen Projekt zu arbeiten. Ich war früher schon mit ihm in einer Abteilung und habe immer wieder erlebt, wie er aufblüht und vor Ideen nur so sprießt, wenn er eng mit anderen gemeinsam arbeitet.«

»Hmm ... Das wirft unsere neue Ordnung ganz schön durcheinander ...«, bemerkt Jennifer. Doch gleichzeitig spürt sie den Druck von oben, Ergebnisse zu liefern, sowie ihren tiefen Wunsch, das Team zu schaffen, in dem jeder voll in Einklang mit seinen Stärken lebt. »Na gut, Maren. Danke für deinen Vorschlag. Wir testen das jetzt einfach! Stimmst du dich bitte direkt mit Willy ab?«

Maren nickt und strahlt über beide Ohren. Sie ist bereits im Begriff zu gehen, als Jennifer noch hinzufügt: »Da wäre nur eine Bedingung: Wenn es dir zu viel wird, kommst du direkt auf mich zu, okay? Dann finden wir eine andere Lösung.«

Das Programm auf den Punkt gebracht

Leitfrage: Mit welchem Arbeitsstil entfaltet eine Person ihre optimale Produktivität? Arbeitet sie besser auf sich allein gestellt, im Team mit klaren Verantwortungsbereichen oder in enger Zusammenarbeit mit anderen Menschen?

Teamfähigkeit, enger Austausch mit anderen und unmittelbare Verfügbarkeit im Großraumbüro – all das sind Ideale, die sich über Jahre in der Businesswelt verfestigt haben. Der Teamgeist steht über allem und verlangt von jedem Einzelnen, sich ihm unterzuordnen. Ohne Frage, komplexe Projekte und große Herausforderungen meistern wir am besten, indem wir sie mit vereinten Kräften angehen. Doch besonders ausschlaggebend ist dabei, *wie* wir diese Kräfte bündeln.

Ähnlich bedenklich ist im Zusammenhang mit diesem Programm das Primat der Gleichbehandlung. Viele Unternehmen legen zu Recht großen Wert darauf, alle in der Belegschaft gleich zu behandeln und allen die gleichen Chancen und Annehmlichkeiten zu bieten. Dabei verlieren sie jedoch häufig aus dem Blick, dass Menschen je nach Arbeitsstil unterschiedliche Rahmenbedingungen benötigen, um fokussiert und produktiv arbeiten zu können. Gleichbehandlung bedeutet in diesem Zusammenhang nicht, jeden zu zwingen, auf die gleiche Art und Weise zu arbeiten. Es geht vielmehr darum, jedem Einzelnen die Möglichkeit zu eröffnen, auf seine individuelle Art und Weise gleichermaßen produktiv zu sein.

Was Ihnen und uns klar ist, braucht manchmal eine freundliche Erinnerung, denn Unternehmen bezahlen ihre Beschäftigten nicht dafür, dass sie sich alle gleich verhalten, sondern damit sie Aufgaben erfüllen und Ergebnisse erzielen. Viele Unternehmen mit modernen Arbeitskulturen haben längst verstanden, dass beide Seiten davon profitieren, wenn die Menschen den Rahmen ihrer Arbeit auf die für sie optimale Weise gestalten können – ob sie dabei im Garten sitzen, im Büro oder in der Sauna.

Das Meta-Programm aus diesem Kapitel ist daher besonders im Kontext Arbeit von großem Wert. Es verdeutlicht, warum das Beharren auf enger Zusammenarbeit die Produktivität einiger Menschen erheblich beeinträchtigen kann. Daher ist umso wichtiger, die jeweiligen Aufgaben auch mit einer Person zu besetzen, die das Muster mitbringt, das am besten zum entsprechenden Rahmen passt.

Personen mit dem Meta-Programm *Unabhängig* können zum Beispiel stundenlang auf sich alleingestellt im Einzelbüro sitzen. Der Texter Theo aus unserer Geschichte ist ein hervorragendes Beispiel. Er vereinsamt in einem solchen Umfeld nicht, sondern kann in diesem Rahmen voll in seinem Thema aufgehen und seine persönliche Bestleistung erzielen.

Ganz anders sieht es beim anderen Pol *Kooperativ* aus, dem wir Willy zuordnen können. Wie ein Eiswürfel in der Sauna würde er schmelzen und mit seiner Motivation auch seine Produktivität einbüßen, wenn er ganz auf sich alleingestellt wäre. Eine Person mit diesem Muster entfacht nur in der engen Zusammenarbeit mit anderen Teamplayern ihr volles Potenzial.

Auf der Mitte der Skala finden wir schließlich noch die dritte Ausprägung *Beteiligt*. Auch hier steht gemeinsames Arbeiten an einem geteilten Ziel im Zentrum, doch jeder verantwortet dabei eigene Teilbereiche mit festgelegten Zuständigkeiten und klaren Verantwortungsgebieten. Genau diesen Pol illustriert Achim aus unserer Geschichte. Er arbeitet mit den anderen Experten aus seinem Team an einem Projekt und jeder hat dabei eigene Aufgaben und Zuständigkeiten.

Das Muster *Beteiligt* begegnet uns bei vielen Mannschaftssportarten wie zum Beispiel im Fußball. Die gesamte Mannschaft verfolgt ein gemeinsames Ziel: Der Ball soll möglichst häufig im gegnerischen Tor und möglichst niemals im eigenen landen. Von Torwart und Verteidigung über das Mittelfeld bis hin zu den Stürmern und Torschützen – jeder auf dem Feld hat eine klar definierte Rolle und entsprechende Zuständigkeiten. Geraten diese zum Beispiel durch Alleingänge durcheinander, kann das die Performance der gesamten Mannschaft beeinträchtigen. Nicht selten kann man zum Beispiel beobachten, dass Menschen in Stürmer- und Torschützenpositionen eine Tendenz zum Meta-Programm *Unabhängigkeit* haben und den Alleingang einem ausgeklügelten Passspiel vorziehen. Haben Sie dieses Programm im Kontext Sport? Dann sind Sie in den Kampfkünsten, beim Golf oder Skifahren wahrscheinlich besser aufgehoben als im Mannschaftssport.

UNABHÄNGIG

Menschen mit dem Programm *Unabhängig* bevorzugen es, mit vollem Fokus auf sich allein gestellt zu arbeiten – idealerweise ohne Störungen oder Unterbrechungen von außen.

Da sie sehr selbstständig und eigenverantwortlich vorgehen, sind sie am besten an solchen Positionen aufgehoben, an denen sie sich mit niemandem abstimmen müssen, sondern im Alleingang ihr Ding machen können. Sie übernehmen dabei die vollständige Verantwortung für ihren Auftrag und wollen dazu auch die gesamte Kontrolle ausüben.

Passende Arbeitsbereiche sind zum Beispiel Berufe wie Architekten, Buchhalter, Sachbearbeiter, Programmierer oder Autoren – also vorwiegend Tätigkeiten, bei denen sich eine Person in ein Thema vertieft und in längeren Intervallen eine Aufgabe abarbeitet. So verbringt ein Buchautor viel Zeit im eigenen Kopf, um seine Gedanken zu ordnen, in Form zu bringen und die richtigen Worte zu finden.

Stärken und Schwächen

Menschen mit diesem Muster können auf andere unsozial oder abweisend wirken, da sie bevorzugt zurückgezogen und für sich allein arbeiten. Lärm und selbst kleinste Ablenkungen von außen zehren an ihrer Produktivität und damit auf Dauer an ihrer Motivation. Großraumbüros sind für sie ein Produktivitätskiller und bei einem sehr ausgeprägten *Unabhängigkeit*-Muster kann sich bereits die bloße Anwesenheit einer zweiten Person im Raum negativ auf die Produktivität auswirken.

Sie benötigen daher ein sehr individuelles Arbeitsumfeld und am besten einen Zuständigkeitsbereich, in dem sie vollkommen losgelöst für sich arbeiten können. Hier entfalten sie ihre volle Stärke.

BETEILIGT

Eine Person mit dem Programm *Beteiligt* arbeitet gemeinsam mit anderen an einem Projekt oder einer Aufgabe. Dabei ist jedoch oberstes Gebot, dass es klare Rollen und abgegrenzte Verantwortungsbereiche gibt. Hier kommen die einzelnen Projektmitglieder für gemeinsame Sitzungen in einem Raum zusammen, um sich auf den neusten Stand zu bringen und Einblick in ihren Verantwortungsbereich zu geben. Anschließend nehmen alle ein Update für sich mit und ziehen sich in die jeweiligen Verantwortungsbereiche zurück.

Dieses Muster macht nach unserer Erfahrung einen Großteil der heutigen Arbeitsbereiche aus. Denken Sie zum Beispiel an die Marketingwelt aus unserer Story. An der Entwicklung einer Kommunikationskampagne wirken verschiedene Experten mit: Fotografen und Grafiker verantworten die visuellen Komponenten, Texter bringen sich an bestimmten Stellen mit ein, und Programmierer erstellen aus dem Input passende Websites. Übergeordnet sorgen Strategen und Projektmanager dafür, dass das Projekt eine Sprache spricht und möglichst fristgerecht im geplanten Budgetrahmen zu einem erfolgreichen Abschluss gelangt. Wir haben es also mit einem interdisziplinären Team zu tun, in dem es eine klare Rollenverteilung gibt. Dabei arbeiten die einzelnen Fachkräfte mal enger und mal weniger eng zusammen.

Stärken und Schwächen

Wenn es eine einvernehmliche Rollenverteilung und klare Verantwortungsbereiche gibt, setzen Menschen mit diesem Muster ihre Aufgaben eigenständig um. Die zentrale Stärke des Programms liegt in den fruchtbaren Verbindungen verschiedener Disziplinen, die zusammengenommen ein einzigartiges Momentum entwickeln können.

Fehlen jedoch diese wichtigen Voraussetzungen und es gibt zum Beispiel Unklarheiten, wo der Bereich des einen endet und der des anderen beginnt, kann es zu Missverständnissen und Konflikten kommen, die die Produktivität lähmen.

Ein weiterer Nachteil dieses Musters kann darin liegen, dass Einzelne nicht über den eigenen Verantwortungsbereich hinausblicken. Dann entsteht das sogenannte Silo-Denken, bei dem sich alle vorwiegend um ihre kleine Welt kümmern und das gemeinsame große Ganze aus den Augen verlieren. Häufig fehlt dann jemand, der die Gesamtverantwortung übernimmt und alle Fäden zusammenführt.

KOOPERATIV

Dieses Meta-Programm ist der Inbegriff der engen Zusammenarbeit. Eine Person mit diesem Muster lebt im jeweiligen Kontext nach der Devise: Eins plus eins ergibt drei. Dahinter steckt die Überzeugung, man könne gemeinsam mit anderen mehr bewirken, als wenn jeder für sich arbeitet. Bei dieser Arbeitsweise sind Großraumbüros und ständiger enger Austausch ein Must-have.

Dieses Muster setzt geteilte Verantwortungen voraus. Alle üben also gemeinsam Kontrolle aus. Das Kollektiv arbeitet, schafft mehr und ist produktiver als der Einzelne.

Stärken und Schwächen

Das ausgeprägte Teamgefühl und das harmonische Miteinander, das dieses Muster mit sich bringt, kann in vielen Arbeitsbereichen Gold wert sein. Doch bei keinem anderen Muster leidet die Produktivität dermaßen wie hier, wenn die Menschen auf sich allein gestellt sind und der direkte Austausch mit anderen zu kurz kommt. Eine Person mit dem Meta-Programm *Kooperativ* leidet im Einzelbüro genauso wie die Person mit dem Muster *Unabhängigkeit* im Großraumbüro.

Während der COVID-19-Pandemie berichteten uns einige Unternehmen, wie insbesondere Menschen mit dem Meta-Programm *Kooperativ* große Probleme hatten, im Homeoffice produktiv und motiviert zu bleiben. Während andere Kolleginnen und Kollegen es genossen, endlich mehr Ruhe und Fokus zu haben, litten andere unter dem Entzug von Nähe, Austausch und engem Teamwork. Doch mit viel Kreativität und moderner Technik gelang es den Teams teilweise, ihren Spirit auch bei remoter Arbeitsweise lebendig zu halten. So trafen sie sich morgens zu einem kurzen Check-in im Videocall und blieben nach Möglichkeit den gesamten Arbeitstag in diesem gemeinsamen digitalen Raum. Jeder konnte nach Belieben Mikro sowie Kamera ein- oder ausschalten und sich damit mal mehr, mal weniger einbringen. Eine Seminarteilnehmerin erzählte uns, wie gut sie sich dabei gefühlt habe, auf einem separaten Monitor in die Gesichter der anderen Teammitglieder blicken zu können. Einige ließen Mikro und Kamera sogar den gesamten Tag lang eingeschaltet, sodass sie sich unterhalten und abstimmen konnten, als säßen sie nebeneinander im Großraumbüro.

So erkennen Sie das Programm

Hinweise auf den bevorzugten Arbeitsstil einer Person erhalten Sie, indem Sie Ihr Gegenüber dazu auffordern, von einer Arbeitssituation zu sprechen, die einem ihrer Kriterien entsprochen hat. Nehmen wir an, die emotional beladenen Schlüsselbegriffe sind im Arbeitskontext unseres Beispiels *Kreativität, persönliches Wachstum* und *Wertschätzung*. In diesem Fall könnten wir das Gespräch mit einer der folgenden Formulierungen ins Laufen bringen:

> Bitte erzählen Sie mir von einer Arbeitserfahrung, in der Sie *kreativ* sein konnten.

> Bitte erzählen Sie mir von einer Arbeitserfahrung, in der Sie *persönlich wachsen* konnten.

> Bitte erzählen Sie mir von einer Arbeitserfahrung, für die Sie *Wertschätzung* erfahren haben.

Sie passen den Endteil der Frage also so an, dass Sie das Kriterium möglichst wortgetreu übernehmen und gleichzeitig einen geschmeidig-natürlichen Satz hervorbringen. Möchten Sie das Programm Ihres Gegenübers in einem anderen Kontext ermitteln, tauschen Sie das Wort *Arbeitserfahrung* zum Beispiel gegen eine *Erfahrung in Ihrer Beziehung* oder beim Sport aus.

Ihr Gegenüber wird daraufhin in Gedanken zurück zu einer solchen Erfahrung gehen und Ihnen davon erzählen. Sie können entspannt zuhören und darauf achten, welche Worte die Person wählt, denn Sie möchten bei dieser Frage insbesondere auf einige wesentliche Schlüsselwörter achten. Die Art der Beschreibung können Sie einer von drei Richtungen zuordnen.

1. Beispielantwort für den Arbeitsstil *Unabhängig*

Sie hören eine Erzählung, in der Ihr Gegenüber allein gehandelt hat. Mehrfach fällt das Wort *Ich* und Sie erhalten keinerlei sprachliche Indizien darauf, dass andere Personen an der Situation beteiligt waren. Die Aktivität setzt auch nicht zwingend andere Beteiligte voraus, um überhaupt Sinn zu ergeben:

Ich habe diese großartige Kurzgeschichte geschrieben. Das war eine magisch-kreative Erfahrung. Nachdem ich monatelang recherchiert und historische Plätze in Italien besucht habe, sind die Worte einfach nur aus mir heraus aufs Papier geflossen. Anschließend habe ich an jedem Satz gefeilt und so viel sprachliche Raffinesse eingebracht, dass sich die Story zu einem leuchtenden Meisterwerk entwickelt hat.

Die verwendete Sprache liefert keinen Hinweis darauf, dass andere beteiligt waren. Sie erkennen erneut den Mechanismus, der uns bei den anderen Programmen begegnet ist: Über unsere Frage versetzen wir die Person gedanklich zurück in eine Situation, in der sie motiviert und in Einklang mit ihren Stärken gewirkt hat. Wir wollen herausfinden, mit welchem Arbeitsstil sich die Person im Idealfall am wohlsten fühlt. Die Sprache gibt uns klare Hinweise darauf, welches Programm für die Person in diesem Kontext prägend ist.

2. Beispielantwort für den Arbeitsstil *Beteiligt*

Auch in dieser Antwort begegnet uns das Wörtchen *Ich,* aber gleichzeitig finden wir in der Sprache unseres Gegenübers Hinweise darauf, dass andere Personen anwesend oder am Geschehen beteiligt waren:

Es gab damals dieses Projekt, für dessen Leitung ich mich freiwillig gemeldet hatte. Nie zuvor bin ich in so kurzer Zeit dermaßen kreativ gewesen. Es ging darum, Hunde von der Straße zu holen und ihnen ein neues Zuhause zu vermitteln. Mein Respekt davor war riesig, denn eine so große Verantwortung hatte ich nie zuvor gehabt. Wohin mit dem gesponserten Futter? Wie lässt sich die Story so aufziehen, dass sie in der Presse maximalen Anklang findet? All das waren Fragen, die ich mit meinem Team in einem echt sportlichen Zeitrahmen beantworten durfte.

Die Person spricht in ihrer Antwort zwar vorwiegend über sich selbst, doch Sie erkennen bereits an dem Wort *Leitung,* dass es eine Rollenverteilung gibt und unterschiedliche Stakeholder am Projekt mitgewirkt haben. So gab es offensichtlich auch Sponsoren und Kontakte zur Presse.

3. Beispielantwort für den Arbeitsstil *Kooperativ*

In dieser Antwort weicht das *Ich* dem *Wir.* Die Betonung liegt ganz klar auf der gemeinschaftlichen Leistung mit anderen und kann in etwa so klingen:

Wenn es ums Thema Kreativität geht, fällt mir sofort die Marketingkampagne ein, die wir in der Agentur für eine Fluggesellschaft entwickelt haben. Nur selten gibt es Projekte, die es uns erlauben, so wild und verrückt zu denken. Schon als wir das Werk und die neuen Maschinen besichtigen durften, schossen uns tausend Gedanken durch den Kopf. Wir hatten so viele gute Ideen, und das ganze Team hat gespürt, dass wir hier die Chance haben, Außergewöhnliches zu bewirken und neue Meilensteine zu setzen.

Spüren Sie, wie die Person in ihrer Antwort ganz andere Akzente setzt? Die Handlung geschieht hier nur im Team; man könnte den Eindruck, den man beim Zuhören gewinnt, mit dem eines großen Fisch-Schwarms vergleichen, der sich wie ein einziger Organismus durchs Wasser bewegt. Alle bringen sich ein, bewegen die Themen zusammen und teilen dabei die Verantwortung. Hätte jemand aus diesem Team eher das Meta-Programm *Beteiligt*, würde die Person die Geschichte wahrscheinlich mit einem anderen Schwerpunkt erzählen. Sie würde ihr persönliches Hinzutun im eigenen Verantwortungsbereich hervorheben und vielleicht auch genauer auf die Rollenverteilung im Team eingehen.

BEEINFLUSSENDE SPRACHE

> **Unabhängig**: Machen Sie es allein, Ihre alleinige Verantwortung, in Eigenregie, Sie selbst, Sie allein, ohne Unterbrechung, ungestört, vollständige Verantwortung und Kontrolle, eigenverantwortlich, jede für sich, im Alleingang, selbstständig, eigenverantwortlich, isoliert, abgeschirmt, auf Ihre Art und Weise, selbstbestimmt

> **Beteiligt**: Sie sind verantwortlich für, in Abstimmung mit anderen, im Austausch mit anderen, Ihre Rolle ist, Ihre Zuständigkeit liegt, Ihr Verantwortungsbereich/Zuständigkeitsbereich umfasst, klare Grenzen, Ihr Aufgabengebiet, Ihr Arbeitsbereich, Ihre Verantwortung ist x und die der anderen ist y

> **Kooperativ**: wir, unser, gemeinsam, zusammen, vereint, gemeinschaftlich, miteinander, kollektiv, Arm in Arm, Seite an Seite, in enger Zusammenarbeit mit, alle von uns, unser Team, im Team, in der Gruppe, geteilte Verantwortung, lassen Sie es uns zusammen machen, mit vereinten Kräften, einvernehmlich, geschlossen, übereinstimmend, harmonisch, einig

Zusammenfassung: Unabhängig vs. Beteiligt vs. Kooperativ

Leitfrage: Mit welchem Arbeitsstil entfaltet eine Person ihre optimale Produktivität? Arbeitet sie besser auf sich allein gestellt, im Team mit sehr klaren Verantwortungsbereichen oder in enger Zusammenarbeit mit anderen Menschen?

Identifikationsfragen:

1. Kriterien ermitteln: Was ist Ihnen bei Ihrer Arbeit wichtig?
2. Frage mit Kriterien ergänzen: Bitte erzählen Sie mir von einer Arbeitserfahrung, in der Sie (Kriterium) sein konnten.

Unabhängig

Eine Person mit dem Programm *Unabhängig* arbeitet am besten mit vollem Fokus und ohne Störungen von außen auf sich allein gestellt. Sie trägt dabei allein die Verantwortung.

> **Stärken:** arbeitet selbstständig und eigenverantwortlich

> **Schwächen:** Die Produktivität leidet, wenn andere anwesend sind oder wenn es »Störungen« (Lärm, Ablenkungen) von außen gibt.

> **Hinweise auf das Programm:** Die Person spricht im jeweiligen Kontext in erster Linie über sich: ich, ich habe dies und das gemacht, ich selber, meine Verantwortung

> **Passende Sprache:** mach es allein, du selbst, du alleine, ohne Unterbrechung, vollständige Verantwortung und Kontrolle, eigenverantwortlich, jeder für sich, im Alleingang

Beteiligt

Eine Person mit dem Programm *Beteiligt* arbeitet am besten gemeinsam mit anderen an Aufgaben. Dabei muss es jedoch klare Rollen und abgegrenzte Verantwortungsbereiche geben.

- **Stärken:** Setzt Aufgaben in ihrem Verantwortungsbereich eigenständig um.
- **Schwächen:** Blickt nicht über den eigenen Arbeitsbereich hinaus, übernimmt keine Gesamtverantwortung.
- **Hinweise auf das Programm:** Wenn sie von ihrer Arbeit spricht, kommen andere darin vor, doch sie selbst übernimmt die Haupthandlung.
- **Passende Sprache:** Du bist verantwortlich, mit anderen, dein Verantwortungsbereich, klare Grenzen, deine Verantwortung ist x und die der anderen ist y

Kooperativ

Eine Person mit dem Programm *Kooperativ* arbeitet eng mit anderen zusammen und ihre Produktivität leidet, wenn sie auf sich allein gestellt ist. Sie braucht geteilte Verantwortungen und ist überzeugt, dass sie gemeinsam mit anderen mehr bewirken kann, als wenn jeder für sich arbeitet.

- **Stärken:** ausgeprägtes Teamgefühl, harmonisches Miteinander
- **Schwächen:** wenig individuelle Eigenverantwortung, wenig produktiv und motiviert in Einzelarbeit
- **Hinweise auf das Programm:** wir, unser, unser Job, zusammen, gemeinsam
- **Passende Sprache:** unser, wir, zusammen, alle von uns, unser Team, Gruppe, geteilte Verantwortung, lass es uns zusammen machen

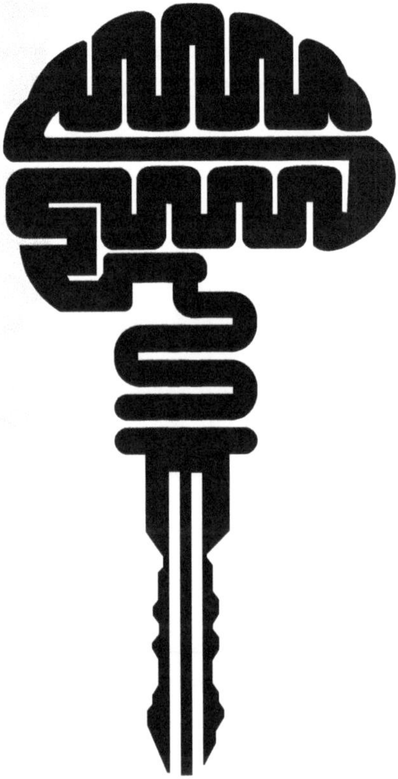

PROGRAMM 8

PERSONENBEZUG VS. OBJEKTBEZUG

Sind wir noch Menschen oder längst Zahlen?

»16E und 16F sind noch nicht angeschnallt. Kannst du noch mal sichergehen? Ich schließe inzwischen das Boarding ab. Wir haben heute nur hundertzwölf Paxe an Bord«, klingt es von der Seite, während Benjamin und Julia sich die Hände reichen.

»Endlich Urlaub! Endlich Ruhe! Endlich Sonne! Dieser graue Winter raubt mir jedes bisschen meiner Energie«, seufzt Julia, während sie sehnsüchtig aus dem Fenster blickt.

»Nur noch gut vier Stunden, dann sind wir da ... Ich hoffe, der Empfang im Hotel ist deutlich wärmer als hier im Flugzeug. Ich werde mich nie daran gewöhnen, ein Pax oder eine Sitznummer zu sein. Als wäre unsere Maschine nur ein großer, anonymer Warentransporter.«

»Ach, nun steigere dich da mal nicht rein ... Die machen doch auch nur ihren Job und folgen ihren Prozeduren. Mich kann heute jedenfalls nichts aus der Ruhe bringen. Hauptsache wir heben gleich ab und ich kann die Sonne über den Wolken sehen. Bis dahin spiele ich gerne die Dreiundsechzig-Kilo-Fracht mit Sonnenhut auf 13B«, lacht Julia.

Zehn Minuten später spüren die beiden Urlauber erst den Schub der Maschine, bevor sie locker leicht vom Boden abhebt. Während Julia kurz nach dem ersten Kuss der Sonnenstrahlen einschläft, nutzt Ben die Gelegenheit, um ein paar Folgen seiner Lieblingsserie anzuschauen. Dabei kann er nicht umhin, den Dialogen des Bordpersonals zu lauschen: »Ich habe hier noch zwei vorbestellte Lasagnen – einmal klassisch und einmal vegetarisch – für 34A und B.«

Seit seinem Leistenbruch bereitet diese Sprache Benjamin Bauchschmerzen. Obwohl es sich um einen risikoarmen Routineeingriff handelte, kam es bei ihm zu Komplikationen. Zwei Tage lang lag er mit Angst und Sorgen auf der Intensivstation und war für das Personal häufig nur die komplizierte Hernie auf der drei. Nur eine Pflegerin wusste seinen Namen, ohne ihn von seiner Krankenakte ablesen zu müssen. Sie war ihm sympathisch und brachte Menschlichkeit in das sonst so sterile Umfeld. Bei allen anderen Visiten kam er sich vor wie ein interessantes Stück Fleisch im Metzgereischaufenster.

»Bitte klappen Sie die Tische hoch, verstauen Sie Ihre Elektrogeräte und bringen Sie Ihre Sitze in eine aufrechte Position«, reißt die Durchsage Benjamin aus seiner Serie. Er streicht seiner Freundin sanft über den Arm und hebt ihre geräuschunterdrückenden Kopfhörer an: »Juju, aufwachen! Wir landen! Schau mal raus ... kein Wölkchen!«

Mit frischer Energie steigt das Paar aus dem Flieger und betritt schon zwei Stunden später die großzügige Lobby eines edlen Strandhotels. Während Benjamin für beide eincheckt, tauscht Julia ihre Sneaker gegen Sandalen.

»So! Ab jetzt zwei Wochen lang keine Socken und kein festes Schuhwerk mehr. Herrlich, diese Freiheit!«

»Na ja ... Ich bin mal gespannt, ob die dich am Abend damit ins Restaurant lassen«, stichelt Benjamin. »Das ist schon ganz schön nobel hier!«

Im Zimmer angekommen, fliegen die Klamotten in die Schränke, denn beide können es kaum erwarten, ihre Zehen in den warmen Sand zu bohren und sich im Restaurant des Hauses verwöhnen zu lassen.

Benjamin und Julia lassen die schaumigen Wellen an ihren Zehen nippen, genießen den Sonnenuntergang und schlendern dann mit zwei Drinks zum Eingang des Restaurants. Hier empfängt sie ein junger Mann, der tief in den Bildschirm seines Computers gebeugt ist und erst aufsieht, als das Paar sich räuspert: »Guten Abend. Ein Tisch für zwei Personen zum Dinner? Zimmer 63? Tisch 13 ist für Sie reserviert. Bitte folgen Sie mir.«

»Ganz schön kühl und frostig, dieser Empfang ... insbesondere, wenn man gerade aus der warmen Sonne kommt. Das passt nicht zusammen. Hoffentlich ist der nicht den ganzen Abend für uns zuständig«, flüstert Benjamin seiner Freundin zu.

Beide folgen dem Mann im Frack zu einem ruhigen Tisch am Rande des Lokals.

»Bitte nehmen Sie Platz. Einer meiner Kollegen wird in Kürze bei Ihnen sein.«

»Moment bitte!«, ruft Julia ihm hinterher. »Können wir bei Ihnen schon etwas zu trinken bestellen?«

»Nein. Mein Auftrag ist es, Sie an Ihren Tisch zu bringen.« Damit dreht der Mann im Frack sich um und verschwindet in Richtung Eingang.

»Ganz schön seltsamer Typ. Den könnten sie doch glatt durch einen Roboter ersetzen! Eine Maschine hätte wahrscheinlich mehr Taktgefühl. Glück gehabt, dass der nicht unser Kellner ist!« Benjamin atmet auf.

»Freu dich mal nicht zu früh!« Julia hat auf dem Weg zum Tisch ein Gespräch zwischen zwei Kellnern mitbekommen. »Das war eben wieder die altbekannte Leier ... Tisch so und so, vier Personen, dreimal die 15 vorab, zweimal die 25, einmal die 17 und einmal die 65.«

»Ach Mensch! Also mal wieder so, als wären wir ein paar Artikel mit Barcode, die an der Kasse über den Scanner gleiten ...«

Enttäuschung schiebt sich über Benjamins Gesicht wie eine dunkle Wolke über die Sommersonne. Doch dann sorgt eine frische Brise für Aufatmen: »Guten Abend, Frau Holm! Guten Abend, Herr Belken! Mein Name ist Gabriele. Ich bin heute Abend Ihr Kellner. Hatten Sie eine angenehme Anreise?«

»Das ist ja ein freundlicher Empfang! Bitte nennen Sie mich Julia – und das ist mein Freund Benjamin. Ja, wir hatten einen sehr entspannten Flug und fühlen uns schon nach ein paar Stunden in der Sonne, als wären wir bereits seit zwei Tagen hier.«

»Das klingt fantastisch, und ich freue mich, wenn ich heute Abend noch mehr zu Ihrem Wohlergehen beitragen kann. Darf ich Ihnen schon mal die Karte reichen und Ihnen etwas zu trinken anbieten?«

»Sehr gerne! Wir haben Lust zu feiern. Bitte bringen Sie uns eine Flasche Champagner und eine Flasche Mineralwasser«, sagt Benjamin stolz.

»Kommt sofort! Und hier habe ich noch ein paar persönliche Empfehlungen für Sie, die nicht auf der Karte stehen«, kündigt Gabriele an und stellt eine kleine mit Kreide beschriebene Tafel auf den Tisch. Während Julia und Benjamin die Gerichte darauf entdecken, zündet Gabriele zwei Kerzen an. Dann sieht er sich schelmisch prüfend im Saal um, schneidet mit spitzbübigem Grinsen eine Blume aus der Restaurantdekoration und stellt sie dem Paar in einem Wasserglas auf den Tisch.

»Nehmen Sie sich gerne alle Zeit, die Sie brauchen. Ich komme sofort mit Ihren Getränken wieder.«

Benjamin und Julia lachen und sind sich einig: Die Menschen machen den Unterschied.

Das Programm auf den Punkt gebracht

Leitfrage: Liegt der Fokus des Handelns eines Menschen auf Personen und Emotionen oder auf Objekten, Zielen und Aufgaben?

Dieses Meta-Programm hat gewaltige Auswirkungen auf die Erlebnisqualität. Es geht im Kern um die Frage, mit welcher Priorität jemand in einem bestimmten Kontext Informationen verarbeitet. Menschen mit einem starken *Personenbezug* rücken die Person mit ihren Gefühlen, Gedanken und Bedürfnissen ins Zentrum. Die persönliche Verbindung steht für sie an erster Stelle. Daher dürfen natürlich auch die Namen nicht fehlen. Der Kellner Gabriele steht in unserer Geschichte exemplarisch für dieses Muster.

Den anderen Pol des Programms bildet der *Objektbezug*. Wie der Name schon erahnen lässt, steht hier nicht der menschliche Kosmos im Fokus, sondern Aufgaben, Ziele und Objekte. Nach diesem Muster agieren zum Beispiel der Platzanweiser aus unserer Geschichte und die Flugbegleiterinnen und Flugbegleiter.

Sie erkennen sehr leicht, wie unterschiedlich die Erfahrung wirkt, je nachdem, welches Programm im Zentrum steht.

PERSONENBEZUG

Für Menschen mit einem *Personenbezug* stehen andere Menschen, ihre Namen, Gefühle und Bedürfnisse im Zentrum. Mit einer entsprechenden Einstellung gehen sie auch an ihre Arbeit. Der Kellner Gabriele hat wahrscheinlich einen Blick ins System geworfen und unter der Zimmernummer der beiden Gäste die Namen recherchiert. So kann er schon beim ersten Kontakt durch einen besonders persönlichen Bezug punkten und die Erfahrung der Gäste bekommt eine besondere Qualität.

Stärken und Schwächen

Ein *Personenbezug* ist überall dort von großem Vorteil, wo Emotionen und Erfahrungen im Zentrum stehen. Dieses Meta-Programm ermöglicht es, Menschen so abzuholen, dass sie sich in ihren Emotionen anerkannt und gesehen fühlen. Das betrifft nicht nur Service und Erlebnisgestaltung, sondern zum Beispiel auch Berufe im Bereich von Medizin und Pflege. So wünschen sich viele Patienten, dass Ärzte und Pflegepersonal empathischer auf ihre Ängste, Sorgen und Bedürfnisse eingehen. Die persönliche Verbindung kann in diesen Fällen nicht nur Trost und Sicherheit spenden, sondern auch zu einer besseren Genesung beitragen.

Ein starker *Personenbezug* kann außerdem eine weitere Besonderheit mit sich bringen. Dadurch, dass Personen, deren Wohlergehen und ihre Zufriedenheit im Zentrum stehen, können sich Menschen mit diesem Meta-Programm dazu verleiten lassen, Regeln oder Prozesse infrage zu stellen, um der Person ein möglichst gelungenes Erlebnis oder eine schöne Erfahrung zu bieten. Nicht immer zur Freude aller anderen, die ebenfalls am Prozess beteiligt sind. Das macht zum Beispiel der Kellner Gabriele, als er Blumen von der Deko abschneidet oder große Bereitschaft zeigt, auch Sonderwünsche zu erfüllen. Wie sehr er dabei jedoch vom üblichen Prozess abweicht, hängt stark von einem anderen Meta-Programm ab, das Sie bereits kennengelernt haben: *Optional* und *Prozedural*.

Eine zu emotionale Verbindung kann auch dazu führen, dass die Menschen ihre Ziele und Aufgaben aus den Augen verlieren und somit weniger effizient bei der Arbeit sind. So zeigt sich im Spannungsfeld zwischen den beiden Polen des Programms auch ein häufiger Streitpunkt in vielen Branchen: Stehen Wirtschaftlichkeit und Gewinnstreben über Verbundenheit und Erlebnisqualität – oder ist es umgekehrt? Diese Frage lässt sich gewiss nicht pauschal beantworten, sondern ist abhängig vom Kontext und letzten Endes von Werten und Philosophien, die Menschen und Marken antreiben.

OBJEKTBEZUG

Menschen mit einem *Objektbezug* konzentrieren sich auf Objekte, Produkte, Ergebnisse, Ziele und Systeme. Sie widmen sich also Aufgaben und Prozeduren, ohne sich dabei großartig von den Gefühlen der involvierten Parteien beeinflussen zu lassen. Beteiligte Personen sind in dieser Perspektive nur Beiwerk der Aufgabe – also ein Nebenschauplatz. Diese rigide Aufgabenorientierung kann von außen sachlich und maschinell wirken, muss jedoch nicht bedeuten, dass die Person empathielos ist. Ihr Fokus liegt im jeweiligen Kontext einfach auf anderen Prioritäten.

Stärken und Schwächen

Hat der Platzanweiser aus der Story unsympathisch auf Sie gewirkt? Dabei meint er es bestimmt nicht böse. Er kann sogar ausgesprochen motiviert und im positivsten Sinn ergebnisorientiert sein. Auf die Menschen, die er bedient, wirkt er professionell, aber kühl. Grundsätzlich können wir festhalten, dass er seinen Auftrag erfüllt hat, die beiden Gäste an ihren Tisch zu begleiten. Als er sich verabschiedet, macht er deutlich, dass seine Zuständigkeit mit diesem Ergebnis endet und klärt die Gäste auf, dass der Kollege den Prozess fortsetzen wird. Zugegeben, allein an diesen letzten Zeilen spüren wir, wie maschinell und kalt sich diese Haltung anfühlt. Es ist also verständlich, wenn wir uns vor den Kopf gestoßen fühlen, weil es so wenig menschelt. Das ist der Beigeschmack, den der höchst effektive Fokus auf das Ziel mit sich bringt.

Aus diesem Blickwinkel werden auch Menschen zu Objekten und Aufgaben, die sich abarbeiten lassen. Zwei Gäste im Restaurant sind ein Tisch mit einer Nummer, der wiederum Nummern von der Speisekarte bestellt. Passagiere im Flugzeug sind Paxe. Patienten tragen ein Etikett mit ihrer Krankheit, einem Körperteil oder Symptom – wie zum Beispiel die Hernie in Bett drei oder die Lunge in OP zwei. Und Personalabteilungen sprechen gerne von Human Resources oder Humankapital – zugespitzt ausgedrückt werden Menschen also zu Gütern, die das Getriebe des Unternehmens am Laufen halten. Klingt ganz schön rücksichts- und empathielos, oder? Bitte verzeihen Sie die harsche Wortwahl; sie steht hier nicht stellvertretend für eine Ideologie, sondern illustriert lediglich die sehr systembetonte Sicht aus diesem Meta-Programm.

Während wir bei der sachlich-nüchternen Perspektive in einigen Kontexten ein Störgefühl haben, kann sie in anderen Bereichen eine wichtige Voraussetzung sein. Erinnern Sie sich noch an Ihren letzten Besuch bei einer Behörde? Hier hat alles seine Ordnung. Klare Prozesse, feste Regeln – nur so kann das Getriebe effizient funktionieren. Auch Manager, Anwälte und Verkäufer sollten sich auf der Skala zwischen diesen beiden Programmen zumindest in der Mitte befinden.

Ein Vertriebsleiter erzählte in einem unserer Seminare davon, wie ein Verkäufer mit ausgeprägtem Personenbezug ihm graue Haare beschert hatte. Er sei ein total lieber Kerl gewesen und verfolgte als oberstes Ziel, zu all seinen Kontakten eine harmonische Beziehung aufzubauen und zu erhalten. Das hatte ihm zu einem exzellenten

Ruf verholfen. Bei der Kundschaft war er nicht zuletzt deswegen sehr beliebt, weil er sich viel Zeit nahm, die Menschen wirklich kennenzulernen, um eine starke persönliche Beziehung zu ihnen aufzubauen. Was erst einmal wunderbar klingt, hatte im Geschäftsalltag einen Haken: Nicht selten war der Verkäufer stundenlang außer Haus und führte lange Gespräche, ohne dass ein Verkauf dabei herumkam. Bei all dem persönlichen Austausch verlor er nämlich gerne sein eigentliches Ziel aus den Augen: Er sollte neue Kundinnen und Kunden gewinnen. Doch statt Umsatz mitzubringen, kam er abends mit einem großen Lächeln ins Büro, hocherfreut über all die tollen Gespräche und persönlichen Beziehungen, jedoch ohne einen einzigen Verkauf. In manchen Fällen, so der Vertriebsleiter, entwickelten sich die persönlichen Beziehungen des Verkäufers sogar zu ernsten Konflikten. Verständlicherweise hegte er größte Sympathien für jeden in seinem Netzwerk, doch manchmal kamen einzelne Partner ihren vertraglichen Pflichten nicht nach, und der Verkäufer hatte die Aufgabe, ein mehr oder weniger ernstes Wort mit den Verantwortlichen zu wechseln. Dabei hatte er in einigen Fällen sogar Partei für die Gegenseite ergriffen und deren Verhalten innerhalb des Unternehmens verteidigt. So wurde er zum Anwalt des Kunden und verweigerte es stellenweise sogar, seinen Aufgaben nachzugehen.

Natürlich ist es gerade in Bereichen wie Verkauf und Führung extrem wertvoll, eine Verbindung zum Menschen aufzubauen. Denn Sympathie, Identifikation und Vertrauen sind unterschwellig selbst in einer noch so kühlen und distanzierten Businesswelt eine wichtige Basis für fruchtbare Geschäftsbeziehungen. Dennoch sollte nicht in Vergessenheit geraten, dass die Beziehungspflege stets dem übergeordneten Ziel dient, für das die Menschen eingestellt worden sind und auf der Gehaltsliste stehen.

Lassen Sie uns abschließend noch einen weiteren Aspekt dieses Meta-Programms betonen, der dessen Schattenseiten in ein anderes Licht rückt. Stellen Sie sich vor, Sie würden in einem Gefängnis arbeiten und tagein, tagaus die Insassen hüten. Welches Programm wäre Ihrer Meinung nach in diesem Kontext hilfreicher? Ein *Personenbezug* oder doch lieber ein *Objektbezug*? Die meisten entscheiden sich bei dieser Frage für den *Objektbezug*. Stellen Sie sich nur vor, wie herausfordernd und belastend Ihre Arbeit wäre, wenn Sie sich mit jedem Einzelschicksal befassen und sich emotional auf jede Geschichte einlassen würden. Sie könnten gewiss einigen Menschen eine wertvolle Stütze sein, damit jedoch Ihrer eigentlichen Aufgabe entgegenwirken, die darin liegt, die Insassen zu bewachen und keinem eine besondere Behandlung zukommen zu lassen. Kurzum: Wenn Sie die Menschen mit einer Nummer ansprechen können, macht Ihnen das die Arbeit deutlich leichter.

Ob Sie im Gefängnis, im Altenheim oder im Krankenhaus arbeiten – der *Objektbezug* ermöglicht Ihnen, sich von Einzelschicksalen zu distanzieren und in gewisser Form zu dissoziieren. Er kann also auch wie eine Art Schutzmechanismus wirken, um sich besser gegen emotional herausfordernde Situationen zu wappnen und sich dabei kognitiv voll auf die Erfüllung einer Aufgabe zu konzentrieren.

So erkennen Sie das Programm

Dieses Meta-Programm ermitteln Sie idealerweise in Kombination mit dem Programm *Unabhängig, Beteiligt & Kooperativ.* Erinnern Sie sich noch an die Frage, mit der Sie den Arbeitsstil ermitteln? Genau! Sie bitten Ihr Gegenüber, Ihnen etwas über eine konkrete Situation im Kontext zu erzählen, die einem ihrer Kriterien entsprochen hat. Die Person geht gedanklich also zurück in einen Moment, in dem sie aufgeblüht ist und vielleicht sogar eine Flow-Erfahrung hatte. Damit bezeichnen wir den schönen Zustand, in dem die Herausforderungen der Situation in perfekter Balance mit unseren Fähigkeiten sind. Wir sind also weder überfordert noch unterfordert und können voll aus unseren persönlichen Stärken schöpfen.

Diese Erinnerung sagt also viel darüber aus, wie die Person im idealen Umfeld tickt. Das ist die optimale Basis, um eine zweite Frage hinterherzuschicken: *Was hat Ihnen daran besonders gefallen?* Nachdem wir erst erfahren haben, ob die Person lieber ganz für sich, in geteilten Verantwortungen oder sehr eng mit anderen zusammenarbeitet, vertiefen wir das Gespräch. Nehmen wir die Beispielantwort des Arbeitsstils *Beteiligt* aus dem vorherigen Kapitel als Grundlage:

Es gab damals dieses Projekt, für dessen Leitung ich mich freiwillig gemeldet hatte. Nie zuvor bin ich in so kurzer Zeit dermaßen kreativ gewesen. Es ging darum, Hunde von der Straße zu holen und ihnen ein neues Zuhause zu vermitteln. Mein Respekt davor war riesig, denn eine so große Verantwortung hatte ich nie zuvor gehabt. Wohin mit dem gesponserten Futter? Wie lässt sich die Story so aufziehen, dass sie in der Presse maximalen Anklang findet? All das waren Fragen, die ich mit meinem Team in einem echt sportlichen Zeitrahmen beantworten durfte.

Darauf bauen wir nun auf und stellen unsere zweite Frage: *Was hat Ihnen daran gefallen?* Eine Antwort könnte wie folgt aussehen:

Mein Highlight war definitiv das Team! Allen voran hat mich unsere Pressesprecherin Kerstin beeindruckt. Sie sprühte nur so vor Leidenschaft und hat mir mit ihrer guten Laune jeden Start in den Tag versüßt. Sophie, Manuel und Jacky – die Kreativchaoten aus dem Marketing – haben eine Energie, die süchtig macht. Sie sollten mal erleben, wie die sich die Bälle zuspielen, Stimmung machen und mit welcher heiteren Gelassenheit sie die verrücktesten Ideen auf die Welt bringen. Hach! Ich schwebe jetzt schon wieder auf Wolke 7, wenn ich an diese fantastische Zeit zurückdenke!

Gewiss haben Sie längst erkannt: Hier offenbart jemand einen *Personenbezug*, wie er deutlicher nicht sein könnte (kein Wunder, ist ja auch ein Lehrbuchbeispiel). Namen, Emotionen und Stimmungen stehen hier im Zentrum. Wir erkennen also, dass die Person in diesem Umfeld aufblüht. Idealerweise sollte sie also einen Job ausüben, in dem ein starker *Personenbezug* von Vorteil ist. Schauen wir uns als Nächstes an, wie eine zweite Variante der Antwort aussehen könnte:

Besonders interessant waren für mich die Abläufe und Abstimmungsprozesse hinter den Kulissen. Projektmanagement, Führung und Marketing – all diesen Bereichen liegen klare Strategien zugrunde. Ich habe erkannt: Wenn ich das System verstehe, finde ich auch Wege, um mit meinen Mitarbeiterinnen und Mitarbeitern selbst hochgesteckte Ziele zu erreichen. Bei meiner Pressearbeit konnte ich außerdem wertvolle Kontakte sammeln und mein Netzwerk für zukünftige Herausforderungen optimal aufstellen.

Ein Unterschied wie Tag und Nacht, oder? Er springt uns förmlich ins Gesicht. Die Person legt den Schwerpunkt in diesem Antwortbeispiel auf Prozesse, Systeme und Strukturen. Dadurch wirkt die Sprache beim *Objektbezug* deutlich kühler, beschreibender und distanzierter. Im Seminar bekommt sie deswegen gerne den Spitznamen »Dingsprache« im Kontrast zur »Fühlsprache« aus dem *Personenbezug*. Die Gefühle haben sich in diesem zweiten Beispiel, wenn überhaupt, nur zwischen den Zeilen versteckt. Auch von Namen ist hier keine Spur. Menschen werden aus dieser Perspektive zu *Mitarbeitenden, Kontakten* und Teilen eines *Netzwerks*. Eine Person mit diesem Muster blüht in einem Umfeld auf, in dem sie sich vorrangig auf Systeme, Aufgaben und Ziele fokussieren kann.

BEEINFLUSSENDE SPRACHE

Menschen mit diesem Programm fühlen sich von Ihnen optimal verstanden, wenn Sie Ihre Sprache mit den folgenden Anregungen versehen.

- **Personenbezug:** Nutzen Sie, wo Sie nur können, die Namen der Menschen sowie persönliche Pronomen, mit denen Sie die Personen direkt ansprechen. Hier geht es um das Wohlbefinden des Einzelnen. Setzen Sie Emotionen, Bedürfnisse und Empfindungen ins Zentrum. Kurzum: Sorgen Sie dafür, dass es menschelt.

- **Objektbezug:** Legen Sie den Schwerpunkt Ihrer Kommunikation auf Systeme, Prozesse, Aufgaben, Ziele und Ergebnisse. Nutzen Sie sogenannte Indefinitpronomen wie *man, jemand, niemand, irgendjemand* anstelle von Namen oder persönlichen Pronomen wie *ich, du, er, sie* oder *wir*.

Passen Sie Ihre Sprache an die Prioritäten an

Geistern Ihnen gerade ein paar Szenarien durch den Kopf, in denen dieses Meta-Programm eine Herausforderung darstellt? Dann dürfen Sie jetzt entspannt aufatmen! Denn kaum eines der Programme lässt sich mit einer geschickten Argumentation so gut lenken wie dieses. Alles, was Sie dafür tun müssen, ist: um die Ecke denken.

Hat jemand zum Beispiel einen sehr starken *Objektbezug* und Sie wünschen sich, die Person würde bei ihrer Arbeit mehr Gewicht auf die zwischenmenschliche Ebene legen? Dann machen Sie einfach die Zufriedenheit, das Wohlergehen oder sogar die Begeisterung der Kunden bzw. Gäste zur zentralen Aufgabe. Sie wissen ja: Beim *Objektbezug* stehen Ziele und die Prozesse im Zentrum. Wenn nun das Ziel ist, alle Menschen nach dem Kontakt begeistert zurückzulassen, wird die Person von sich aus auf andere Weise an das Thema herangehen. Niemand will bei einem emotional gewichtigen Erlebnis eine Zahl oder ein Rädchen im Getriebe sein.

Ein fabelhaftes Beispiel erlebten wir bei einer Konferenz, bei der wir einen Vortrag halten sollten. Der Slot war der zweite nach der Mittagspause. Es war kurz vor zwei, das Publikum war schon wieder im Saal, doch das Buffet stand noch einladend duftend in der Lobby. Die perfekte Gelegenheit, beim Warten noch einen kleinen Happen zu essen! Also fragten wir kurz beim Personal, ob es okay wäre, wenn wir uns eben noch einen Teller nehmen würden. Die Dame entgegnete kühl: »Um 14 Uhr bauen wir ab. Dann ist hier Schluss.« Selbst nachdem wir ihr darlegten, sie könne gerne schon mit dem Abräumen beginnen, wir würden uns einfach parallel ein paar Kleinigkeiten nehmen, lag ihr Fokus weiterhin darauf, rigide den Plan einzuhalten. Erst als einer der Veranstaltungsmanager sich zu uns gesellte, kam Bewegung ins Spiel. Er vermittelte der Dame, dass die Abbauzeiten zwar durchaus wichtig seien, doch im Zentrum ihrer gemeinsamen Arbeit stand die Zufriedenheit der Besucher. Man hatte ihr Catering nicht gebucht, damit sie um elf Uhr aufbauten und um 14 Uhr abbauten, sondern damit alle satt und zufrieden die Veranstaltung genießen konnten.

Überlegen Sie sich vor dem Hintergrund dieses Programms also zweimal, was Sie zur obersten Priorität machen. Die Strategie funktioniert übrigens auch umgekehrt, verlangt jedoch eine Prise Feingefühl. Während Sie bei einem unpassenden *Objektbezug* Personen und Emotionen zu Ziel und Aufgabe machen, nutzen Sie bei einem weniger dienlichen *Personenbezug* die Emotionen, um Menschen zurück auf Kurs ihrer Ziele zu lenken.

Nehmen wir den reisenden Verkäufer und Kundenliebling von vorhin als Beispiel. Wir wissen, dass Menschen und Emotionen einen wichtigen Stellenwert bei seiner täglichen Arbeit einnehmen. Und das gilt nicht nur für seine Beziehungen zur Kundenseite, sondern auch intern zu seinem Team. Hier können wir die persönliche Verbindung und eine Prise Emotionen einsetzen, um ihn für die Bedeutung seiner zentralen Aufgabe zu sensibilisieren. Als direkte Kolleginnen und Kollegen könnten wir das zum Beispiel so formulieren: »Es ist klasse und fast magisch, mit welcher Leichtigkeit du persönliche Beziehungen zu unseren Kunden und Interessenten aufbaust. Die sind von großem Wert für die Entwicklung unseres Unternehmens. Aber damit verbunden ist eine Sache, die uns im Team ein paar Bauchschmerzen bereitet: Wir dürfen auch erfolgreiche Abschlüsse liefern und Zahlen sprechen lassen. Ansonsten steht unser Team auf der Kippe. Du weißt ja, unser Chef bekommt ganz schön Druck von oben. Den fängt er für uns ab und lässt uns unseren Freiraum. Da ist es doch einfach nur fair, wenn wir unser Bestes geben, um das gesetzte Ziel zu erreichen, das uns alle zusammenschweißt: gute Abschlüsse. Denn davon profitieren letzten Endes auch unsere Kundinnen und Kunden. Stell dir nur vor, die kaufen am Ende bei der Konkurrenz und fallen auf Angebote rein, die deutlich schlechter sind als unsere. Am Ende werden sie sich wahrscheinlich sogar wünschen, wir hätten uns mehr ins Zeug gelegt, um sie von unserem Angebot zu überzeugen.«

Erkennen Sie den Mechanismus? Ab und an formuliert jemand in unseren Seminaren zuspitzend, Menschen mit starkem *Personenbezug* seien emotional erpressbar. Auch wenn das auf einer gewisse Ebene den Kern der Sache trifft, distanzieren wir uns deutlich von jeder Art unmoralischer Kommunikation. Der Grat, auf dem wir wandeln, ist in diesem Fall besonders schmal. Denn auf der einen Seite wollen wir Menschen dafür gewinnen, auf eine gewisse Art und Weise zu denken, zu fühlen und zu handeln. Gleichzeitig wollen wir nie aus dem Blick verlieren, dass dies auch immer im beiderseitigen Interesse sein sollte.

Im Fall unseres Verkäuferbeispiels sollten wir also nicht so weit gehen, die Person zu einem Vorgehen zu zwingen, bei dem sie gegen ihre Werte und Überzeugungen handeln würde. Vielmehr geht es darum, herauszufinden, wie die Person das gesetzte Ziel mit ihren bestehenden Ressourcen bestmöglich erreichen kann. Das bewirken wir zum Beispiel, indem wir wie im Textvorschlag oben eine neue Perspektive anbieten, die aus Sicht des Verkäufers einleuchtend wirken kann. Wir verdeutlichen (auf zugegeben leicht idealisierte Weise), dass Abschluss und Kundenzufriedenheit im Grunde ein und dasselbe sind. Laden Sie Aufgaben und Ziele also emotional auf und vertrauen Sie dabei stets auf Ihren moralischen Kompass.

Zusammenfassung: Personenbezug vs. Objektbezug

Leitfrage: Liegt der Fokus des Handelns eines Menschen auf Personen und Emotionen oder auf Objekten, Zielen und Aufgaben?

Identifikationsfragen:

1. Kriterien ermitteln: Was ist Ihnen bei Ihrer Arbeit wichtig?
2. Frage mit Kriterien ergänzen: Bitte erzählen Sie mir von einer Arbeitserfahrung, in der Sie (Kriterium) sein konnten.
3. Was hat Ihnen daran gefallen?

Personenbezug

Für Menschen mit einem *Personenbezug* stehen andere Menschen, ihre Namen, Gefühle und Empfindungen im Zentrum.

- **Stärken:** Sie achten auf die Gefühle und Gedanken der Menschen.
- **Schwächen:** Sie können Ziele und Aufgaben aus den Augen verlieren.
- **Hinweise auf das Programm:** sprechen von Menschen, ihren Namen und Gefühlen, sind sensibel für Befindlichkeiten
- **Passende Sprache:** von Emotionen und Gefühlen sprechen, den Menschen und das Wohlbefinden ins Zentrum stellen, Personalpronomen und die Namen von Menschen benutzen, »fühlt sich gut an«

Objektbezug

Menschen mit einem *Objektbezug* konzentrieren sich auf Objekte, Produkte, Ergebnisse, Aufgaben und Systeme.

- **Stärken:** Sie fokussieren sich auf Aufgaben und darauf, einen Job erfolgreich zu erledigen oder ein Ziel zu erreichen.
- **Schwächen:** Sie können kalt und empathielos wirken und andere mit ihrer Art vor den Kopf stoßen.
- **Hinweise auf das Programm:** Sie sprechen von Aufgaben, Zielen, Systemen, Prozessen und Dingen.
- **Passende Sprache:** Sachen, Systeme, Prozesse, Aufgabe, Job, Ziel, Organisation, Firma, Ergebnisse ansprechen

PROGRAMM 9

EMOTIONAL VS. FLEXIBEL VS. KOGNITIV

Von durchgeknallten Diven und gefühlskalten Profis

»Glückwunsch zum erfolgreichen Abschluss, Schatz! Oder sollte ich ab heute lieber sagen *Dr. Schatz*? Ich kann kaum glauben, dass du jetzt ein ausgewachsener Chirurg bist!«

Christiane und Daniel lassen die Gläser klirren. Sie haben Grund zu feiern und sich dafür einen Tisch im Sternerestaurant bei Eduardo reserviert. Mehr als ein Jahrzehnt hat Daniel in seiner Ausbildung verbracht und dabei nicht nur viel erlebt, sondern auch Christiane kennengelernt. Sie hat als operationstechnische Assistentin gearbeitet, als Daniel seine ersten Gehversuche in der Praxis machte. Während ihr Mann mittlerweile im OP zu Hause ist, hat Christiane ihren Kurs gewechselt und ist heute Leiterin des Kindergartens um die Ecke.

»Fühlt sich ehrlich gesagt noch etwas surreal an ...«, bemerkt Daniel in Gedanken versunken. »Manchmal habe ich echt gezweifelt, ob ich diese Reise überstehe. Auf dem Weg ist so viel Verrücktes passiert ... Und ich habe mir so viele Patzer geleistet, ich will gar nicht dran denken ... Das wäre locker genug Stoff, um eine eigene Arztserie zu drehen!«

»Oha, jetzt bin ich neugierig! Was war denn dein größter Patzer?«, hakt Christiane nach.

»Schneller, schneller, schneller – das muss raus! Bringt mir die Bernaise – Dalli Dalli!«, dringt es aus der Küche, als einer der Kellner vollbeladen mit dampfenden Speisen durch die Tür kommt. Christiane und Daniel lieben ihren Tisch nah an der Küche, wo sie ein bisschen an der magischen Stimmung der Sterneküche schnuppern können. »Frau und Herr Walz! Wie schön, dass Sie wieder bei uns sind«, begrüßt sie die Kellnerin. »Mit dem Champagner alles bestens?«

»Ja, alles wunderbar!«, lächelt Christiane. »Eduardo ist heute mal wieder voll in seinem Element.«

»Sie kennen ja sein Temperament. Unsere Küche ist jeden Abend ein Feuerwerk großer Emotionen. Verraten Sie es niemandem, doch genau diese Hingabe ist die Magie, aus der unsere wunderbaren Geschmackswelten entstehen. Die Leidenschaft, die Sie auf Ihrer Zunge spüren, muss ja irgendwo ihre Quelle haben«, zwinkert die Kellnerin.

»Das haben Sie schön gesagt«, bestärkt sie Christiane, bevor die Bedienung den Rufen aus der Küche folgt. »Und jetzt zurück zu den Patzern, Dr. Schatz! Erzählen Sie!«

»Na gut ... Also, der größte war definitiv in meinem Ausbildungsjahr in Australien. Da durfte ich mal dem berühmten Prof. Dr. Vogt assistieren, einem renommierten Facharzt für Lungenchirurgie. Der war eine Koryphäe auf seinem Gebiet. Leider ist er mittlerweile verstorben, doch ich behalte ihn in sehr liebevoller Erinnerung. Er war damals schon grau und der Inbegriff eines weisen Mediziners. In dem Jahr hat er mich unter seine Fittiche genommen und ich durfte ihm assistieren. Ich erinnere mich noch, wie ich in diesen offenen Thorax hineinschaute und er mich mit sanfter Stimme anleitete: ‚Lassen Sie uns mit dem Eingriff fortfahren, Herr Dr. Walz. Doch bitte gehen Sie vorsichtig vor. Hier sehen Sie die Arteria pulmonalis. Die möchten wir auf gar keinen Fall verletzen.' Und noch während er diese Worte aussprach, schoss dem Professor ein Spritzer Blut entgegen.«

»Neeiiiiiiin!«, bricht es so laut aus Christiane heraus, dass sich die Gäste an den Nachbartischen nach ihnen umdrehen.

»Doch! Das waren meine ersten Gehversuche, von denen hier zu Hause zum Glück niemals jemand erfahren hat.«

»Und was ist dann passiert? Erzähl schon!«

»Das ist in meiner Erinnerung ein sehr ulkiger Film. Der Professor musterte mich gefühlt endlos lang mit einem neugierig unaufgeregten Blick. Ja, er blinzelte sogar in aller Seelenruhe. In meinem Kopf müssen das zehn Sekunden gewesen sein, doch in Wirklichkeit ist das wahrscheinlich alles sehr viel schneller abgelaufen. Dann sagte er mit gelassener Stimme: ‚Herr Dr. Walz, was haben wir gerade besprochen? Diese Situation ist suboptimal

– sowohl für den Patienten als auch für uns. Sehen Sie nur, mein Kittel ist übervoll mit Blut. Was wäre nun der nächste Schritt, um Herr über dieses Chaos zu werden?' In meiner Innenwelt war absoluter Ausnahmezustand und ich fühlte mich wie gelähmt. Doch die sanfte Stimme des Professors hatte in diesem Umfeld eine erdende Wirkung auf mich. Sie durchbrach das Chaos und hielt mich auf dem Boden. Er wies mich an, durchzuatmen und die Arterie abzuklemmen. Dann übernahm er und ich trat schweißgebadet ein paar Schritte vom OP-Tisch zurück. Wenn ich jetzt daran zurückdenke, läuft es mir immer noch kalt den Rücken runter.«

»Allein vom Zuhören wird mir gerade ganz anders ...«

»Solche Situationen gab es zuhauf in den letzten zehn Jahren ... und auch noch mehr Typen vom Kaliber des Professors. Insbesondere unter den Rettungssanitätern gibt es Leute mit echt dickem Fell. Die erzählen dann in der Kaffeepause davon, wie sie bei Autobahnunfällen einzelne Körperteile aufgesammelt und in Beutel gesteckt haben, und, und, und ...«

»Das bestärkt mich einmal mehr, die richtige Entscheidung getroffen zu haben. Das alles war nichts für mich. Ich konnte mich manchmal nur unter Schnappatmung im OP aufrecht halten. Ich wünschte, mir hätte früher jemand gesagt, wie dieser Job mein Emotionsbarometer sprengen könnte. Dann hätte ich mir diesen Irrweg sparen können.«

»War das damals wirklich so schlimm für dich?«

»Aber sowas von! Nach Situationen, wie du sie gerade beschreibst, brauchte ich Stunden, um mich zu beruhigen. Wenn die Emotionen zu sehr hochkochen, dann schaltet sich mein Hirn aus und ich fühle mich meinen Gefühlen hilflos ausgeliefert.«

»Das ist doch zutiefst menschlich und bei uns allen ab einem bestimmten Maß der Fall. Ich brauchte damals auch die väterlich warme Stimme des Professors, um nicht die Fassung zu verlieren.«

»Ja, du sagst es: ab einem bestimmten Maß! Und mein Zelt steht halt nah am Abhang. Schon ein kleiner Windstoß kann mich über die Klippe schieben und dann lande ich kopfüber im Emotionsbad. Im Kindergarten fällt mir das leichter. Da ist es ab und an auch mal wild, doch ich habe mir im Laufe der Zeit ein paar Strategien zurechtgelegt, die mich in stürmischen Zeiten schneller wieder auf den Boden bringen.«

In dem Moment schießt einer der Köche durch die Küchentür, reißt sich seine Schürze vom Leib und feuerte sie unter lautem Protest in die Ecke: »Das war's! Keine Minute länger arbeite ich mit dieser Diva!«

»Vielleicht teilst du ein paar deiner Strategien mit Eduardo«, witzelt Daniel. »Obwohl ... Wenn seine Emotionen nicht kochen, haben wir am Ende vielleicht nur halbgare Gerichte.«

Das Programm auf den Punkt gebracht

Leifrage: Mit welchem Grad an Emotionalität reagiert eine Person auf herausfordernde bzw. stressige Situationen im Alltag? Verliert sie sich in Emotionen, findet sie aus eigener Kraft aus der Emotion heraus oder bleibt sie kühl und sachlich?

Dieses Meta-Programm wirft Licht auf die Art und Weise, wie wir in stressigen Situationen Emotionen verarbeiten. Dabei geht es um alltägliche Herausforderungen und das im jeweiligen Kontext normale Maß an Stress.

In Extremsituation, in denen das eigene Leben auf dem Spiel steht, reagieren durch die Bank alle gesunden Menschen mit einer der typischen Reaktionen: kämpfen, fliehen oder erstarren. Übrigens gibt es neben diesen drei allgemein bekannten Reaktionen noch eine vierte, weniger häufig erwähnte: die Herdenbildung. So können Sie beobachten, wie sich in Gefahrenlagen kleine Gruppen von Menschen bilden, die eine ganz bestimmte Sicht auf die Dinge teilen, wie beispielsweise Verschwörungstheorien oder andere Narrative, die dem Mainstream entgegenlaufen und die Menschen verbinden.

Wir betrachten bei diesem Programm die Reaktion auf das normale Maß an Stress, das die jeweilige Situation mit sich bringt. Ein erster Außenpol trägt den Namen *Kognitiv*. Ein gutes Beispiel für dieses Meta-Programm ist der Professor aus unserer Geschichte. Er behält selbst dann einen kühlen Kopf, wenn andere die Fassung verlieren. Er bleibt also bei klarem Verstand, ohne sich von Emotionen die Sicht vernebeln zu lassen. Auf der anderen Seite der Skala haben wir den Pol *Emotional*. Christiane und der Sternekoch Eduardo bringen dieses Muster auf den Punkt. In anspruchsvollen Situationen steigern sie sich in die Emotionen hinein und brauchen ohne Hilfe von außen manchmal Stunden, um wieder die Kontrolle über ihr Denken, Fühlen und damit auch ihr Handeln zurückzugewinnen. Und schließlich hat auch dieses Programm noch eine weitere Abstufung mit der Bezeichnung *Flexibel*. Nach unserer Erfahrung mit Tausenden Seminarteilnehmern tummeln sich mehr als die Hälfte der Menschen um dieses Programm herum. Wie der Name schon ahnen lässt, können Personen mit diesem Muster flexibel mit normalem Stress umgehen. Sie reagieren durchaus emotional, wenn eine Situation sie fordert. Doch statt in der Emotion zu baden und darin stecken zu bleiben, gewinnen sie aus eigener Kraft wieder die Kontrolle und können ihren Zustand regulieren.

Wie bei allen anderen Programmen hat auch dieses seine Stärken und seine Schwächen, die wir uns im Folgenden genauer anschauen.

KOGNITIV

Menschen mit dem Programm *Kognitiv* zeigen in stressigen Situationen keine emotionale Reaktion, sondern reagieren klar und reflektiert. Sie lassen sich nicht erschüttern oder aus der Ruhe bringen, sondern verschaffen sich einen Überblick der Fakten und können so auch unter höchsten Ansprüchen durchdachte Entscheidungen treffen.

Stärken und Schwächen

Die große Stärke dieses Musters liegt in der emotionalen Belastbarkeit. Die ist überall dort gefragt, wo es nach einem starken Nervenkostüm verlangt. Ärzte, Rettungssanitäter oder militärische Einsatzkräfte sollten zum Beispiel nicht so leicht in Panik geraten. Wo andere die Nerven verlieren, behalten sie einen kühlen Kopf. Sie sind wie ein Fels in der Brandung und ein Ruhepol, der auch anderen Menschen Halt geben kann.

Gleichzeitig können diese Menschen jedoch im Umgang kühl, distanziert, unemotional, gleichgültig oder sogar kaltblütig wirken. So gelten Chirurgen in der Ärzteschaft manchmal als teilnahmslose »Metzger«. Während das *kognitive* Muster im OP eine ruhige Hand garantiert und damit ganz klar von Vorteil ist, kann es im direkten Kontakt mit besorgten oder sogar verängstigten Patienten unsensibel und unangemessen sachlich wirken.

EMOTIONAL

Menschen mit dem Programm *Emotional* reagieren in anspruchsvollen Situationen mit großen Gefühlen und haben Schwierigkeiten, selbstständig aus der Emotion herauszufinden. Sie haben ihre Gefühle nicht im Griff, sondern sind ihnen mehr oder weniger ausgeliefert.

Stärken und Schwächen

Leidenschaft und Begeisterungsfähigkeit – diese beiden Worte bringen schön auf den Punkt, worin der Wert des Programms liegt. Es trägt dazu bei, dass Menschen sehr einfühlsam sind, in einer Situation voll aufgehen und andere mit ihrer Emotion anstecken können. Denken Sie in diesem Zusammenhang nur an künstlerische Berufe wie Maler und Musiker oder den Sternekoch Eduardo aus unserer Geschichte. Auch Schauspieler profitieren von einem schnellen und intensiven Zugang zu ihren Emotionen.

Gleichzeitig birgt das Muster die Gefahr, dass die Person ihren intensiven Gefühlszustand nicht ausreichend regulieren kann und somit exzentrisch und aufbrausend wirkt. Sie hat also Schwierigkeiten, Kontrolle über die eigenen Emotionen zu gewinnen und kann darin sogar so tief stecken bleiben, dass sie aus eigener Kraft nicht mehr herausfindet. Im negativen Fall sind solche Menschen als Diven bekannt, oder – und das ist die deutlich positivere Deutung – man sagt ihnen Temperament nach. Vermutlich haben Sie schon von bekannten Beispielen gehört, in denen solche emotionalen Menschen versuchen, mit Drogen Kontrolle über ihre ausufernde Gefühlswelt zu erlangen. Leider selten mit einem positiven Ergebnis.

Christiane aus unserer Geschichte befindet sich im Spektrum dieses Programms zwischen den beiden Polen *Emotional* und *Flexibel.* Sie beschreibt sehr gut, wie ihre frühere Arbeit im Operationssaal sie emotional so überwältigt hat, dass sie noch Stunden danach damit zu kämpfen hatte, wieder Herrin ihrer selbst zu werden. Damit verdeutlicht sie auch, wie wertvoll es ist, sich schon vor einer Ausbildung oder der Wahl eines Berufs die Frage zu stellen, welche Meta-Programme optimal zur Arbeit passen.

FLEXIBEL

Menschen mit dem Programm *Flexibel* reagieren erst emotional, können sich jedoch anschließend fangen und aus eigener Kraft in einen Normalzustand zurückkehren. Es gelingt ihnen also, ihren Gefühlszustand zu regulieren und sich selbst auf angemessene Weise zu beherrschen.

Stärken und Schwächen

Dieses Meta-Programm ist in fast allen Situationen von großem Wert, in denen es um die Zusammenarbeit mit anderen Menschen geht. Ob Führungskraft oder Angestellte im Callcenter, wir wünschen uns, dass unser Gegenüber unsere Emotionen wahrnimmt und auch anerkennt. Eine Führungskraft mit dem Muster *Kognitiv* wirkt auf das Team höchstwahrscheinlich unnahbar, sodass Einzelne Schwierigkeiten damit haben könnten, sich zu öffnen und ihre Emotionen zu teilen. Das Meta-Programm *Emotional* macht die gesamte Führungsaufgabe schwierig, da wir uns im besten Fall erst selbst führen sollten, bevor wir andere führen. Das Muster *Flexibel* macht uns hingegen anpassungsfähig. Wir können den Menschen in ihrer Emotion begegnen, uns bewusst auf sie einstellen und Emotionen gezielt in unserer Kommunikation einsetzen.

Die Schwäche dieses Programms kann darin liegen, nicht den richtigen Ton zu treffen. Die Person reagiert zum Beispiel zu gemäßigt oder übertrieben und damit in einem Kontext vielleicht sogar unangemessen. Außerdem ist die Reaktion nicht immer vorhersehbar, sondern kann mal beherrschter, mal ausschweifender ausfallen.

So erkennen Sie das Programm

Um ein Gespür dafür zu bekommen, wie eine Person in stressigen Situationen reagiert, bitten Sie sie, von einer Situation zu erzählen, die ihr im jeweiligen Kontext Schwierigkeiten bereitet hat. Das kann zum Beispiel so klingen: *Bitte erzählen Sie mir von einer Arbeitssituation, die Ihnen Schwierigkeiten bereitet hat.* Der Kontext – hier die Arbeitssituation – lässt sich natürlich wie immer der entsprechenden Situation anpassen. Im Kontext Beziehung könnten Sie also sagen: *Bitte erzählen Sie mir von einer Situation in Ihrer Beziehung, die Ihnen Schwierigkeiten bereitet hat.*

Auch dieses Meta-Programm erkennen Sie, indem Sie mehr auf das *Wie* achten als auf das *Was.* Je emotionaler die Person in herausfordernden Situationen reagiert, desto intensiver wird sie die Gefühle im Moment des Erzählens wiedererleben. Sie können also an der Reaktion Ihres Gegenübers erkennen, was in ihr vor sich geht. Achten Sie insbesondere auf die nonverbalen Komponenten der Kommunikation.

- **Stimmlage** – ist die Stimme ruhig oder eher aufgeregt?
- **Sprechtempo** – spricht die Person schnell oder eher bedächtig?
- **Lautstärke** – spricht die Person dynamisch, also mal leiser oder lauter?
- **Atmung** – atmet sie schnell oder ruhig? Schnauft sie? Atmet sie tief ein?
- **Gestik** – bleibt die Person ruhig und gefasst oder erzählt sie mit ganzem Körper?
- **Mimik** – erkennen Sie Anzeichen von Schmerz und Bedrückung im Gesichtsausdruck?
- **Blick** – eine erhöhte Blinzelrate und gerötete Augen können auf Stress hindeuten.
- **Körperhaltung** – sitzt die Person aufrecht oder gebeugt mit herabfallenden Schultern?
- **Gesichtsfarbe** – Rötungen im Gesicht oder auf Hals, Nacken und Armen können auf hohe emotionale Erregung hindeuten.

Menschen mit dem Programm *Kognitiv* berichten sehr sachlich, kühl und nüchtern – selbst von solchen Situationen, in denen anderen das bloße Kopfkino zu viel zu werden droht. So erzählte eine Rettungssanitäterin einmal von einem Unfall, bei dem ein Autofahrer auf der Landstraße hinten auf einen Bus aufgefahren war. Als würde sie uns den Weg zur nächsten Tankstelle beschreiben, erklärte sie mit Ruhe und fast wissenschaftlicher Präzision, wie die Rückseite des Busses alles über der Motorhaube abrasiert hatte. Das Auto glich anschließend einem Cabrio, und der Kopf des Fahrers war so weit nach hinten geschleudert worden, dass sie ihn erst eine halbe Stunde im Gebüsch hatte suchen müssen.

Würde Ihnen jemand mit dem Programm *Flexibel* diese Geschichte erzählen, würden Sie in Stimmlage, Mimik und anderen Signalen deutlich erkennen, wie die Person die Gefühle von damals wiedererlebt. Sie könnten erkennen, wie die Person mindestens einmal spürbar zurück in die Emotion taucht und sich anschließend selbst wieder beruhigen kann. Sollten Sie bei Ihrer Frage auf das Meta-Programm *Emotional* stoßen, tun Sie der Person einen großen Gefallen, wenn Sie sie gleich im Anschluss bitten, von einer Erfahrung zu erzählen, die sie mit Freude erfüllt hat. Damit vermeiden Sie es, den Menschen in der unangenehmen Emotion zurückzulassen, sondern ihn wieder in einen guten Zustand zu führen.

Sie können dieses Programm übrigens wunderbar beobachten, wenn Sie sich Talkrunden oder Interviews anschauen. Achten Sie auf die Reaktionen der Menschen, wenn ihnen zum Beispiel jemand unangenehme Fragen stellt. Einige Politiker oder Experten haben auf dem Spektrum dieses Meta-Programms einen deutlich kognitiven Anteil, den Sie daran erkennen, dass diese Menschen auch bei provokativen Fragen gefasst bleiben. Sie antworten in ruhigem sowie sachlichem Ton und lassen sich nicht aus der Reserve locken. Bei anderen Gästen, die mehr zum Pol *Flexibel* oder sogar *Emotional* tendieren, können Sie beobachten, wie die Personen zu schwitzen beginnen, sich im Ton vergreifen und sich manchmal sogar in Rage reden und zu ungewollten Aussagen verleiten lassen.

BEEINFLUSSENDE SPRACHE

Wie bei allen anderen Programmen ist es auch hier unser Ziel, unsere Sprache möglichst gut an unserem Gegenüber zu orientieren. In diesem Fall fokussieren wir uns auf den Grad der Emotionalität und passen uns ihm an. Unterhalten Sie sich mit einer Person, die ein ausgeprägtes *kognitives* Muster hat, wählen Sie einen sachlichen

Ton, bleiben Sie entspannt und üben Sie sich darin, auch Ihre nonverbalen Signale in Zaum zu halten. Welche Strategien Sie dabei unterstützen können, erfahren Sie im nächsten Abschnitt.

Befindet sich Ihr Gegenüber hingegen näher am Pol *Emotional*, dürfen Sie Ihre Sprache mit Emotionen aufladen und diese mit vollem Körpereinsatz unterstreichen. Bleiben Sie zu kühl und sachlich, können Sie Sympathiepunkte verspielen. Denn die Person kann Sie als unnahbar, gleichgültig und wenig begeisterungsfähig empfinden. Entwickeln und trainieren Sie in diesem Fall Ihre schauspielerischen Talente. So kann zum Beispiel ein Rhetorik-Training Sie dabei unterstützen, mehr Pathos in Ihre Alltagssprache zu bringen.

Mit einem *flexiblen* Muster haben Sie hervorragende Voraussetzungen, sich auf Ihr Gegenüber einzustellen. Entwickeln Sie ein Gespür für die Person und vertrauen Sie darauf, dass Sie mit ein wenig Empathie automatisch den richtigen Grad an Emotionalität ins Gespräch bringen. Sollten Sie sich darüber hinaus noch ein paar sprachliche Inspirationen wünschen, können Sie sich aus den folgenden Vorschlägen den passenden Mix erstellen.

> **Emotionale Sprache:** abenteuerlich, aktivierend, attraktiv, aufregend, aufwühlend, außergewöhnlich, aus dem Bauch heraus, begehren, begeistern, bestmöglich, bewegend, berührend, dramatisch, ergreifend, erschütternd, gefühlsgeladen, genussvoll, glückselig, erstklassig, einzigartig, entzücken, exklusiv, froh, harmonisch, herzlich, herzergreifend, irre, kreativ, lebensfroh, lebenslustig, lustig, mitfühlend, mutig, Nervenkitzel, rührselig, schwärmen, spaßig, strahlend, treu, verspielt, verrückt, wagemutig, waghalsig, wild. Sofern Sie Metaphern nutzen, verwenden Sie möglichst intensive Bilder und eine lebendige Sprache mit kraftvollen Verben, die für großes Kopfkino sorgen.

> **Sachliche Sprache:** beständig, bewährt, bodenständig, diszipliniert, Distanz wahren, erprobt, erwiesen, etabliert, fokussiert, fundiert, funktional, geduldig, geerdet, genau, greifbar, klassisch, kompetent, kühl, höflich, logisch, messbar, nachvollziehbar, nüchtern betrachtet, pragmatisch, präzise, realistisch, ruhig, sachlich, schlicht, schnörkellos, seriös, sicher, solide, sorgfältig, strategisch, strukturiert, theoretisch, unkompliziert, verlässlich, vernünftig, zertifiziert, zuverlässig, zweckmäßig, zweckdienlich, ernsthaft, ohne Schnickschnack, auf dem Boden der Tatsachen, ohne Allüren

Praxistipps

Dissoziation – verlassen Sie Ihren Körper

Keine Sorge, bei diesem Tipp geht es nicht darum, Ihren Körper für immer zu verlassen, sondern nur gedanklich für einen Augenblick. Diese Strategie unterstützt Sie dabei, sich im Alltag schneller von unangenehmen Emotionen zu lösen und einen klaren Kopf zu bekommen.

Stellen Sie sich vor, Sie sitzen im vordersten Wagen einer Achterbahn. Sie spüren, wie der Bügel Sie fest in den Sitz presst und sehen aus der Ich-Perspektive Ihre Hände, wie Sie sich zu beiden Seiten fest daran klammern. Jetzt tuckert die Bahn langsam los. Sie hören lautes Geklapper, während ein Mechanismus Sie unerbittlich auf den höchsten Punkt der Achterbahn zieht. Dann erreicht der Nervenkitzel seinen Höhepunkt: Im vordersten Wagen hängen Sie bereits steil über dem Abgrund und können in die Tiefe sehen, bis der Schwerpunkt der Wagenkette sich verschiebt und Sie unter großem Getose durch Kurven und Loopings schießen.

Erfrischendes Kopfkino, das Erinnerungen wecken kann. Sind Achterbahnen so gar nicht Ihr Ding, haben sich gerade vielleicht ein paar Schweißperlen auf Ihrer Stirn gesammelt, während Ihre Augen über die Zeilen geglitten sind. Das können wir gleich wieder geraderücken: Treten Sie einen Schritt zurück, wechseln Sie in den Beobachtermodus und betrachten Sie das Geschehen von außen. Stellen Sie sich vor, Sie stehen unten auf festem Boden in einiger Entfernung zur Achterbahn. In dieser sicheren Situation schauen Sie auf dem Handy einer Freundin das Video von Ihrer Achterbahnfahrt im vordersten Wagen an, der nun Stück für Stück auf den höchsten Punkt zusteuert und nach einer kurzen Spannungspause elegant und flüssig nach unten saust. Wie ist Ihr Gefühl jetzt? Deutlich entspannter, oder?

Das Geschehen ist in beiden Situationen das gleiche, doch Sie erleben es aus einer dissoziierten Perspektive. Sie verlassen also Ihren Körper und betrachten sich von außen. Da Ihr Körper die Emotionen produziert, können Sie sie auch nur darin wahrnehmen. Lösen Sie sich von sich selbst, schwächen bzw. trennen Sie damit auch die Verbindung zu Ihren Gefühlen.

Wann immer Sie sich in einer Situation überfordert oder überwältigt fühlen, stellen Sie sich vor, wie Sie Ihren Körper verlassen und sich und das Geschehen von außen betrachten. Das Ergebnis: Sie werden sofort wahrnehmen, wie die Gefühle an Intensität verlieren. Wollen Sie diesen Effekt noch verstärken, können Sie sich ein zweites Mal dissoziieren. Das bedeutet, Sie treten einen weiteren Schritt zurück und betrachten die Version Ihrer selbst von vorhin, wie sie Sie im Geschehen betrachtet. Nun sitzen Sie praktisch im Publikum und können das Geschehen nüchterner und sachlicher beurteilen.

Eine der beeindruckendsten und wirkungsvollsten Formen der Dissoziation besteht darin, dass sie nicht nur sich selbst von außen betrachten, sondern noch weiter herauszoomen. In einem unserer Trainingsräume in Hamburg gibt es ein großes Wandbild, das einen Blick aus dem All auf unseren schönen Planten eröffnet. Viele Menschen erfüllt diese Perspektive mit großer Demut. Der Blick aus der Weite des Alls lässt uns spüren, dass wir nur ein winziger Teil eines gigantischen Ganzen sind, und er relativiert auf einen Schlag all unsere Probleme und Alltagssorgen. Welche Rolle spielen die Gedanken an die morgige Präsentation aus der Sicht eines Planeten, der sich mit rund 1670 Kilometern pro Stunde um die eigene Achse dreht und mit mehr als hunderttausend Kilometern pro Stunde durchs All rast? Aus dieser Perspektive verlieren die meisten Sorgen ihr Gewicht. In dem Maße, wie klein wie wir uns selbst in Bezug auf dieses große Ganze fühlen, schrumpfen auch unsere Sorgen und Probleme. Natürlich wollen wir sie mit dieser Strategie nicht verharmlosen oder unter den Teppich kehren – es geht vielmehr darum, den Nebel der Emotionen zu lüften, um wieder klarer denken zu können und beherzt die richtigen Schritte zu gehen.

Diese Strategie funktioniert übrigens auch andersherum! Möchten Sie eine Erinnerung zum Beispiel intensiver erleben und Ihre Gefühle verstärken, dann assoziieren Sie sich so gut, wie Sie können. Nehmen Sie die Ich-Perspektive ein und schärfen Sie Ihre fünf Sinne. Nehmen Sie wahr, was es zu sehen, hören und zu fühlen gibt. Vielleicht steigt Ihnen dabei sogar ein Duft in die Nase oder Sie schmecken etwas auf Ihrer Zunge. Mit jedem Sinneskanal, den Sie erfolgreich hinzunehmen, kann sich die Emotion verstärken. Unser Gehirn hat keine Augen – es kann nicht unterscheiden, ob wir etwas wirklich erleben oder es uns einfach nur intensiv genug vorstellen.

Lenken Sie Ihre Aufmerksamkeit – aktivieren Sie Ihren Logiker

Neben der Dissoziation können Sie Ihre Emotionen auch über andere Strategien regulieren. Allen voran ist da die sportliche Betätigung. Bewegung hilft uns raus aus den Stresshormonen und ist damit ein ideales Mittel, unseren emotionalen Zustand zu regulieren.

Bestimmt kennen Sie auch die Zählstrategien: Wenn Sie sauer sind, zählen Sie in Ruhe bis zehn, bevor Sie reagieren. Und wenn Sie sehr aufgebracht sind, zählen Sie bitte bis hundertzehn. Damit wenden Sie die Aufmerksamkeit von den Emotionen ab. Die Emotion verliert nämlich innerhalb von etwa neunzig Sekunden ganz allein ihre Kraft. Häufig kann sie nur so lange intensiv bleiben, wie wir sie mit neuer Energie speisen. Das tun wir, indem wir grübeln, tiefer in unangenehmen Erinnerungen bohren und uns damit buchstäblich selbst foltern. Richten wir jedoch die Aufmerksamkeit auf etwas anderes, geht dem Gefühl schnell die Luft aus.

Alternativ zum Zahlenspiel können Sie auch das ABC durchgehen und für jeden der Buchstaben in Gedanken einen Gegenstand suchen oder zum Beispiel ein Tier finden: A wie Affe, B wie Bernhardiner, C wie Chamäleon, D wie … Auf diesem Weg aktivieren Sie Ihren präfrontalen Cortex, der für das logische Denken zuständig ist. Außerdem ist er der Gegenspieler unseres limbischen Systems, das – leicht vereinfacht gesagt – Gefühle produziert und reguliert.

Mit unseren Gedankenspielchen greifen wir also aktiv in die Funktionsweise unseres Gehirns ein und bringen Ruhe ins Oberstübchen.

Zusammenfassung: Emotional vs. Flexibel vs. Kognitiv

Leitfrage: Mit welchem Grad an Emotionalität reagiert eine Person auf herausfordernde bzw. stressige Situationen im Alltag? Verliert sie sich in Emotionen, findet sie aus eigener Kraft aus der Emotion heraus oder bleibt sie kühl und sachlich?

Identifikationsfrage: Erzählen Sie mir von einer konkreten »Arbeitssituation«, die Ihnen Schwierigkeiten bereitet hat.

Emotional

Menschen mit dem Programm *Emotional* reagieren in anspruchsvollen Situationen mit großen Gefühlen und haben Schwierigkeiten, selbstständig aus der Emotion herauszufinden.

- **Stärken:** leidenschaftlich, können andere begeistern, gehen in einer Situation voll auf
- **Schwächen:** haben Schwierigkeiten, Kontrolle über die eigenen Emotionen zu gewinnen, bleiben in Gefühlen stecken
- **Hinweise auf das Programm:** emotionale, dynamische Sprache – lebendige Gestik und Mimik

Flexibel

Menschen mit dem Programm *Flexibel* reagieren erst emotional, können sich jedoch anschließend fangen und aus eigener Kraft in einen Normalzustand zurückkehren.

- **Stärken:** anpassungsfähig, können Emotionen nutzen und den eigenen Zustand regulieren
- **Schwächen**: reagieren gemäßigt, nicht immer vorhersehbar

- **Hinweise auf das Programm**: reagieren in stressigen Situationen emotional, finden jedoch aus eigenen Stücken zur Beherrschung zurück

Kognitiv

Menschen mit dem Programm *Kognitiv* zeigen in stressigen Situationen keine emotionale Reaktion, sondern reagieren klar und reflektiert.

- **Stärken:** behalten auch in wirklich kritischen Situationen einen kühlen Kopf
- **Schwächen:** können auf andere distanziert, kühl und unbeteiligt wirken
- **Hinweise auf das Programm:** ruhige Körpersprache, entspannte Stimme, bleiben sachlich und »professionell«

PROGRAMM 10

SEHEN VS. HÖREN VS. LESEN VS. TUN

Grabschende Hände und musikkritische Augen

Seit drei Tagen arbeitet Thomas erst im Elektrofachhandel und hat bereits mehr schräge Vorfälle erlebt als in der letzten Staffel seiner Lieblings-Sitcom. Gerade hat er eine Dame dreißig Minuten lang zu einem Fernseher beraten. Doch als er schließlich alle Fragen geklärt hat und darauf hofft, das Gerät für sie zur Kasse bringen zu dürfen, überrascht sie ihn mit einem letzten Anliegen: »Hätten Sie all das, was Sie mir gerade erzählt haben, auch noch mal zum Nachlesen? Gibt es vielleicht einen Prospekt zum Produkt?«

Ist das eine Ausrede? Sucht diese Dame nur nach einem Grund, aus dem Laden zu kommen und das Gerät für drei Prozent Ersparnis im Internet zu bestellen? Thomas hadert mit sich selbst, erinnert sich jedoch an das Motto seines Vorgesetzten: »Verkaufen bedeutet im Kern, den Menschen gute Gefühle zu machen und ihnen dann das Produkt zu präsentieren. Tun Sie also einfach alles, was nötig ist, damit die Menschen sich wohlfühlen. Nur wer ein gutes Bauchgefühl hat, trifft auch eine gute Kaufentscheidung.«

Na gut, denkt Thomas, dann geh ich halt ins Büro und hole der Dame eine dieser Hochglanzbroschüren. So würden die wenigstens einen Menschen glücklich machen, statt wie so häufig unberührt in der Tonne zu landen. Warum produziert ein Hersteller überhaupt noch solche Werbemittel? Wahrscheinlich würde die Dame damit gleich sowieso aus dem Laden eilen und die Broschüre im nächsten Mülleimer verstauen ...

Doch was dann passiert, überrascht Thomas. Die Kundin verlässt nicht etwa das Gebäude, sondern macht es sich in der Lautsprecherabteilung bequem. Eine Glaswand mit Tür schirmt diesen Bereich von der übrigen Verkaufsfläche ab und da dort gerade niemand eine Vorführung verlangt, kann sich die Kundin auf das Sofa setzen und in aller Ruhe in der Broschüre stöbern. Mal sehen, was das noch gibt, denkt Thomas und widmet sich den Regalen mit den Rasierapparaten.

Wenn Ausstellungsstücke fehlen, kommt es leider immer wieder vor, dass Besucher die Originalverpackungen im Laden öffnen, um die Geräte in die Hand zu nehmen. Das kann Thomas nachvollziehen. Denn wie soll ein gutes Bauchgefühl aufkommen, wenn man die Geräte nicht anfassen und ausprobieren kann? Ein Auto würde er immerhin auch niemals kaufen, ohne vorher eine Probefahrt zu machen. Es wäre nur einfach schön, denkt er, wenn die Menschen auch den Artikel kaufen würden, dessen Verpackung sie gerade noch geöffnet haben. Manche nehmen stattdessen einfach ein anderes originalverpacktes Exemplar mit nach Hause.

»Entschuldigen Sie ... Können Sie mir ein paar Fragen zu den Stereoanlagen beantworten?«, klingt es von der Seite. »Haben Sie eine Empfehlung für mich?« Vor Thomas steht ein junger Vater mit seiner Tochter, die mit einem Staubsaugerroboter spielt.

»Natürlich. Bitte folgen Sie mir. Wir haben da etwas ganz Besonderes«, sagt Thomas, während er den Herrn zwei Regale weiter führt. »Das hier ist eins unserer Spitzenmodelle. Von tiefen Bässen bis zu knackigen Höhen – diese Anlage überzeugt auf allen Ebenen. Damit können Sie nichts falsch machen!«, empfiehlt Thomas. Er startet einen Demosong und macht die Anlage so laut, dass sich andere Leute im Laden interessiert umdrehen.

»Ich weiß nicht ... Die ist nicht wirklich mein Ding und macht in unserem Wohnzimmer so gar keine gute Figur«, entgegnet der Kunde. »Haben Sie nichts Schlichteres?«

»Aber hören Sie doch mal, dieser Sound. Diese Mitten. Die Lautsprecher passen sich übrigens beim ersten Einrichten an die Gegebenheiten Ihres Raums an. Wie gesagt ... Sie können damit gar nichts falsch machen.«

Der Vater sieht sich kurz nach seiner Tochter um, die einige Meter weiter spielt. Dann tritt er näher an Thomas heran und gesteht ihm mit ruhiger Stimme: »Bitte entschuldigen Sie, dass ich so direkt bin, doch diese Anlage sieht einfach nur beschissen aus.«

Wieder ein neuer Moment, der Thomas aus dem Konzept bringt. Gut, denkt er, dieser Mann wählt seine Stereoanlage nach dem Aussehen aus. Eine interessante Strategie, die ich noch nicht kannte. »Welches unserer Ausstellungsstücke springt Ihnen denn direkt ins Auge?«

»Definitiv die dort drüben«, sagt der Kunde und deutete auf eine schlichte schwarze Anlage mit Chromakzenten. Erst gestern haben sich die Verkäufer im Pausenraum über diese Anlage ausgelassen, die zwar nett aussieht, doch vom Sound her im Vergleich zu den anderen Modellen nur wenig zu bieten hat. Wenn der Kunde sich damit wohlfühlt, wird es für ihn wohl die richtige Wahl sein, denkt Thomas. Er wechselt noch ein paar ehrliche Worte über die Stärken und Schwächen des Modells mit dem Herrn, doch für den jungen Vater hat das visuelle Argument das größte Gewicht. Er bedankt sich bei Thomas für die fachmännische Beratung, hebt den Karton in den Einkaufswagen und biegt mit seiner Tochter um die Ecke.

»Entschuldigen Sie ... Ich bin nun so weit. Ich möchte den Fernseher gerne mitnehmen. Können Sie mir dabei helfen, ihn an die Kasse und dann ins Auto zu bringen? Das Paket ist eine Nummer zu groß für mich.«

Thomas dreht sich um und ein Teil in ihm macht Luftsprünge, die Dame mit dem Prospekt wiederzusehen. Sie hat sich also wirklich all die Infos noch mal in Ruhe durchgelesen und ist jetzt offensichtlich bereit, den nächsten Schritt zu gehen.

»Natürlich, gerne«, erwidert Thomas. »Folgender Vorschlag: Ich erstelle Ihnen einen Ausdruck, mit dem Sie an der Kasse bezahlen. Dann fahren Sie mit Ihrem Auto einfach hinten ans Lager. Ich gebe den Kollegen Bescheid. Sie werden Sie dann gerne beim Einladen unterstützen.«

»So machen wir's! Das ist lieb von Ihnen! Hier ist übrigens noch die Broschüre. Sehr aufschlussreich! Ich brauche sie jetzt nicht mehr, daher gebe ich sie gerne zurück. So kann sie später noch jemand anders lesen.«

Am Ende des Tages ist Thomas müde und glücklich. Er notiert in seinem Tagebuch: Menschen treffen Entscheidungen manchmal auf sehr verrückte Art und Weise. Und das ist okay. Hauptsache, sie fühlen sich wohl und kaufen mit einem guten Bauchgefühl.

Das Programm auf den Punkt gebracht

Leitfrage: Über welchen Sinneskanal muss ein Mensch etwas wahrnehmen, um sich ein Urteil zu bilden bzw. sich überzeugen zu lassen, dass etwas gut und richtig ist?

Dieses Meta-Programm fällt mit seinen vier Ausprägungen etwas aus der Reihe und doch haben Sie wahrscheinlich schon bei der Geschichte verstanden, was im Zentrum steht: Es geht um den Sinneskanal, über den wir vorzugsweise Informationen bewerten und Entscheidungen treffen. Während manche Menschen die Dinge anfassen wollen, müssen andere etwas darüber lesen und wiederum andere freuen sich, wenn Sie ihnen etwas zum Angebot erzählen.

Wenn Sie verstehen, welchen Überzeugungskanal Ihr Gegenüber bevorzugt, können Sie der Person die Infos gleich so präsentieren, wie es ihr am liebsten ist. Dabei können Sie sich Spekulationen in der Regel sparen. Denn häufig sagen Ihnen die Menschen direkt, wie sie es gerne hätten, indem sie wie in unserer Geschichte um Materialien wie Prospekte zum Nachlesen bitten. Und natürlich können Sie auch dieses Programm auf direktem Weg erfragen, doch dazu später mehr.

Als kurzer Test vorab: Gehen Sie gedanklich einmal zurück zu einer Ihrer letzten großen Kaufentscheidungen. Erinnern Sie sich noch, in welchem Moment Sie überzeugt waren und das Gefühl hatten: Das ist es! Das ist genau, was ich brauche! Erinnern Sie sich zum Beispiel an Ihren letzten Autokauf. Haben Sie eine Probefahrt gemacht? Haben Sie sich zuvor Produktbeschreibungen, Rezensionen und Artikel zum Fahrzeug durchgelesen? War Ihnen ein langes und intensives Vorgespräch wichtig? Hat die ausgiebige Probefahrt Sie überzeugt oder haben Sie viel Zeit damit verbracht, Bilder im Netz und in Broschüren zu betrachten? Vielleicht haben Sie auf Ihrer Kundenreise an mehreren dieser Stationen haltgemacht.

Fühlen Sie nun einmal in sich hinein, welche Station den Unterschied gemacht hat. Diese Erkenntnis kann Sie in Zukunft dabei unterstützen, Entscheidungen noch schneller und leichter zu treffen, indem Sie gleich den für Sie richtigen Pfad zur guten Entscheidung wählen.

Die Wahl der passenden Medien ist ein Weg, um den Überzeugungskanal einer Person zu bedienen. Grundsätzlich verwendet jeder Mensch im Normalfall alle Sinneskanäle – meist jedoch mit einem bestimmten Schwerpunkt. Daher fühlen sich Menschen häufig noch besser verstanden, wenn Sie Ihre Sprache an ihr bevorzugtes Repräsentationssystem anpassen. Haben Sie es zum Beispiel mit einem Kinästheten zu tun – also einer Person, die großen Wert auf das Fühlen und Ausprobieren legt –, dann wählen Sie Formulierungen und Sprachbilder, die zu diesem Sinneskanal passen: *Das fühlt sich richtig an. Diese Beschreibung ist sehr griffig. Ein Gefühl für das Produkt bekommen. Das ist ein schwerwiegendes Argument.*

Unsere Sprache bietet eine breite Palette an Möglichkeiten, Ihre Botschaft sinnlich aufzuladen. Zur Inspiration finden Sie die beeinflussende Sprache bei diesem Programm gleich unter dem jeweiligen Pol.

Übrigens ist es für Ihre Kommunikation im Alltag besonders wertvoll, wenn Sie identifizieren, welches Repräsentationssystem Sie bevorzugen. Achten Sie dazu bei den folgenden Beschreibungen darauf, welche Formulierungen Sie als besonders aktivierend empfinden. Je besser Sie wissen, wie Sie ticken, desto bewusster können Sie Ihre Kommunikation an die Programme anderer Menschen anpassen. Wenn Sie einen Sinneskanal besonders intensiv nutzen, kann es hilfreich sein, bewusst auch Worte und Formulierungen anderer Kanäle einfließen zu lassen. Ihre Sprache wirkt dadurch lebendiger und zugänglicher – insbesondere, wenn Sie Geschichten erzählen oder sich an eine breite Zielgruppe mit unterschiedlichen Programmen richten. Den Menschen fällt es leichter, Ihnen zu folgen, wenn Sie gleich ihren bevorzugten Wahrnehmungskanal treffen. Andernfalls müssen sie Ihre Botschaft intern erst für sich übersetzen, was die Wirkung Ihrer Worte verzögert und Ihrer Sprache Aktivierungspotenzial rauben kann.

Auch im Verkauf empfiehlt es sich, den Kundinnen und Kunden einen möglichst breiten Medienmix anzubieten. So stellen Sie sicher, dass jeder bei Ihnen genau das findet, was er oder sie braucht. So bietet die Website zum Beispiel Filmmaterial, Bilder und Texte. Vielleicht gibt es ergänzend eine Broschüre, die man sich herunterladen, und Muster oder erste Kostproben, die man sich per Post zukommen lassen kann. Und für alle mit dem Überzeugungskanal *Hören* sind Videos, Telefonate oder sogar persönliche Besuche vor Ort ein hilfreiches Angebot.

SEHEN

Menschen mit dem Überzeugungskanal *Sehen* müssen ein Angebot oder eine Information visuell wahrnehmen, um sich von deren Qualität zu überzeugen. Sie brauchen Bilder, Grafiken oder Pläne, um mit gutem Gefühl eine Entscheidung treffen zu können. Üblicherweise hören Sie in diesem Fall Fragen wie: *Wo kann ich mir das anschauen? Haben Sie Bilder oder Ansichtsmaterial?*

Ob Sie eine Website gestalten, eine Broschüre entwickeln oder einem Fremden eine Wegbeschreibung vermitteln – geben Sie den Menschen etwas mit, das sie sehen können. Das Spektrum der Möglichkeiten ist riesig, sodass Sie gewiss auch für Ihre Anforderungen eine passende visuelle Illustration finden. Denken Sie zum Beispiel an Comics, Fotografien, Sketchnotes, Infografiken, Filme, Prospekte oder Collagen. Die folgende Auswahl an Ausdrücken und Formulierungen erlaubt es Ihnen, auch Bilder mit Ihren Worten zu malen.

Beeinflussende Sprache:

- Machen Sie sich ein Bild davon …
- Stellen Sie sich vor …
- Sehen Sie sich das (genauer) an.
- Schauen Sie mal zu.
- Malen Sie sich nur mal aus …
- Ich würde Ihnen gerne etwas zeigen.
- Leuchtet das ein?
- Ist Ihnen klar, dass …
- Das Ziel ist in Sichtweite.
- Im Trüben fischen
- Sich einen Durchblick verschaffen
- Im Dunkeln tappen
- In gutem Licht erscheinen
- In neuem Licht betrachten
- Lassen Sie mich Licht ins Dunkel bringen.
- Etwas unter die Lupe nehmen
- Unklarheiten beseitigen
- Aus dieser Perspektive betrachtet …
- Erweitern Sie Ihren Horizont.

- Das sind gute Aussichten.
- Meiner Ansicht nach …
- Machen Sie sich keine Illusionen.
- Verschaffen Sie sich einen Überblick.

Wortwahl: abbilden, aussehen, auffällig ansehen, anschauen, begutachten, beobachten, betrachten, beäugen, blicken, dunkel, durchsichtig, düster, erscheinen, einleuchten, farbig, funkeln, fokussieren, glänzen, hell, klar, leuchten, schauen, scheinen, sehen, skizzieren, sichten, strahlen, transparent, verdeckt, verschwommen

HÖREN

Menschen mit dem Überzeugungskanal *Hören* müssen ein Angebot auditiv wahrnehmen, um sich von dessen Qualität zu überzeugen. Sie brauchen eine mündliche Präsentation bzw. ein Gespräch. Erzählen Sie also Geschichten, benennen Sie Daten, und nutzen Sie alle Kanäle, die dem Ohr Ihres Gegenübers schmeicheln. Hier bietet unsere Medienwelt zahlreiche Möglichkeiten wie Telefonate, Podcasts, Hörbücher, Hörspiele, Sprachnachrichten oder auch das gute alte persönliche Beratungsgespräch.

Beeinflussende Sprache:

- Das klingt fantastisch.
- Auf die Zwischentöne achten
- Den richtigen Ton treffen
- Die Stimme der Vernunft hören
- Ein offenes Ohr haben
- Ein gutes Wort einlegen
- Jemandem sein Ohr leihen
- In Einklang sein
- Rücksprache halten
- Sich auf etwas einstimmen
- Viel Lärm um nichts machen
- Das hört sich gut an.
- Darf ich Ihnen etwas dazu erzählen?
- Seine Ruhe haben
- In aller Seelenruhe

- Lassen Sie sich gesagt sein …
- Lassen Sie uns das diskutieren.
- Wollen wir darüber sprechen?
- Das ist Musik in meinen Ohren.
- Das macht mich sprachlos.
- Die Stille brechen

Wortwahl: anhören, befragen, bekanntgeben, berichten, betonen, brüllen, dämpfen, deutlich, diskutieren, dröhnen, erklären, Hall, hörbar, hören, interviewen, klingen, klingeln, kreischen, lärmen, lauschen, laut, leise, melodisch, mündlich, plaudern, quatschen, quietschen, schrill, schreien, schweigen, singen, stimmlich, tratschen, unterhalten, unüberhörbar, vermelden, zuhören

LESEN

Menschen mit dem Überzeugungskanal *Lesen* müssen ein Angebot in schriftlicher Form wahrnehmen, um sich von dessen Qualität zu überzeugen. Wie die Dame mit dem Prospekt in unserer Geschichte erreichen Sie diese Menschen am besten mit Medien wie Reports, schriftlichen Analysen, Büchern und Broschüren.

Beeinflussende Sprache:

Wortwahl: ablesen, anlesen, Bücher wälzen, durchlesen, durchblättern, gegenlesen, (sich) einlesen, lesenswert, muss man gelesen haben, nachlesen, querlesen, schmökern, stöbern, studieren, Studien durchgehen, überfliegen, vertiefen, vorlesen, zu Ende lesen, zwischen den Zeilen lesen

TUN

Menschen mit dem Überzeugungskanal *Tun* müssen ein Angebot ausprobieren und erleben, um sich von dessen Qualität zu überzeugen. Hier dreht sich also alles um den kinästhetischen Kanal. Die Person will Erfahrungen machen, selbst aktiv werden und die Dinge anfassen, berühren und spüren.

In allen Bereichen des Verkaufs gilt es also, Materialmuster anzubieten, die man ertasten kann. Von kosmetischen Produkten kennen Sie die Päckchen mit Salben, Cremes oder Lotionen. Im Supermarkt dürfen Sie hin und wieder Weine kosten oder Häppchen genießen, um sich durch eigene Erfahrungen einen Eindruck der Qualität zu verschaffen. Personen mit dem Überzeugungskanal *Tun* benötigen meist mindestens eine Probefahrt, um sich für ein Fahrzeug zu entscheiden. Sie wollen also aktiv handeln, experimentieren und ausprobieren.

Aufgrund dieses Entscheidungskanals sind auch Garantien so wertvoll. Das Widerrufsrecht erlaubt es Ihnen in Deutschland, Produkte online zu bestellen und sich zu Hause erst einmal damit zu befassen. So können Sie risikofrei testen und in aller Ruhe ein Gefühl dafür entwickeln. Sind Sie von der Qualität nicht überzeugt, können Sie die Ware innerhalb von vierzehn Tagen meist kostenfrei zurückschicken. Manche Anbieter verlängern diese Fristen sogar, um Ihnen möglichst viel Raum zu geben, eigene Erfahrungen zu machen.

Beeinflussende Sprache:

- Lassen Sie uns aktiv werden.
- Die Dinge im Griff haben
- Anhaltspunkte geben
- Einen wunden Punkt treffen
- Den Finger in die Wunde legen
- Die Karten auf den Tisch legen
- Ein Problem mit sich herumtragen
- Mit einer Idee schwanger gehen
- Die Dinge in Bewegung bringen
- Nehmen wir es in die Hand.
- Lasst uns gemeinsam anpacken.
- Bringen wir Leben in die Sache.
- Im Fluss sein
- Hand in Hand arbeiten
- Jemandem den Rücken stärken
- Jemandem unter die Arme greifen
- Sich in die Hände spucken
- Folgen Sie Ihrer Intuition.
- Die Fronten sind verhärtet.
- Lässt Sie das kalt?

- Das schlägt mir auf den Magen.
- Fingerspitzengefühl beweisen
- Greifbare Fakten schildern
- Kein Grund zur Panik
- Wir wollen nicht unter Druck geraten.

Wortwahl: anfassen, angreifen, anpacken, ausprobieren, bedrängen, begreifen, berühren, benutzen, bewegen, drängen, einfühlsam, emotional, empfindlich, erfassen, erhärten, erhitzen, experimentieren, fest, fühlen, halten, handfest, hängen, hart, heiß, kaltschnäuzig, krümmen, machen, Probe fahren, rau, spüren, stoßen, streichen, streicheln, tasten, testen, weich, wohlig

So erkennen Sie das Programm

Wenn Sie einen Hinweis auf den Überzeugungskanal Ihres Gegenübers erhalten wollen, dann stellen Sie die folgende Frage – angepasst an den jeweiligen Kontext:

- Wie erkennen Sie die ideale Stereoanlage oder den perfekten Fernseher?
- Woran erkennen Sie, dass jemand einen guten Job macht?
- Wie erkennen Sie, dass jemand gut bei seiner Arbeit ist?

Als Antwort auf diese Fragen hören Sie in der Regel Sätze wie: *Ich muss die Person bei der Arbeit sehen. Wenn ich mir die Ergebnisse genauer anschaue. Wenn ich positive Feedbacks von anderen höre. Wenn ich ein paar Tage direkt mit der Person zusammengearbeitet habe. Wenn ich die Beurteilungen anderer lesen kann.*

Sie erkennen also, dass sich das Programm sehr leicht aus den meist kurzen Antworten herauslesen lässt.

Bonustipp: Zuneigung, die ankommt

Woran erkennen Sie, dass Sie jemandem sehr viel bedeuten? Dass die Person Sie mag und vielleicht sogar liebt? Nehmen Sie sich gerne ein paar Minuten, um in aller Ruhe darüber nachzudenken. In einem unserer Seminare bieten wir eine Übung an, bei der wir das Meta-Programm *Sehen vs. Hören vs. Lesen vs. Tun* auf Beziehungen übertragen. Die Einsichten, die dabei entstehen, sind so wertvoll, dass sie für viele Teilnehmerinnen und Teilnehmer das Highlight des Tages bilden.

Haben Sie für sich eine Antwort auf die Frage definiert, wie Ihr Kanal für Liebe aussieht? Ist es Ihnen wichtig, dass die andere Person Ihnen Zuneigung visuell zeigt? Zum Beispiel in Form von Geschenken, Blumen, Notizen an der Kühlschranktür oder vielleicht sogar als Liebesbrief? Bevorzugen Sie regelmäßig mündliche Liebesbekundungen? Ist Ihnen zum Beispiel wichtig, regelmäßig einen bestimmten Wortlaut aus dem Mund der anderen Person zu hören? Oder ist Ihr zentraler Überzeugungskanal eher kinästhetischer Natur, sodass Sie besonders dann ein gutes Gefühl haben, wenn Sie regelmäßig Küsse, Umarmungen oder andere Formen der körperlichen Berührung erfahren? Wenn Sie diese Fragen für sich beantwortet haben, dann tun Sie das nun im nächsten Schritt für eine Person, mit der Sie in einer liebevollen Beziehung sind. Wie sieht das auf der anderen Seite aus?

Denn allzu häufig gehen wir stillschweigend davon aus, dass andere Menschen genauso sind wie wir und ihre Gefühle durch den gleichen Kanal erzeugen. Unbewusst behandeln wir sie also so, wie wir gerne behandelt werden wollen. Doch spätestens jetzt, da Sie auf dieser Seite angekommen sind, wissen Sie, dass das keine gute Strategie ist, damit sich die andere Person in der Tiefe verstanden – oder wie in diesem Fall – anerkannt und geliebt fühlt. Aus Ihrer persönlichen Sicht zeigen Sie Ihre Gefühle vielleicht häufig in Form von Blumen, Geschenken oder anderen kleinen Gesten. Doch wenn der *Überzeugungskanal* Ihres Gegenübers auditiv ist, kommt Ihre Zuneigung erst dann so richtig an, wenn sie bestimmte Worte aus Ihrem Mund hört. Senden Sie also auf der Wellenlänge der anderen, damit Ihre Botschaft auch wirklich ankommt.

Zusammenfassung: Sehen vs. Hören vs. Lesen vs. Tun

Leitfrage: Über welchen Sinneskanal muss ein Mensch etwas wahrnehmen, um sich ein Urteil zu bilden bzw. sich überzeugen zu lassen, dass etwas gut und richtig ist?

Identifikationsfrage: Wie erkennen Sie, dass etwas gut und richtig ist?

Sehen

Menschen mit dem Überzeugungskanal *Sehen* müssen ein Angebot visuell wahrnehmen, um sich von dessen Qualität zu überzeugen.

> **Hinweise auf das Programm:** Wo kann ich mir das anschauen? Haben Sie Bilder oder Ansichtsmaterial?

> **Passende Sprache:** Mach dir ein Bild, sieh es dir an, schau einmal zu.

Hören

Menschen mit dem Überzeugungskanal *Hören* müssen ein Angebot auditiv wahrnehmen, um sich von dessen Qualität zu überzeugen. Sie brauchen eine mündliche Präsentation.

> **Hinweise auf das Programm:** Kannst du mir dazu eine Erklärung geben? Kannst du mir mehr dazu erzählen?

> **Passende Sprache:** Geschichten erzählen, Daten und Fakten benennen

Lesen

Menschen mit dem Überzeugungskanal *Lesen* müssen ein Angebot in schriftlicher Form wahrnehmen, um sich von dessen Qualität zu überzeugen.

> **Hinweise auf das Programm:** Hast du Informationen, die ich mir in Ruhe durchlesen kann?

> **Passende Sprache:** Reports, Analysen, Bücher, Broschüren zum Lesen anbieten

Tun

Menschen mit dem Überzeugungskanal *Tun* müssen ein Angebot ausprobieren und erleben, um sich von dessen Qualität zu überzeugen.

> **Hinweise auf das Programm:** Kann ich das ausprobieren?

> **Passende Sprache:** ausprobieren, testen, Probefahrt

BESONDERE KOMBINATIONEN

Programme, die sich gegenseitig verstärken

Bis zu dieser Stelle haben wir die Meta-Programme jeweils isoliert betrachtet. Das ist wertvoll, weil Sie über diesen Weg ein Gefühl für den Kern eines jeden Musters bekommen. In der Praxis wirken sie jedoch eng zusammen und können in bestimmten Kombinationen zu besonderen Effekten führen. Die wichtigsten nehmen wir in diesem Kapitel genauer unter die Lupe. Wenn Sie mögen, können Sie sich vorstellen, dass wir unterschiedliche Zutaten (unsere Meta-Programme) in ein Reagenzglas geben und betrachten, welchen Charakter die jeweilige Mischung entwickelt. Wenn Sie für sich den maximalen Mehrwert aus dem Kapitel mitnehmen möchten, empfehlen wir Ihnen, die Überschrift erst einmal auf sich wirken zu lassen. Malen Sie sich aus: Welches Verhalten zeigt sich bei einer Person, bei der diese Programme aufeinandertreffen? Lassen Sie uns mit einem einfachen Beispiel starten.

Weg von + Reaktiv

Diese Kombination ist Ihnen vielleicht im Alltag schon persönlich begegnet. *Weg von* verrät uns, dass die Person erst ins Handeln kommt, wenn sie ein ausgeprägtes Problemempfinden hat. Solange das nicht der Fall ist, wird sie sich kaum motivieren können und wahrscheinlich erst einmal abwarten. In dieser Situation kommt nun verstärkend der *Reaktiv*-Anteil hinzu. Die Person wartet also erst einmal ab und beginnt erst im letzten Moment damit, die Situation zu analysieren und mögliche Handlungsschritte zu planen und zu durchdenken. Sie erinnern sich: Das Handeln des *Reaktiven* ist das Denken.

Diese Kombination kann sich als sehr gefährlich herausstellen, weil die Person droht, sich zu verzetteln und wahrscheinlich zu keinem Ergebnis kommt, bevor die Deadline verstrichen ist. Eigenverantwortliches Umsetzen ist nicht ihre Stärke. In Kontexten, in denen viel auf dem Spiel steht, dürften wir zum Beispiel mit entsprechender Führung ihr Problemempfinden intensivieren, Handlungsimpulse geben und ihr Teamplayer zur Seite stellen, die nach einer sorgfältigen Analyse und Planung auch anpacken und umsetzen.

Doch wie Sie wissen, ist kein Programm an sich weder gut noch schlecht – es führt lediglich in einem bestimmten Kontext zu unterschiedlichen Erlebnissen und Ergebnissen. Gleiches gilt auch für die Kombinationen. Fällt Ihnen ein Kontext ein, in dem die Kombination von *Weg von* und *Reaktiv* hilfreich und dienlich sein könnte? Wie wäre es zum Beispiel mit einem Analysten oder Strategen, der sich auf Katastrophen-, Gefahren- oder Krisensituationen spezialisiert hat? Zugegeben, das ist eine sehr feine Nische, doch sie erläutert hervorragend die Stärken dieser Kombination. In der unmittelbaren Problemsituation gelangt eine solche Person in Höchstform. Sie fokussiert sich darauf, erst einmal zu analysieren und agiert dabei sowohl besonnen als auch umsichtig, statt vorschnell eine Entscheidung zu treffen. Wichtig wäre in diesem Fall gewiss, dass die Person einen guten Mittelweg zwischen *Detail/Global* findet und noch dazu ein *kognitives* Muster mitbringt.

Detail + Prozedural

Diese Kombination ist nichts für schwache Nerven; wenn Sie es damit zu tun haben. sollten Sie ausreichend Zeit mitbringen. Denn zum einen wird die Person im jeweiligen Kontext sehr tief in die Details eintauchen, zum anderen orientiert sie sich dabei an ganz klaren Prozeduren. Wenn Sie der Person eine Frage stellen, wird sie ihre Antwort oft in klare Schritte unterteilen und Sie dabei in eine Fülle von Details mitnehmen. Sollten Sie sie dabei jedoch unterbrechen oder sie gerät durch äußere Faktoren aus dem Konzept, ist die Gefahr groß, dass sie den Faden verliert und das Bedürfnis hat, mit ihrer gesamten Erläuterung wieder von vorne zu beginnen.

Darüber hinaus ist bei diesem Muster wichtig, dass der Prozess solide und ausgefeilt ist. Denn Menschen mit einer solchen Programmkonstellation werfen jedes Detail in die Waagschale und halten sich strikt an die Regeln. Stoßen sie dabei jedoch auf offene Fragen oder Unklarheiten im Prozess, kann sie das in ihrer Arbeit so lange lahmlegen, bis die Hindernisse beseitigt sind. Wahrscheinlich werden sie dann der Sicherheit halber dennoch mit dem gesamten Prozess von vorne beginnen.

Die Kombination kann zum Beispiel bei Piloten, in der Laborarbeit oder im medizinischen Umfeld wichtig sein, sowie in der Forensik, wo es darum geht, sich an ausgeklügelten Prozessen zu orientieren und dabei kein Detail zu übersehen.

Unterschiedlichkeit + Optional + Hin zu

Alles neu! Alles ständig anders! Auf zu neuen Welten! Hinter dem Dreiklang aus dem Titel steckt die Sehnsucht nach dem Neuen und Anderen. Schon die Kombination aus den ersten beiden Programmen wirkt als krasser Verstärker: Während Menschen mit einem *Unterschiedlichkeit*-Programm sich alle ein bis zwei Jahre revolutionäre Veränderungen in ihrem Leben wünschen, bringen Menschen mit *optionalem* Muster die Andersartigkeit auch noch aktiv mit auf den Weg. Gesellt sich zu diesem Cocktail nun noch das *Hin-zu*-Muster, lässt sich die Person immer wieder durch neue große Ziele begeistern. Sie bleibt eine Zeitlang dran, verliert jedoch bald auch wieder das Interesse, weil das nächste neue »Shiny Object« am Horizont wartet.

Bestimmt spüren Sie die Kreativität und Innovationskraft, die in der Kombination steckt. Steht hinter einer Person mit diesem Muster ein Team aus *prozeduralen* Umsetzungstalenten mit einer *reaktiven* Kontrollinstanz, können zumindest einige wertvolle Ergebnisse entstehen. Dennoch besteht die Gefahr, dass die Person sich nach ein bis zwei Jahren einer völlig neuen Aufgabe widmet und vielleicht sogar die Branche wechselt.

Ist ein solcher Mensch auf sich allein gestellt, kann diese Programmkonstellation zum Schicksal eines tragischen Genies führen, das wir bereits im Kapitel *Internal / External* besprochen haben. Er sprüht nur so vor Ideen, läuft jedoch Gefahr, niemals die Früchte seiner Arbeit ernten zu können, weil er die Ideen nicht lange genug begleitet, damit sie reifen können.

Global + Internal + Proaktiv + Optional

Eine Person mit dieser Kombination ist in der Vogelperspektive unterwegs, weiß von sich aus, was gut und richtig ist, kommt aus eigenem Antrieb ins Handeln und liebt es, die Dinge neu zu erfinden. Ein sehr dynamisches Muster, bei dem viele Teilnehmende unserer Seminare gleich an eine Führungskraft denken, die sie zuweilen in den Wahnsinn treibt.

Alle vier Programme sind für den Kontext Führung durchaus wertvoll und die Kombination kann viele Bälle ins Rollen bringen. Doch unter einer allzu radikalen Ausprägung leiden vor allem Stabilität und Kontinuität. Wenn die Führungskraft immer wieder mit wilder Entschlossenheit neue Ideen anstößt, kann sie aufgrund ihres *globalen* Musters entscheidende Details übersehen und durch ihre beratungsresistente *internale* Art verhindern, dass das Team sie darauf hinweist.

Welche Situation fällt Ihnen ein, in der diese Programmkombination wertvoll sein könnte? Wir denken dabei zum Beispiel an eine Figur wie MacGyver, der schnell und entschlossen neue Wege schafft und auf pragmatische Art für jedes Problem eine Lösung findet.

Was für eine One-Man-Show funktionieren kann, bedarf im Kontext Führung noch ein paar anderer Zutaten: Eine Prise *External* und ein guter Schuss *Weg von* würden die Situation deutlich entschärfen. Einzelne Team-Mitglieder könnten dann nämlich auch ihr Feedback einbringen und die Führungskraft hätte etwaige Probleme und Gefahren besser auf dem Schirm. Außerdem ist in dieser Situation ein *prozeduraler* und teils *reaktiver* Counterpart auf Augenhöhe gefragt, der die Ideen der Führung auf Schwachstellen analysiert und anschließend auch so weit umsetzt, dass sie Früchte tragen können.

Emotional + Personenbezug + Prozedural + Detail

Erkennen Sie, wie diese Kombination in erster Linie Menschen betrifft, die wir als gutmütig, großherzig oder auch als »gute Seele« beschreiben würden? Die Kombination aus *Prozedural* und *Detail* machen sie sehr sorgfältig und zuverlässig, weil sie die Dinge mit einem Gespür für Feinheiten zum Abschluss bringen. Hinzu kommen nun noch *Personenbezug* und *Emotional* – zwei Muster also, die sich in ihrer Kombination ohnehin schon verstärken. Sie sorgen dafür, dass sich die Person in fordernden Situationen in Emotionen verliert und sich bei ihrer Arbeit vorwiegend an Emotionen von anderen orientiert. In der Praxis kann dieser Mix bewirken, dass die Person keine Wünsche abschlagen kann. Sie opfert sich auf und erledigt auch die Arbeit für andere, um ihnen eine Freude zu machen oder deren Last zu tragen. Irgendwie findet sie schon einen Weg, die Dinge dazwischenzuschieben und wird wahrscheinlich noch längst im Büro sitzen, wenn alle anderen längst im Feierabend sind, weil sie aufgrund ihres *prozeduralen* Musters keine Ruhe hat, ehe sie die Dinge zum Abschluss gebracht hat.

IDEALTYPISCHE KOMBINATIONEN

Berufsgruppen und ihre Meta-Programme

In diesem Kapitel entdecken wir eine weitere Art, wie Sie im Alltag mit den Meta-Programmen arbeiten und jonglieren können: Wir betrachten verschiedene Berufe und identifizieren die Programme, die eine ideale Basis bieten, um im jeweiligen Tätigkeitsbereich erfolgreich zu sein.

Um Ihren Umgang mit den Programmen noch weiter zu trainieren, laden wir Sie ein, bei jedem Programm kurz innezuhalten und sich zu fragen, welches Muster im besprochenen Beruf den größten Mehrwert bieten würde. Damit vertiefen Sie das Gelernte und bekommen ein noch besseres Gefühl für die Arbeit mit den Meta-Programmen im Alltag. So können Sie auch vorgehen, wenn Sie Verstärkung für Ihr Team suchen und eine neue Stelle besetzen wollen. Auf diesem Weg machen Sie sich neben der fachlichen Qualifikation auch Gedanken darüber, welche Verhaltensweisen Sie bei der Person beobachten wollen. Dann fragen Sie sich, welche Meta-Programm-Konstellation das gewünschte Verhalten am wahrscheinlichsten hervorbringt. So stellen Sie sicher, dass die Person zur Aufgabe, zur Kultur des Unternehmens sowie zu den Stärken und Schwächen des vorhandenen Teams passt. Ausgehend von diesem Profil können Sie entsprechende Werbemittel dann deutlich treffsicherer formulieren und ziehen mehr Talente an, die auch mit Blick auf ihre Persönlichkeit zur jeweiligen Position passen.

Der Einfachheit halber beziehen wir bei den folgenden Beispielen nicht alle zehn Meta-Programme ein, sondern fokussieren uns auf die Muster, die im jeweiligen Arbeitsbereich den größten Unterschied machen. Sollten Sie übrigens bei einem der Programme anderer Ansicht sein, dann vertiefen Sie gerne Ihre Sicht der Dinge.

Wir verstehen unsere Einschätzung der jeweiligen Berufe als exemplarische Wegweiser. Im konkreten Einzelfall können jedoch auch andere Programmkonstellationen sehr hilfreich sein. Wir freuen uns darauf, mit Ihnen in einem unserer Seminare vertiefend ins Gespräch zu kommen.

Verkauf

Welche Meta-Programme sind besonders hilfreich und dienlich für eine Person, die im Bereich Verkauf arbeitet?

1. Proaktiv oder Reaktiv?

Hier fällt die Wahl ganz klar auf das Programm *Proaktiv*. Denn gerade im Verkauf geht es darum, aktiv zu werden, zum Hörer zu greifen und einen ersten Schritt in Richtung der Zielgruppe zu gehen. Wer hingegen im Büro sitzt und darauf wartet, dass die Menschen ihr Geld zur Tür hereintragen, wird es in diesem Job deutlich schwerer haben.

2. Detail oder Global?

Hier kann eine gesunde Flexibilität von Vorteil sein. Die Person sollte also auf der Skala dieses Programms in der Mitte der beiden Pole liegen, damit sie sich möglichst gut auf andere Menschen einstellen kann. Hat ein Kunde zum Beispiel ein ausgeprägtes Interesse an Details, dann sollte der Verkäufer sich auch wohlfühlen, mit ihm in Detailtiefen einzutauchen. Auf der anderen Seite sollte er niemanden mit Spezifikationen langweilen, der offensichtlich kein Interesse daran hat.

3. Internal oder External?

Eine Ausprägung in Richtung des Pols *External* ist im Verkauf definitiv sehr wünschenswert. Ist ein Verkäufer zu hohem Anteil *internal*, kann er zwar deutlich besser mit einem Nein umgehen, doch wer hat im Verkaufsgespräch recht? Der Kunde, denn schließlich suchen wir nicht nach Selbstbestätigung, sondern wollen ihn überzeugen und gewinnen. Ein *internaler* Verkäufer wird Sätze sagen wie: *Ich habe ein super Verkaufsgespräch geführt, aber der Kunde hat es einfach nicht kapiert.* Die Meinung der meisten Führungskräfte dürfte jedoch sein, dass sich die Qualität eines Verkaufsgesprächs vor allem am Abschluss ablesen lässt.

4. Weg von oder Hin zu?

In diesem Fall können beide Programme funktionieren – sowohl weg vom Nein als auch hin zum erfolgreichen Abschluss. Wichtig ist, dass die Person weiß, wie sie sich motiviert, um in jeder Situation am Ball zu bleiben.

5. Prozedural oder Optional?

Wenn wir diese Frage auf Vorträgen oder in Seminaren stellen, erhalten wir in der Regel gemischte Antworten. Einige Menschen sehen im Muster *Optional* den Vorteil, dass die Person kreativ werden und nach neuen Wegen suchen kann, wenn es mal nicht gut läuft. Mit unserer kombinierten Erfahrung in Verkauf und Vertrieb behaupten wir jedoch ganz klar: Verkauf ist eine Prozedur – und zwar durch und durch.

Ob in der Telefonakquise, im persönlichen Gespräch oder im Werbetext – der Vertriebsprozess ist sehr schematisch und folgt einer klaren Struktur. Nicht zuletzt hat sich deshalb im Vertrieb in den letzten Jahren der Begriff *Farming* stark verbreitet, also das sehr systematische, strukturierte Bearbeiten einer Zielgruppe oder eines Zielgebietes. Natürlich gehört zu diesem Berufsbild auch, dass sich die Person flexibel auf ihr Gegenüber und dessen Meta-Programme einstellen kann. Doch auch dieses Vorgehen denkt sie nicht bei jedem Gespräch neu, sondern es ist ein fester Schritt im Verkaufsprozess.

Großartige Verkaufstalente sind gerade deswegen in ihrem Job so effektiv, weil sie erkannt und gelernt haben, was funktioniert, und diese Strategie immer wieder aufs Neue reproduzieren.

6. Gleichheit, Fortschritt oder Unterschiedlichkeit?

Wenn wir uns wünschen, dass die Person dem Unternehmen lange treu bleibt und sich dennoch kontinuierlich weiterentwickelt, dann ist ein *Fortschritt*-Muster eine gute Wahl.

7. Unabhängig, Beteiligt oder Kooperativ?

In den meisten Unternehmen sind Verkäufer zum Beispiel bei Kundenbesuchen und Telefonaten auf sich allein gestellt und haben einen sehr klar definierten Verantwortungsbereich. Dennoch ergibt ein Verkauf ohne Anwesenheit eines Kunden wenig Sinn, weshalb das Muster *Beteiligt* wünschenswert ist. Außerdem erleichtert es interne Abstimmungen über die eigene Arbeit hinaus, zum Beispiel mit dem Marketing, einer Entwicklungsabteilung oder dem Support.

8. Personenbezug oder Objektbezug?

Erinnern Sie sich noch daran, was wir zu diesem Programm in Verbindung mit dem Kontext Verkauf besprochen haben? Zwar sollte der Verkäufer eine gute persönliche Beziehung zur Zielgruppe aufbauen können, doch die oberste Priorität sollte dabei stets auf dem Abschluss und damit auf der Aufgabe liegen. Würden wir uns gegen den *Objektbezug* entscheiden, liefen wir Gefahr, dass die Person zwar sehr gute Beziehungen pflegt, dabei jedoch die Abschlusszahlen zu kurz kommen.

9. Emotional, Flexibel oder Kognitiv?

Wäre die Person zu *emotional*, könnte sie im Gespräch die Fassung verlieren oder sehr große Schwierigkeiten haben, sich von einem Nein der Kundenseite zu erholen. Hätte sie ein ausgeprägtes Muster *Kognitiv*, könnte sie so kühl und distanziert wirken, dass potenzielle Käufer mit ihr nicht richtig warm werden. Ein *flexibles* Muster würde der Person ermöglichen, sich *emotional* auf andere einzustimmen und in gefühlsgeladenen Situationen schnell wieder in die Balance zu finden.

Führung

Wer in einer Führungsposition arbeitet, tut sich und seinem Team mit dem folgenden Set an Programmen einen großen Gefallen.

1. Proaktiv oder Reaktiv?

Schon das Wort *Führung* verrät uns einiges über die Programme, auf die es in diesem Kontext ankommt. Denn wer führt, sollte auf jeden Fall die Initiative ergreifen und mutig vorangehen, um anderen anzuleiten und zu inspirieren. Grundsätzlich kann jedoch ein Anteil von fünfundzwanzig bis dreißig Prozent *Reaktiv* nicht schaden – insbesondere, wenn Sie es mit einem äußerst *proaktiven* Team zu tun haben. Ideal ist es, wenn auf der gleichen Führungsebene sehr *proaktive* und mindestens ein *reaktiver* Kopf auf Augenhöhe und mit gegenseitigem Respekt am gemeinsamen Erfolg arbeiten.

2. Detail oder Global?

Steckt eine Führungskraft ihre Nase in jedes Detail, bezeichnen wir das in der Praxis gerne auch als Mikromanagement. Damit verbunden sind häufig ein Mangel an Vertrauen in andere sowie ein ausgeprägter Kontrollzwang. Dieses Verhalten kann sowohl für die Führungskraft als auch für das geführte Team sehr kräftezehrend und zermürbend sein. Daher empfehlen wir für den Kontext Führung mindestens eine Zweidrittel-Orientierung hin zum Pol *Global.*

3. Internal oder External?

Auch hier zeigt uns das Wort *Führung* die Richtung: Wer zu *external* ist, kann als Führungskraft oft nicht ausreichend Sicherheit und Orientierung vermitteln, um andere auf ihrem Weg anzuleiten. Das Programm *Internal* ist in diesem Kontext also eine wichtige Basis. Doch erinnern Sie sich: Gleichzeitig sollte die Person *externalen* Teammitgliedern Feedback geben können, auch wenn sie es selbst vielleicht nicht braucht oder will. Erfolgreiche Führungskräfte wissen außerdem um den Wert eines Sparringspartners, mit dem sie sich austauschen und von dem sie gegebenenfalls auch Feedback annehmen können.

4. Weg von oder Hin zu?

Die Person sollte ein Gefühl für beide Richtungen der Motivation haben, um die einzelnen Mitglieder des Teams erfolgreich zum Handeln zu bewegen. Für den allgemeinen Führungskontext ist die *Hin-zu*-Motivation die bessere Wahl, weil die Tätigkeit der Führung in der Regel darin besteht, die Kräfte einer Gruppe zu vereinen, um gemeinsam ein Ziel zu erreichen.

5. Prozedural oder Optional?

Im Kontext Führung können beide Programme hilfreich und dienlich sein. Denn zum einen ist Führung ähnlich wie der Verkauf eine sehr *prozedurale* Tätigkeit, die nach gewissen Grundprinzipien abläuft. Gleichzeitig sollte eine Führungskraft jedoch auch eine Lösungskompetenz in Form eines *optionalen* Anteils mit sich bringen, um bei Bedarf dort Wege zu schaffen, wo es zuvor noch keine gab.

6. Gleichheit, Fortschritt oder Unterschiedlichkeit?

Sowohl *Gleichheit* als auch *Fortschritt* können in diesem Kontext wertvolle Muster sein.

7. Unabhängig, Beteiligt oder Kooperativ?

Da Führung grundsätzlich eine Rolle darstellt, die nur in Anwesenheit anderer möglich ist, kommt in diesem Kontext nur das Meta-Programm *Beteiligt* infrage. Ein Muster *Unabhängig* könnte zu einer One-Man- bzw. One-Woman-Show ausarten und ähnliche Konsequenzen wie das Mikromanagement mit sich bringen. Mit dem Meta-Programm *Kooperativ* wäre prinzipiell gar keine Führung möglich, da die dafür notwendige Rollenverteilung fehlt. Das Team würde wahrscheinlich sehr basisdemokratisch funktionieren, oder aber eines der anderen Teammitglieder mit dem größten Einfluss würde eine verdeckte Führungsfunktion ausüben.

8. Personenbezug oder Objektbezug?

Dieses Meta-Programm sorgt ähnlich wie im Kontext Verkauf bei vielen Menschen für einen Zweispalt: Auf der einen Seite geht es durchaus darum, sich einzufühlen und mit den Emotionen im Team umzugehen. Doch auf der anderen Seite dient dieser Umgang mit Menschen wie beim Verkauf der übergeordneten Aufgabe, mit dem Team festgelegte Ziele zu erreichen. Denn dafür beziehen sowohl die Team-Mitglieder als auch die Führungskraft ihr Gehalt. Der Schwerpunkt sollte also auch hier zum größeren Teil auf dem *Objektbezug* liegen.

9. Emotional, Flexibel oder Kognitiv?

Ähnlich wie im Verkauf geht es auch hier darum, sich mit dem Programm *Flexibel* in andere einzufühlen und den persönlichen Gefühlszustand, wenn es darauf ankommt, aus eigener Kraft regulieren zu können.

Selbstständigkeit

Der Schritt in die eigene Selbstständigkeit ist für viele Menschen eng mit Persönlichkeitsentwicklung verbunden. Denn das eigene Business aufzuziehen, verlangt in der Regel nach einem ganz anderen Set von Meta-Programmen als die Arbeit in einem Angestelltenverhältnis. Steht für Sie gerade oder in Zukunft ein solcher Schritt an? Dann lassen Sie uns die optimalen Programme für diesen Kontext entdecken. So können Sie Ihre eigenen Stärken besser einschätzen, Schwächen mit den Strategien aus diesem Buch ausgleichen oder sich eine Person an Ihre Seite holen, die Sie stellenweise mit wertvollen Programmen ergänzt.

1. Proaktiv oder Reaktiv?

Dieses Muster ist wahrscheinlich eines der wichtigsten in der Selbstständigkeit. Natürlich sollten Sie alles, was Sie tun, erst einmal durchdenken. Doch anschließend ist besonders wichtig, dass Sie auch ins Handeln kommen und Ihren Plan umsetzen. Insofern Sie noch keine Prominenz besitzen, wird ähnlich wie im Verkauf niemand an Ihrer Tür klingeln und Sie bitten, mit Ihnen zusammenarbeiten zu dürfen. Zwei Drittel *Proaktiv* und ein Drittel *Reaktiv* bilden eine gute Basis, damit Sie kontrolliert wachsen können.

2. Detail oder Global?

Wenn Sie soloselbstständig sind, liegen zu Beginn viele unterschiedliche Tätigkeiten auf Ihrem Schreibtisch. Neben Ihrem Fachgebiet dürfen Sie sich auch um Marketing, Verkauf, Buchhaltung und steuerliche Themen kümmern. In diesem Umfeld ist es Gold wert, regelmäßig die Vogelperspektive einzunehmen, um alle Fäden zusammenzuhalten und sich nicht zu verzetteln. Natürlich kann es abhängig von Ihrem Fachgebiet auch wertvoll sein, sich zeitweise in Details vertiefen zu können. Unsere übergeordnete Empfehlung liegt bei zwei Dritteln *Global* und einem Drittel *Detail.*

3. Internal oder External?

Mit Ihrer Selbstständigkeit betreten Sie neues Terrain und verfolgen idealerweise eine Vision, die Sie antreibt. Damit geben wir schon zum Teil die Antwort auf die Frage nach dem nächsten Programm. Und unter diesen Bedingungen sollte ein Teil von Ihnen natürlich wissen, was für Sie, Ihre Selbstständigkeit und vor allem Ihre Zielgruppe gut und richtig ist. Gleichzeitig ist es gerade in einem neuen Marktumfeld wertvoll, umsichtig zu bleiben und jede Art von konstruktivem Feedback als Geschenk zu betrachten, das Sie noch schneller und weiter wachsen lässt. Hier liegt die Stärke also in der gesunden Mitte zwischen den Polen *Internal* und *External*.

4. Weg von oder Hin zu?

Manche Menschen gehen den Schritt in die Selbstständigkeit, weil sie zum Beispiel aus einem unliebsamen Angestelltenverhältnis herausmöchten. Dann lohnt es sich, genauer hinzuschauen, ob dieser Antrieb auch dauerhaft ausreichend Motivation entfacht. Denn es besteht die Gefahr, dass einige Wochen nach dem Umbruch die Motivation nachlässt, weil das Problemempfinden im neuen Umfeld nicht mehr besteht. Natürlich könnte sich die Person dann immer wieder neue Probleme suchen und ihr *Weg von* wie im Kapitel beschrieben hinter sich herziehen. Nachhaltiger ist in diesem Kontext in der Regel aber eine *Hin-zu*-Motivation, also eine große Vision, die die Person magnetisch anzieht und sie auch dazu bewegt, beharrlich auf ihrem Weg zu bleiben. *Weg von* richtet die Perspektive auf das Jetzt und das Vergangene, während *Hin zu* den Blick in Richtung der Ziele, also der Zukunft wendet. Es dürfte klar sein, dass bei einer Selbstständigkeit der Blick nach vorne in der Bedeutung erheblich überwiegt.

5. Prozedural oder Optional?

Dieses Programm sorgt bei der Erläuterung immer wieder für einige überraschte Gesichter. Denn erscheint es nicht logisch, dass Menschen, die gründen und in die Selbstständigkeit starten, auch kreative Lebenskünstler sein sollten? Teilweise ist da natürlich etwas dran, doch zu viel Kreativität kann zum Schicksal des tragischen Genies führen. Stellen Sie sich einen Augenblick vor, eine Person startet mit den dominanten Mustern *Reaktiv* und *Optional* in die Selbstständigkeit. Sie würde erst einmal analysieren und planen, ihre Ideen jedoch einige Tage oder Wochen später wieder zugunsten eines neuen Plans verwerfen, der gerade ihre Aufmerksamkeit weckt. Diese Kombination – oder auch schon ein ausgeprägtes Programm *Optional* – kann für Überforderung sorgen und die ersehnten Ergebnisse in immer weitere Ferne rücken lassen.

Wer extrem *prozedural* ist, für den ist eine Selbstständigkeit in einem Franchise perfekt. Ansonsten sind bei einer neuen Geschäftsidee zu Beginn naturgemäß keine

Strukturen und Prozesse vorhanden. In diesem Kontext lautet unsere Empfehlung, einen Plan zu entwickeln und ihn dann konsequent durchzuziehen, bis sich die geplanten Ergebnisse zeigen. Das Motto hier lautet: Finde, was funktioniert, und mach mehr davon.

6. Gleichheit, Fortschritt oder Unterschiedlichkeit?

Spätestens nach unserer Diskussion zum Programm *Optional/Prozedural* ist Ihnen klar, dass zu viel Abwechslung, Veränderung und *Unterschiedlichkeit* nicht immer die besten Zutaten für eine nachhaltige Selbstständigkeit sind. Kontinuität zahlt sich aus. Ein Mix aus *Gleichheit* und *Fortschritt* sorgt dafür, dass Sie auf Dauer die Früchte Ihrer Saat ernten können und diese im Idealfall immer größer und prächtiger werden. Je mehr Sie das Muster Fortschritt in sich tragen, desto eher könnte es attraktiv sein, ein Unternehmen sieben Jahre lang richtig groß zu machen und dann zu veräußern.

7. Unabhängig, Beteiligt oder Kooperativ?

Schon im Wort *Selbstständigkeit* verbirgt sich der Hinweis, dass Sie für diesen Kontext wenigstens ansatzweise ein *Unabhängigkeit*-Muster mitbringen sollten. Fällt es Ihnen schwer, ganz auf sich allein gestellt zu arbeiten, können Sie Ihre Arbeitstage in einem Co-Working-Space verbringen, wo Sie immer wieder Menschen für einen Austausch zwischendurch um sich herum haben. Alternativ können Sie den Schritt in die Selbstständigkeit auch mit einer oder mehreren Personen gemeinsam gehen. So sind Sie nicht nur in guter Gesellschaft, sondern können die Rollen auch im Tandem so aufteilen, dass jeder aus seinen vollen Stärken schöpft.

Lehrtätigkeit

Lassen Sie uns abschließend noch einen Blick auf die typischen Meta-Programme einer Lehrkraft werfen.

1. Proaktiv oder Reaktiv?

Die Lehrkraft bringt den Ball ins Rollen und leitet an, ähnlich wie eine Führungskraft. Daher ist ein größtenteils *proaktives* Muster hier eine willkommene Voraussetzung.

2. Detail oder Global?

Hier ist sicher die Frage, auf welcher Bildungsebene und mit welchen Inhalten die Lehrtätigkeit stattfindet. Je mehr Sie sich von der Grundschule in Richtung Master-Studium oder Begleitung von Doktoranden bewegen, desto mehr verlagert sich der Schwerpunkt in Richtung *Detail*.

3. Internal oder External?

Eine Lehrkraft sollte *internal* sein, ihre Inhalte souverän und selbstbewusst präsentieren und von der Richtigkeit ihrer Aussagen überzeugt sein. Die Kunst liegt dann darin, trotzdem Wissenslücken oder Fehler eingestehen zu können, denn die gibt es auch bei den schlauesten Lehrkräften, da sie in der Regel immer noch in die Kategorie Mensch fallen. Außerdem ist es extrem wichtig, verständnisvoll Feedback geben zu können und nicht oberlehrerhaft, überheblich und arrogant daherzukommen.

4. Weg von oder Hin zu?

Natürlich verfolgen wir bei der Wissensvermittlung das Ziel, andere Menschen vor Fehlern zu bewahren. Das macht auch dieses Buch. Es soll Sie dabei unterstützen, Missverständnisse sowie Konflikte im Alltag schneller zu durchschauen und im Idealfall zu vermeiden. Doch weit darüber hinaus wollen wir Sie an das Ziel begleiten, sich selbst und andere besser zu verstehen, zu motivieren und zu führen. Ein gewisser *Weg-von*-Anteil gehört also immer dazu, doch wir empfehlen, den Schwerpunkt auf den *Hin-zu*-Pol zu legen, denn das primäre Ziel liegt darin, dass andere nach der gemeinsamen Zeit ein bisschen klüger gehen, als sie gekommen sind.

Übrigens kann dieser feine Unterschied großen Einfluss auf die Erziehung haben. Wachsen Kinder mit dem Fokus auf, bloß keine Fehler zu machen und jeden Patzer zu vermeiden, kann es sein, dass sie im späteren Leben deutlich weniger Risiken eingehen. Der Umgang mit dem Programm kann somit nicht nur Persönlichkeiten, sondern ganze Kulturen prägen. In den vergangenen Jahren ist unter anderem mit den so genannten Fuckup Nights eine Bewegung entstanden, die Fehlern eine Bühne gibt. Wer schon mal gescheitert ist oder eine Sache gegen die Wand gefahren hat, darf anderen Menschen davon erzählen. Denn Fehler sind in diesem Zusammenhang nicht länger ein Schandfleck der Vergangenheit, sondern eine wertvolle Erfahrung, die Lernen möglich macht. Dieser positive Blick inspiriert zu mehr Mut und Risikobereitschaft.

5. Prozedural oder Optional?

Im Kapitel zu diesem Meta-Programm haben wir bereits besprochen, dass Lernen grundsätzlich eine hochgradig *prozedurale* Tätigkeit ist. Wir sollten also auch so lehren, dass andere Menschen zuvor unbekannte Welten Schritt für Schritt für sich erschließen können.

6. Gleichheit, Fortschritt oder Unterschiedlichkeit?

Bei vielen Lehrtätigkeiten stehen Jahr für Jahr oder Semester für Semester die gleichen Themen auf dem Lehrplan. Wer also ein starkes *Gleichheit*-Muster hat, kann in diesem Beruf sein Glück finden. Doch auch das Meta-Programm *Fortschritt* kann in diesem Kontext passen, denn auch wenn Lehrpläne das Was vorgeben, lässt das Wie Spielraum für neue Varianten der Wissensvermittlung.

7. Unabhängig, Beteiligt oder Kooperativ?

Ohne die Anwesenheit und das Mitwirken anderer Menschen ist Lehren nur schwer möglich. Daher kommt auch hier nur das Meta-Programm *Beteiligt* infrage, das eine klare Rollenverteilung impliziert.

8. Personenbezug oder Objektbezug?

Im Kontext der Lehrtätigkeit steht in der Hierarchie die Aufgabe, den Menschen erfolgreich Wissen zu vermitteln, über allem. Neben dem *Objektbezug* kann ein Fokus auf Personen und Emotionen sehr wertvoll sein, um Lernschwierigkeiten rechtzeitig zu erkennen und für gute Gefühle beim Lernen zu sorgen, denn die erhöhen bekanntlich die Lernerfolge.

9. Emotional, Flexibel oder Kognitiv?

Wie bei den drei Berufsgruppen zuvor kommt es auch hier auf eine gesunde Flexibilität an.

META-PROGRAMME BESPIELEN

Beeinflussende Sprache in der Praxis

In Verbindung mit den einzelnen Programmen haben Sie jeweils auch die Worte, Ausdrücke und Sprachmuster kennengelernt, mit denen Sie Menschen beeinflussen können. Wenn Sie die Meta-Programme Ihres Gegenübers identifiziert haben und die dazu passende Sprache sprechen, fühlt sich die Person auf eine besondere Weise verstanden. Außerdem wirken Sie in ihren Augen sympathisch und sie entfacht eine größere Motivation, das zu tun, was Sie sich von ihr wünschen.

Damit Sie ein noch besseres Verständnis und ein gutes Gefühl für diesen Prozess bekommen, demonstrieren wir Ihnen das Vorgehen anhand einiger Beispiele. Zunächst machen wir uns ein Bild der Meta-Programme. Die jeweiligen Kombinationen haben wir dabei vollkommen zufällig gewählt. Anschließend stellen wir uns vor, dass wir einer Person mit diesem Set von Meta-Programmen die jeweiligen Angebote verkaufen wollen. Dabei werden Sie erkennen, dass unsere Sprache abhängig von den Programmen eine vollkommen andere ist, obwohl wir in beiden Fällen dasselbe verkaufen.

Wenn Sie mögen, können Sie unsere Lösungsvorschläge verdecken und erst mal selbst eine entsprechende Formulierung entwickeln. Die Übung können Sie anschließend auf jedes Thema in Ihrem Alltag übertragen. Auch wenn dieses Vorgehen am Anfang noch ungewohnt wirken mag, stellen Sie mit zunehmender Übung fest, dass Sie fast schon intuitiv die passenden Worte finden.

Angebot:

DIESES BUCH

Beginnen wir mit einem einfachen Angebot, das Sie mittlerweile gut kennen: Wir verkaufen Menschen mit den folgenden Programm-Konstellationen dieses Buch.

- Proaktiv
- External
- Hin zu
- Optional

Sie suchen nach einem geeigneten Geschenk für Ihre Liebsten? Glückwunsch! Sie haben es gefunden. Ergreifen Sie die Initiative und sichern Sie sich jetzt Ihre Exemplare der neusten Auflage von Der Persönlichkeits-Code. *Schon Tausende Menschen haben den Wert der Meta-Programme für sich erkannt, und führende Experten aus Verkauf, Coaching und Recruiting können sich ihren Alltag ohne dieses Wissen nicht mehr vorstellen. Nutzen auch Sie die Meta-Programme, um Beziehungen zu intensivieren, Ihre Überzeugungskraft zu stärken oder Ihrem persönlichen Wachstum einen gewaltigen Schub zu geben. Stellen Sie sich nur vor, welche neuen Möglichkeiten sich Ihnen bieten, wenn auch Ihre Mitmenschen die Programme verstehen und nutzen. Durchbrechen Sie schnöde Geschenktraditionen – mit diesem Buch fallen Sie auf und bleiben lange in Erinnerung.*

- Internal
- Weg von
- Prozedural
- Reaktiv

Mit Ihrer Erfahrung aus den letzten zweihundert Seiten würde mich interessieren: Könnte dieses Buch ein wertvolles Geschenk für Ihr Umfeld sein? Missverständnisse, Reibereien und all die lästigen Streitereien des Alltags könnten schon bald Geschichte sein, weil die Menschen um Sie herum Schritt für Schritt die Programme entdecken und die Strukturen ihrer Persönlichkeit noch besser verstehen. Sie wissen am besten, was gut für die Menschen in Ihrem Umfeld ist. Deswegen fände ich es sehr spannend, zu welchem Urteil Sie kommen, nachdem Sie sich die Zeit genommen haben, in Ruhe darüber nachzudenken.

Angebot:

EIN X-BELIEBIGER JOB

Dieses Beispiel ist in doppelter Hinsicht wertvoll. Denn neben dem Einsatz der passenden Sprache verdeutlicht es auch, welche gewaltige Wirkung die richtige Ansprache der Programme entfacht. Hat eine Person im Kontext Arbeit zum Beispiel eines der folgenden Meta-Programm-Sets, können Sie allein durch die richtige beeinflussende Sprache ihr Interesse wecken und sie sogar für eine Stelle begeistern, ohne dass sie dabei zunächst weiß, worum es bei diesem Job inhaltlich geht. Dieses Vorgehen ist der Schlüssel, um wirkungsvolle Stelleninserate zu texten, sobald Sie die relevanten Meta-Programme für den Job identifiziert haben. Mit Ihrer sehr ausgewählten Formulierung fühlen sich all jene Talente ganz besonders angesprochen, die exakt zum Profil der Meta-Programme passen.

- Optional
- Kooperativ
- Reaktiv
- External
- Personenbezug

Ich bin Luigi und habe einen Job für Sie, der darin besteht, dass Sie Prozesse entwickeln und neue Ideen durchdenken. Dabei bilden Sie eine harmonische Einheit mit fünf anderen Talenten, mit denen Sie gemeinsam im engen Austausch unterschiedliche Themenfelder gründlich analysieren und in Ihrem eigenen Tempo neue kreative Strukturen planen, die anschließend andere Teammitglieder dankbar umsetzen. Ich selbst stehe Ihnen jederzeit als Sparringspartner zur Seite und bin immer für ein Feedback zu haben. Doch bevor ich weitere Worte verliere, mache ich Sie erst einmal mit unserem Team vertraut, bei dem wir gerne auch von einer Familie sprechen. Da wäre zunächst Michaela. Sie ist zweiunddreißig Jahre alt und stolze Mama eines siebenjährigen Fußballfans ...

- Unabhängig
- Global
- Internal
- Prozedural
- Gleichheit

Ich biete Ihnen einen Job an, bei dem Sie eigenverantwortlich unsere bewährten Prozesse nutzen. Im Rahmen dieser Aufgabe vertrauen wir auf Ihre Kompetenz, aus einer Vogelperspektive stets die Gesamtzusammenhänge im Blick zu behalten. Ihr Einzelbüro befindet sich in besonders ruhiger Lage im obersten Stockwerk. Wir sind uns sicher, Sie bringen mit Ihrer Erfahrung eine gute Urteilsfähigkeit mit und wissen in jeder Lage von sich aus, was zu tun ist. Wenn Sie es wünschen, finden Sie für alle Eventualitäten Schritt-für-Schritt-Dokumentationen unserer Arbeitsabläufe. Unser Unternehmen basiert auf einer Tradition von mehr als hundert Jahren und wir würden uns freuen, Sie für die nächsten Jahrzehnte bei uns an Bord zu wissen.

Angebot:
SEMINARE UND VORTRÄGE ZUM BUCH

Bitte lesen Sie dieses letzte Beispiel ganz entspannt mit einem Augenzwinkern. Denn neben einer weiteren Demonstration der beeinflussenden Sprache nutzen wir inhaltlich die Gelegenheit, Sie auf unsere weiterführenden Angebote hinzuweisen, mit denen Sie Ihr Wissen vertiefen und auch anderen Menschen diese magische Welt näherbringen können.

- Proaktiv
- Detail
- Hin zu
- Prozedural

Auch dieses schöne Buch steuert nun langsam aufs Ende zu, doch Sie können Ihre Reise in die faszinierende Welt der Meta-Programme jetzt nicht nur verlängern, sondern sogar noch intensivieren. Im umfassenden Live-Seminar tauchen Sie in kleiner Gruppe tiefer in die Details ein, können Fragen zu spezifischen Aspekten stellen und entwickeln dabei auch ein Gespür für die besonderen Feinheiten. Wollen Sie Ihre Fähigkeiten, Menschen zu verstehen, zu motivieren und zu führen Stufe für Stufe steigern und zur Meisterschaft bringen? Dann kann das Seminar der optimale nächste Schritt in Ihrer Entwicklung sein, denn es bietet Ihnen drei wesentliche Vorteile: Erstens lernen Sie neben den zehn Programmen aus diesem Buch noch weitere kennen. Zweitens verankern Sie das Wissen durch praktische Erfahrungen. Und drittens erwartet Sie neben hilfreichen Materialien wie einem Schummelzettel auch ein Fragebogen, mit dem Sie alle Fragen rund um die Meta-Programme auf zwei DIN-A4-Seiten erhalten. Entdecken Sie jetzt die nächsten Termine auf mindvisory.com.

- Internal
- Weg von & Hin zu
- Optional
- Unterschiedlichkeit

Wie sieht Ihr nächster Schritt nach diesem Buch aus? Vielleicht steht für Sie längst fest, dass Sie nicht zu all den Wissensriesen und Umsetzungszwergen gehören wollen, die es bei der bloßen Lektüre belassen. Wahrscheinlich wissen Sie längst selbst, dass sich mit Wiederholung und Vertiefung ganz neue Horizonte eröffnen. Daher bin ich gespannt auf Ihre Meinung zu folgenden Ideen: Sie könnten die Autoren dieses Buches für einen unterhaltsamen Vortrag voller Aha-Momente für Ihre nächste Veranstaltung buchen. Sie könnten eines der Präsenzseminare zum Buch besuchen oder gleich ein eigenes Inhouse-Seminar in Ihrem Unternehmen veranstalten. Nur Sie können entscheiden, welche der zahlreichen Möglichkeiten für Sie am attraktivsten ist. In jedem Fall stehen Ihnen mit allen drei Varianten sämtliche Optionen offen, die Meta-Programme noch mal von einer völlig neuen Seite zu entdecken, um alte Probleme zu vermeiden und Ihre Kommunikation zu revolutionieren.

Fazit

GENIESSEN SIE IHRE ENTWICKLUNG

So schnell können mehr als zweihundert Seiten vergehen ... Erinnern Sie sich noch an den Augenblick, in dem Sie das Buch zu ersten Mal aufgeschlagen haben? Vielleicht hat Sie schon unser Filter- und Betriebssystem so fasziniert, dass Ihre Synapsen wild gefunkt haben. Anschließend haben Sie Kapitel für Kapitel die zehn Programme entdeckt, dabei wahrscheinlich das ein oder andere Mal geschmunzelt, als Sie sich selbst oder andere wiedererkannt haben. Wir wünschen Ihnen, dass dieses neue Wissen Sie dabei unterstützt, all jene Beziehungen zu vertiefen und gedeihen zu lassen, die Ihnen am Herzen liegen. Wann immer die Motivation nicht so richtig in Ihnen aufkommen will, erinnern Sie sich an *Linke Schulter, rechte Schulter* und die vielen anderen Tipps aus diesem Buch. Und sollten Sie mit all Ihrem kommunikativen Geschick mal nicht zu einer anderen Person durchdringen können, dann gönnen Sie sich eine kurze Pause. Atmen Sie dreimal tief ein und aus, gehen Sie in heiterer Gelassenheit die zehn Programm durch und stellen Sie die Frequenz um, auf der Sie senden und empfangen.

Auch für uns ist das Buch wie im Flug entstanden – und damit meinen wir den Schreibprozess. Die Inhalte und Tipps, die wir darin mit Ihnen teilen, entstammen hingegen jahrzehntelanger Praxis in Coaching, Mentaltraining, Verkauf, Team-Zusammensetzung und Team-Building, Führung und Persönlichkeitsentwicklung. Wir haben uns bemüht, so viel Mehrwert zwischen die Buchdeckel zu geben, wie es uns möglich war, ohne dass Einfachheit und Klarheit darunter leiden. Mit diesem Wissen sind Sie optimal ausgestattet, um nun Ihre eigenen Abenteuer mit den Meta-Programmen zu erleben. Und das ist wertvoll. Denn mit jeder praktischen Erfahrung wächst Ihre Sicherheit im Umgang damit, bis sich das Erkennen und Nutzen der Meta-Programme so normal anfühlt wie Ihre Muttersprache. Vertiefung und Wiederholung sorgen für ausreichend Verknüpfungen in Ihrem Nervensystem, um neu Erlerntes in Zukunft auf Autopilot abrufen zu können.

Und wenn Sie es wünschen, freuen wir uns natürlich, Sie neben diesen schönen gemeinsamen Lesestunden auch einmal persönlich kennenzulernen – zum Beispiel im Rahmen eines Seminars, Workshops oder Vortrags. Sie können sich vorstellen, dass mit den Erkenntnissen rund um die Meta-Programme noch sehr viel mehr möglich ist. Sie wissen selbst, wann der beste Zeitpunkt ist, weiter zu wachsen.

Wir freuen uns auf Ihren Besuch auf www.mindvisory-seminars.de. Und wenn Sie sehr proaktiv sind, dann schreiben Sie uns einfach eine Mail an buch@mindvisory.com.

Herzlichst,

Ulrich Oldehaver & Youri Keifens

Über die Autoren

Ulrich Oldehaver war Mitgründer und jahrelanger Vertriebsvorstand der MPC Capital AG, die er schließlich in den MDAX und damit in den Kreis der achtzig größten deutschen börsennotierten Aktiengesellschaften führte. 2001 wurde er für seine unternehmerischen Erfolge von einem renommierten Wirtschaftsmagazin zum »Man of the Year« gewählt.

Oldehaver hat einen Master in angewandter Kommunikation und Veränderung. Darüber hinaus hat er umfangreiche Coaching- und Trainerausbildungen in Europa und in den USA absolviert – darunter auch diverse Zertifizierungen bei den Entwicklern des NLP (Neurolinguistisches Programmieren) Dr. Richard Bandler und Prof. John Grinder.

Seine besondere Spezialisierung als Mentaltrainer liegt darin, das Leistungspotenzial eines Menschen zu steigern und auf den Punkt genau abrufbar zu machen. Neben Führungskräften und Vertriebsmitarbeitern coacht er internationale Spitzensportler und hat zum Beispiel bei den Olympischen Spielen 2012 in London Teile der deutschen Olympiamannschaft betreut.

Als Geschäftsführer des Hamburger Trainingsunternehmens Mindvisory hat er sein Wissen sowie seine Fähigkeiten bis heute Tausenden Menschen vermittelt.

Youri Keifens ist Profitexter und hat sich als Trainer für Copywriting (Werbe- und Verkaufstexten) einen Namen im DACH-Raum gemacht. Nach seinem Master of Arts in Germanistik und Anglistik spezialisierte er sich auf verkaufseffektive Sprache sowie kreatives Schreiben.

Nach Stationen als freiberuflicher Werbetexter, Chefredakteur und Kreativtrainer vermittelt er heute in seinen Programmen die Kunst, mithilfe von Worten das Denken, Fühlen und Handeln anderer Menschen zu gestalten. Dabei bringt er das Best-of aus zahlreichen Disziplinen zusammen. Neben seiner umfangreichen Ausbildung in Verkaufspsychologie, NLP, Rhetorik und Kommunikationswissenschaft besitzt er auch umfassende Erfahrung als mehrfach zertifizierter Hypnose-Coach. Außerdem ist er einer von wenigen zertifizierten LAB-Profile-Trainern in Deutschland.

In seinem Podcast *Texte, die verkaufen* teilt er auf unterhaltsame und sehr persönliche Weise wertvolles Wissen rund um die Welt verkaufsstarker Texte. Außerdem ist er gefragter Redner zu den Themen Meta-Programme, Persönlichkeitsentwicklung und jeder Form von Spaß mit Buchstaben. Mehr Infos auf keifens.com

Literatur

- Bauer, Joachim: *Wie wir werden, wer wir sind. Die Entstehung des menschlichen Selbst durch Resonanz.* Taschenbucherstausgabe, München: Wilhelm Heyne Verlag, 2022.

- Cameron-Bandler, Leslie/Gordon, David/Labeau, Michael: *Know How. Guided Programs for Inventing Your Own Best Future.* Real People Press, 2019.

- Charvet, Shelle Rose: *Wort sei Dank. Von der Anwendung und Wirkung effektiver Sprachmuster.* 7., überarbeitete und erweiterte Neuauflage, Paderborn: Junfermann Verlag, 2022.

- Collins, Jim/Hansen, Morten T.: *Oben bleiben. Immer.* Frankfurt/New Work: Campus Verlag, 2012.

- Dijksterhuis, Ap: *Das kluge Unbewusste. Denken mit Gefühl und Intuition.* Stuttgart: Klett-Cotta Verlag, 2014.

- Hüther, Gerald: *Was wir sind und was sein könnten. Ein neurobiologischer Mutmacher.* 6. Auflage, Frankfurt am Main: Fischer Verlag, 2014.

- Jung, Carl G.: *Psychologische Typen.* Alpha Editions, 2022.

- Kahneman, Daniel: *Schnelles Denken, langsames Denken.* 7. Auflage, München: Siedler Verlag, 2014.